现代企业管理

李 健 著

哈尔滨工业大学出版社

内容简介

本书结合当前企业发展环境,对现代企业管理的研究和应用进行了深入分析。本书共分为九章,重点阐述了管理的发展、管理职能、企业与企业管理、企业战略管理、人力资源管理、财务管理、质量管理、信息管理与知识管理、生产运作管理。本书旨在介绍企业管理的基础理论知识及相应的管理方法和工具,同时把管理学与经济学的相关知识点进行了结合,便于读者对管理形成系统、全面的认识。

本书内容翔实,体系完备。本书主要是应高等院校学生学习企业管理基础知识的需要而编写的,也可作为管理学专业研究生学习以及企业内部管理层短期培训的参考书。

图书在版编目(CIP)数据

现代企业管理/李健著.—哈尔滨:哈尔滨工业大学出版社,2021.10
ISBN 978-7-5603-9751-1

Ⅰ.①现… Ⅱ.①李… Ⅲ.①企业管理 Ⅳ.①F272

中国版本图书馆 CIP 数据核字(2021)第 211429 号

策划编辑	闻 竹
责任编辑	张羲琰
封面设计	宣是设计
出版发行	哈尔滨工业大学出版社
社　　址	哈尔滨市南岗区复华四道街10号 邮编 150006
传　　真	0451-86414749
网　　址	http://hitpress.hit.edu.cn
印　　刷	北京荣玉印刷有限公司
开　　本	787mm×1092mm 1/16 印张 14 字数 358 千字
版　　次	2021年10月第1版 2021年10月第1次印刷
书　　号	ISBN 978-7-5603-9751-1
定　　价	42.00元

(如因印装质量问题影响阅读,我社负责调换)

前　言

企业是现代社会的基本细胞。国家的繁荣富强、科学技术的进步、社会的安宁，以及公民的幸福安康都有赖于企业良好的经营状况。毫不夸张地说，企业的兴衰成败与我们每一个人的工作和生活都息息相关。因此，认真学习现代企业管理的知识，积极探索、研究企业管理问题，努力提高企业的经营管理水平是从事企业管理实践活动和理论研究工作者的重要职责和使命。

管理是无处不在的，无论国家、行业、企业还是个人，每时每刻都会涉及许多管理问题。无论是发达国家还是发展中国家，无论是先进的企业还是落后的企业，管理都是影响其兴衰的重要因素。管理是一个常论常新的话题。在快速变化的世界中，我们总是要面临管理新问题的挑战。企业管理的基础理论与方法是大学生走向社会之前应当掌握的必要知识。

本书旨在介绍企业管理的基础理论知识及相应的管理方法和工具，同时把管理学与经济学的相关知识点进行了结合，内容翔实，体系完备，便于读者对管理形成系统、全面的认识。

本书在编写过程中，参考了一些专家的研究成果，在此向他们表示感谢。同时，还要向所有直接或间接参与本书教学大纲编写的同仁表示诚挚的感谢。

作　者

2021 年 6 月

目录 CONTENTS

第一章 管理的发展 ·· 1
  第一节 管理概述 ·· 1
  第二节 管理者 ··· 6
  第三节 管理理论的发展 ·· 10

第二章 管理职能 ·· 22
  第一节 计划职能 ·· 22
  第二节 组织职能 ·· 31
  第三节 领导职能 ·· 40
  第四节 控制职能 ·· 47

第三章 企业与企业管理 ·· 52
  第一节 企业概述 ·· 52
  第二节 企业管理概述 ·· 58
  第三节 现代企业制度 ·· 62

第四章 企业战略管理 ··· 69
  第一节 企业战略管理概述 ·· 69
  第二节 企业外部环境分析 ·· 78
  第三节 企业内部条件分析 ·· 83
  第四节 现代企业的战略选择 ··· 87

第五章 人力资源管理 ··· 96
  第一节 人力资源管理概述 ·· 96
  第二节 人力资源规划 ·· 100
  第三节 工作分析 ·· 105
  第四节 员工招聘 ·· 109
  第五节 绩效考核和薪酬管理 ··· 116
  第六节 人力资源开发与员工培训 ··· 125

第六章　财务管理 ……………………………………………………………… 133
第一节　财务管理概述 …………………………………………………… 133
第二节　资金时间价值 …………………………………………………… 138
第三节　筹资和投资管理 ………………………………………………… 146
第四节　成本费用管理 …………………………………………………… 149
第五节　收入和利润管理 ………………………………………………… 151
第六节　财务报表与财务分析 …………………………………………… 154

第七章　质量管理 ……………………………………………………………… 159
第一节　质量管理概述 …………………………………………………… 159
第二节　全面质量管理与ISO9000 ……………………………………… 162
第三节　质量管理体系 …………………………………………………… 165
第四节　质量改进 ………………………………………………………… 170

第八章　信息管理与知识管理 ………………………………………………… 174
第一节　信息与知识 ……………………………………………………… 174
第二节　企业信息化与信息系统管理 …………………………………… 182
第三节　知识型企业组织的构建及应用 ………………………………… 192

第九章　生产运作管理 ………………………………………………………… 199
第一节　生产运作管理概述 ……………………………………………… 199
第二节　生产运作系统布局 ……………………………………………… 202
第三节　生产计划与生产作业计划 ……………………………………… 209
第四节　生产过程组织 …………………………………………………… 213
第五节　现代企业生产运作管理方式 …………………………………… 216

参考文献 ………………………………………………………………………… 218

第一章 管理的发展

管理活动起源于人类生产实践,至今已有数千年的历史。科学技术是生产力,管理也是生产力,管理与科学技术是推动社会发展的两个轮子。随着社会和生产活动的复杂化,管理显得越来越重要。管理学是在社会和生产实践中逐渐形成的一门独立的学科,对社会经济发展起着重要的作用。

第一节 管理概述

一、管理的概念与特征

(一)管理的概念

管理活动存在于社会生活的各个领域,小至家庭、学校、医院、企业组织,大至国家、社会,都与管理息息相关。

从字面来看,管理一词有"管辖""处理""管人""理事"等含义,但从科学的角度给管理下定义,则是仁者见仁,智者见智。20世纪以来,不同的管理学派对管理的概念有不同的解释,其中比较有代表性的论述见表1-1。

表1-1 管理的定义

管理学派	人物	对管理定义的描述
科学管理理论	泰勒	管理就是确切地指导别人做什么,并使他们用最好、最经济的方法去做
组织管理理论	亨利·法约尔	管理是所有人类组织的一种活动,这种活动由五项职能组成,即计划、组织、指挥、协调和控制
行为科学理论	梅奥	管理就是做人的工作,其主要内容是以研究人的心理、生理和社会环境下的相互影响为中心,激励员工的行为动机,调动人的积极性

续表1-1

管理学派	人物	对管理定义的描述
决策理论	赫伯特·西蒙	管理就是决策
管理过程理论	哈罗德·孔茨	管理就是设计并保持一种良好的环境，使人在群体里高效率地完成既定目标的过程

综上所述，管理就是在一定的环境下，通过计划、组织、领导和控制等职能，按照客观过程的规律性，采取不同的方式，利用各种资源，处理各种社会关系，以便有效地实现组织的目标。

（二）管理的特征

为了更全面地理解管理的概念，理解管理学研究的范围、内容和特点，可以从以下几方面进一步把握管理的一些基本特征。

1. 管理是普遍存在的社会活动

在人类社会中，管理是普遍存在的，无论是一个国家，还是一个企业；无论是国外，还是国内，只要有人类社会存在，就有管理。

2. 管理的"载体"是"组织"

管理活动总是存在于一定的组织之中。组织是指由两个或两个以上的个人组成，为实现共同的目标而进行协作活动的集体。所谓协作，是指许多人在相同或不同的但相互联系的社会活动中，有计划地一起为实现共同目标而工作。

3. 管理的核心是处理各种人际关系

对管理者而言，管理是要在其职责范围内协调下属人员的行为，要让别人与自己共同去实现组织目标的活动。组织中的任何事都是由人来传达和处理的，所以管理人员既管人又管事，但事是由人来完成的，管理活动自始至终在每一个环节上都是与人打交道的，因此管理的核心是处理组织中的各种人际关系。

4. 管理具有自然属性和社会属性，也称管理的两重性

管理是由分工协作的集体劳动所引起的，社会劳动过程包括物质资料的生产和生产关系的再生产，因此对劳动过程的管理存在两重性：与生产力相联系的自然属性，表现为按客观规律组织社会生产活动的特性；与生产关系相联系的社会属性，表现为处理各种人际关系和社会矛盾，维护生产关系的特性。

5. 管理是科学与艺术的结合

管理是一门科学。管理作为一项活动，其间存在着一系列基本的客观规律，它以反映客观规律的管理理论和方法为指导，有一套分析问题、解决问题的科学的方法论。管理又是一门艺术。由于在管理过程中存在很多不确定的因素，包括突发性、偶然性等因素，这些因素复杂多变，管理者必须在管理实践中发挥人的积极性、主动性和创造性，灵活地把管理知识与具体的管理活动结合起来，才能获得满意的管理效果。

管理是科学与艺术的结合，要求管理者既要注重管理理论的学习，又要重视灵活地运用管理理论，这是成功管理的一项重要保证。

二、管理的社会作用

在现代社会,管理的功能不断发展和完善,管理的社会作用得到了充分展现,在社会生产和生活的一切领域,都可以看到管理的积极作用。具体来说,管理的社会作用可以概述如下。

(一) 管理是维系人类正常社会生活的条件

人类一切有组织的社会生活都离不开管理。有组织就有管理,因为组织的存在需要协调内部成员的活动,决定成员共同遵守的纪律并处理违纪成员。随着人类社会文明程度的提高,人们交往的增加,生产和生活的社会化程度越来越高,管理也就越来越重要了。

(二) 管理是社会资源有效配置的手段

任何管理活动都离不开相应资源的支持,人力、物力、财力、信息、技术等资源是一切管理活动的基础。管理正是通过有效配置资源并使其充分发挥作用去实现组织目的的。

(三) 管理是社会生产力实现的基础

管理在社会发展中的作用,主要体现在它对生产力的作用上。在现代社会,管理已经贯穿生产力的具体结构中,是社会生产力实现不可缺少的要素。首先,管理影响着生产力的存在状态。一定社会都有其相应水平的生产力,但这一生产力在不同管理条件下的存在状态不同,有时被压抑,有时被解放。这中间的原因主要取决于管理。其次,管理规定着生产力的实现程度。生产力的实现必须借助于管理,科学管理是充分发挥生产力作用的前提。

三、管理原理

管理原理是指对管理活动的本质及其基本运动规律的抽象认识。具体来说,管理原理是对管理对象、过程、动力和目的等管理工作的实质内容进行科学分析、归纳和总结出来的,并经过实践验证具有科学性的知识。它不仅与管理实践活动有着直接内在的、逻辑的对应关系,而且对管理活动具有普遍的指导意义。管理原理主要可归结为系统原理、人本原理、权变原理、效益原理等。

(一) 系统原理

系统是指由若干相互联系、相互作用的部分组成,在一定的环境中具有特定功能的有机整体。而管理就是由一系列相关的活动组成的有机整体,所以它具有系统的特征。系统原理认为,任何一种组织都可视为一个完整的、开放的系统或为某一大系统中的子系统,在认识和处理管理问题时,应遵循系统的观点和方法,以系统论作为管理的指导思想。

系统原理要求在实际管理工作中不能孤立地看问题,必须用系统分析的方法分析实际问题,正确处理组织内部与外部、局部与全局、眼前与长远利益的关系。

(二) 人本原理

在管理活动中,对管理效果起决定作用的因素是人。从事管理活动的是人,被管理者也是人;而且在管理对象中其他要素的管理也都与人的参与不可分割,必须由人对财、物、时间、信息等资源进行管理。总之，管理对象支配的所有要素和整个过程都需要人去掌握和推动，这正是人本原理指导管理实践的根本思路。

人本原理就是以人为核心，关注人的权益、人的成长和人的贡献。人本原理要求将组织内的人际关系处理放在首位，将管理工作的重点放在激发被管理者的积极性和创造性方面，努力为满足被管理者的自我实现需要创造各种条件。

（三）权变原理

所谓权变，即权宜应变，就是根据具体情境而变或依具体情况而定。权变因素是指管理活动中对管理效果的影响因素。管理活动是动态的，时时处处都在不断地运动、变化着，因此要求管理者必须认真分析各种影响管理有效性的因素，随机应变地实施管理。管理工作实质上就是针对管理对象运动变化的情况而实施动态管理的过程。它强调对目标、计划的内容，以及对组织、指挥、督导、控制评估的方式、方法要及时做出调整，以保证管理系统正常运转并发挥整体功能。

（四）效益原理

效益原理是指组织的各项管理活动都要以实现有效性、追求高效益作为目标的一项管理原理。人们在管理活动中追求的效益包括经济效益、生态效益和社会效益。管理活动要讲究实效，力求用最小的投入和消耗创造最大的效益。管理的目的是"整体大于部分之和"，发挥协作生产力的"放大"作用。管理的这种"放大"作用，不仅仅是规模的"放大"，还有效益上的"放大"。

上述原理反映了管理过程的客观规律和指导思想。在管理实践中，只有灵活、综合地运用各个原理，才能成功地实施科学管理。

四、管理方法

管理方法是在管理活动中为实现管理目标、保证管理活动顺利进行所采取的工作方式。它是管理理论、原理的自然延伸和具体化、实际化，是管理原理指导管理活动的必要中介和桥梁。管理原理必须通过管理方法才能在管理实践中发挥作用。管理方法可分为行政方法、经济方法、教育方法和数学方法。

（一）行政方法

行政方法是指依靠行政组织的权威，运用命令、规定、指示和条例等行政手段，按照行政系统和层次，以权威和服从为前提，直接指挥下属工作的管理方法。行政方法的实质是通过行政组织中的职务和职位来进行管理。它特别强调职责、职权、职位，而并非个人的能力或特权。行政方法的主要形式有命令、指示、计划、指挥、监督、检查、协调等。

行政方法的主要特点有权威性、强制性、垂直性、稳定性和时效性。行政方法的局限性体现在，由于强制干预，容易引起被管理者的心理抵抗，单纯依靠行政方法很难进行持久有效的管理。

（二）经济方法

经济方法是根据客观经济规律，运用各种经济手段，调节各种不同经济利益之间的关系，以提高整体经济效益与社会效益的方法。宏观管理中的经济方法的主要形式有价格、税收、信贷等；微观管理中的经济方法的主要形式有工资、奖金、罚款、经济责任等。

经济方法的主要特点有利益性、平等性和关联性。其局限性表现为可能产生明显的负面作用，会使管理者过分地看重金钱，影响工作的主动性和创造性。

（三）教育方法

教育方法是一种通过说服教育的方式把管理意志传达给被管理者，以求得到被管理者的响应和配合的管理方法。在表现方式上，管理者极力通过对管理系统目标、政策、法令的宣传和理想、道德的教育，以及其他精神激励，去提高人们的认识，改变人们的思想，使其建立起与管理系统一致的价值观念，自觉地为实现管理系统的目标而努力。

在管理活动中，进行思想教育是最为灵活的工作方法，它需要针对不同的对象，根据不同情况采取不同的形式。经常使用的形式有做报告、讨论、谈心、家访、典型示范、劳动竞赛，以及形象教育、感化教育、对比教育等。

（四）数学方法

数学方法是指用科学的理论及数学模型或系统模型来寻求优化方案的定量分析方法。数学方法能使管理进一步定量化、合理化、精密化。

数学方法在管理中具有非常重要的作用。但由于人的因素难以用数学模型来描述，加之管理活动的复杂多变，数学方法也有其局限性。只有各种方法综合运用，相互补充，才能更好地发挥每一种方法的作用。

五、管理的环境

一般而言，管理者做决策时，同时受组织外部环境与组织内部环境的影响，如图1-1所示。组织外部环境包括一般环境和行业环境，一般环境也称为宏观环境，包括可能影响组织的广泛的政治法律条件、经济条件、社会文化条件、技术条件等，这种一般环境对于所有在一定范围内的组织都是一样的。行业环境也叫竞争环境，这种环境对每一个组织随具体条件的变化而不尽相同，包括顾客、供应商、竞争者和各种利益相关方等。组织内部环境主要指组织的内在结构、组织的文化、人、财、物、信息、技术等情况。

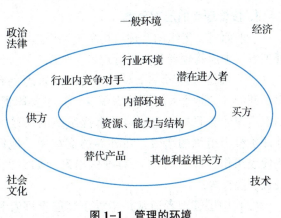

图1-1 管理的环境

组织的生存和发展都离不开一定的环境条件，企业经营管理者必须对所处的环境有充分的认识和理解。进入21世纪，管理所面临的外部环境已经发生了巨大的变化，主要表现在：①在经济全球化的趋势下，管理者需考虑全球市场经营的机遇和挑战；②面对现代科技革命的变革，管理者需考虑用技术手段取代传统生产和应用；③在实现经营目标的同时，企业需考虑自然、经济和社会的和谐发展。

第二节 管理者

一、管理者的概念及分类

（一）管理者的概念

传统观点认为，任何组织中的成员都可以简单地分为两类：操作者和管理者。前者是指在组织中直接从事具体业务且对他人的工作不承担监督职责的成员，如工人、营业员、医生、教师等；后者是指在组织中指挥他人完成具体任务的人，或者说是从事并负责对组织内的资源进行计划、组织、领导、控制的人员，如经理、校长、院长等。

随着社会经济的发展，组织以及工作的变化模糊了管理者和非管理者的界限。管理者除了指挥别人完成某项具体工作以外，也可能承担某项具体的工作。许多传统的非管理职位现在都已经包括了管理性的活动，特别是在团队中，比如团队成员通常要制订决策计划以及监督他们自己的绩效。正是由于这些非管理者承担着过去管理者的一部分职责，所以不能再用过去的定义来描述今天的各种管理环境。对此，美国学者罗宾斯指出，管理者是综合利用和分配资源，通过协调其他人的活动与他人一起实现组织目标的人。

（二）管理者的分类

在一个组织中有许多管理者，他们的责任、权限不同，其地位和所起的作用也不同。

1. 按管理者的层次分类

一般而言，组织的管理机构呈金字塔形状，管理者可以按其所处的管理层次划分为高层管理者、中层管理者和基层管理者，如图1-2所示。

（1）高层管理者是指对整个组织的管理负有全面责任的人，是重大问题的决策者。其主要职责是：制定组织的总目标、总战略，掌握组织的大政方针并评价整个组织的绩效。在外界的交往中，他们往往代表组织，以"官方"的身份出现，如总经理、校长、院长等。

图1-2 管理者的层次

（2）中层管理者通常是指处于高层管理者和基层管理者之间的一个或若干个中间层次的管理者，是对决策的贯彻执行者。其主要职责是：贯彻执行高层管理者所制定的重大决策，监督和协调基层管理者的工作。与高层管理者相比，中层管理者更注重日常事务管理，如部门经理、车间主任、处长等。

（3）基层管理者又称一线管理者，是组织中处于最低层次的管理者，他们所管辖的仅仅是作业人员而不涉及其他管理者，如领班、科长、班组长等。其主要职责是：给下属作业人员分派具体的工作任务，直接指挥和监督现场作业活动，保证各项任务有效完成。

2. 按管理者工作的性质和领域分类

按管理者工作的性质和领域，管理者可分为综合管理者和专业管理者。

（1）综合管理者是指负责整个组织或组织中某个事业部的全部活动的管理者。对于小型组织来说，可能只有一个综合管理者，那就是总经理，他要统管组织内的包括生产、研发、营销、人事、财务、后勤等在内的全部活动。对于大型组织来说，可能会按产品类型分别设立几个产品分部，或按地区设立若干个地区分部。

（2）专业管理者是指仅仅负责管理组织中某一种职能的管理者。根据所管理的专业领域性质的不同，可以将管理者划分为生产部门管理者、研发部门管理者、营销部门管理者、人事部门管理者、财务部门管理者等。

二、管理者的角色

20世纪60年代，著名管理学家亨利·明茨伯格对管理者的工作进行了深入观察，提出了管理者角色的新理论。这种理论对当时流行的对管理者角色的看法提出了挑战。当时人们认为管理者是深思熟虑的思考者，在做决策之前，他们总是仔细和系统地处理信息。而明茨伯格却发现，管理者经常陷于大量变化的、无一定模式的或短期的活动之中，没有时间深思熟虑。经过仔细观察，明茨伯格提出了管理者究竟在做什么的新观点。他把管理者特定的管理行为定义为管理者的角色，提出管理者扮演的三大类型、十种角色的理论，见表1-2。

表1-2　明茨伯格的管理者角色理论

角色	描述	特征活动
人际关系角色		
挂名领导	象征性首脑，必须履行许多法律性或者社会性的例行义务	迎接来访者，签署相关文件
领导者	负责激励下属，负责人员配置、培训以及相关的职责	实际上从事各种有下属参与的活动
联络者	维护自行发展起来的外部关系和消息来源，从中得到帮助和消息	发感谢信，从事外部委员会的工作，从事其他有外部人员参加的活动
信息传播角色		
监听者	寻求和获取各种内部和外部的信息，以便透彻地理解组织和环境	阅读相关报告，与相关人员保持联系
传播者	将从外部和内部人员那里获取的消息传递给相关的组织及其成员	举行信息交流会，用各种方式传达信息
发言人	向外界发布组织的计划、政策、行动和结果等	召开董事会，向媒体发布信息
决策制定角色		
企业家	寻求组织和环境中的机会，制订改进方案以应对将要发生的组织变革	组织战略制定和检查会议，开发新项目

续表1-2

角色	描述	特征活动
混乱驾驭者	当组织面临重大的混乱时,负责采取纠正行动	组织应对混乱和危机的战略制定
资源分配者	负责分配组织的各种资源——制定和批准所有有关的组织决策	调度、授权、开展预算活动,安排下级的工作等
谈判者	在主要的谈判中作为组织的代表	参加与工会的合同谈判等

三、管理者的技能

管理者要管理好组织、做出正确的决策,就需要特定的技能来履行其职责。根据美国著名管理学学者罗伯特·卡茨的研究,管理者需要具备三种基本的技能,即技术技能、人际技能和概念技能。

(一) 技术技能

技术技能是指使用某一专业领域内有关的工作程序、技术和知识完成组织任务的能力。对于基层管理者来说,这些技能是最重要的,因为他们要直接面对雇员所从事的工作。同时,技术技能还包括管理专业的基本技能,如财务分析、计划制订、过程控制、质量管理等相关技术和方法。

(二) 人际技能

人际技能是管理者与他人一起有效工作的能力,包括激励、指导、协调、领导、沟通和解决冲突等能力。这些技能对于各个层次的管理者都是必备的,具有良好人际技能的管理者能够使员工在良好的人际环境下舒心地工作,做出最好的业绩。

(三) 概念技能

概念技能是管理者综观全局,进行抽象和概念化的技能,也就是洞察企业与环境如何相互影响的能力。拥有这种技能的管理者能够将组织看作一个整体,理解各部分之间的关系,帮助组织适应它所处的环境。概念技能又分为理性技能和设计技能。理性技能是指能够在纷繁复杂的现象中梳理出头绪,找出问题的实质,发现事物的规律性的能力;设计技能是指能够在实际工作中提出解决问题的方案和方法的能力。

不同层次的管理者对于这些技能的掌握有所不同,比如,对于高层管理者来说概念技能要求更高些,而对基层管理者来说技术技能格外重要,人际技能对各层次管理者来说都是很重要的。图1-3表示这些技能与各层次管理者之间的关系。提高管理技能的基本途径一是通过教育,二是通过实践锻炼。

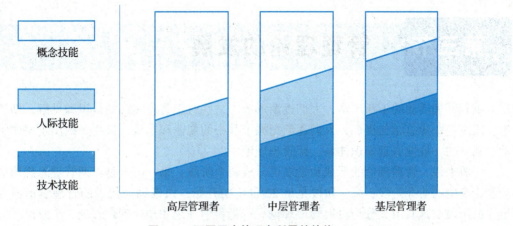

图 1-3　不同层次管理者所需的技能

四、管理道德

管理者不仅需要具备知识、身体和心理等方面的基本素质，还需要注重管理道德。管理道德是管理者在工作中应遵守的与其管理活动相适应的行为准则与规范的总和，是一种特殊的职业道德，具有规范管理者所从事的管理活动的特殊性。基本的管理道德有以下几种。

（一）忠于职守

在管理系统中，管理者处于一定的管理岗位并担负着相应的管理职责，对他们来说，忠于职守是天职。一个管理系统的正常运行，是建立在管理者忠于职守的前提下的。如果每一位管理者都能够做到忠于职守、坚守岗位、尽职尽责，那么这个管理系统就是一个高效率的系统；如果其组织目标正确的话，那么这种高效率就会创造出高效益。

（二）实事求是

实事求是，一切从实际出发，按客观规律办事，是一切管理活动都必须遵循的基本原则。要重视调查研究，反对主观武断；坚持表里如一，反对弄虚作假。管理者要坚持真理，对自己工作中的错误，要勇于承认、勇于纠正。

（三）团结协作

管理人员在行使权力、实施管理时，必然会与他人发生互动和交际行为，相互之间的理解、协作、配合是实现管理目标的首要条件。要自觉服从上级领导，严格按照上级指示工作；对下级要平等相待，尊重下级的人格、意见、职权和工作自主性；同事之间应真诚相待，相互之间应理解、团结、友好、互助，不可相互攻击、拆台。

（四）尊重人才

人才是管理系统的生命活力之源，尊重人才往往是现代管理成功的关键。因而，现代管理者的一个主要品德就是尊重人才、尊重知识。嫉贤妒能、压抑人才、埋没人才是不道德的行为；尊重人才、量才而用才是管理者应有的管理道德。

第三节　管理理论的发展

随着管理活动的不断丰富，人们逐渐形成了一些对于管理实践的认识和见解，即管理思想；通过进一步总结与提炼，人们逐渐把握了其中的规律和本质，最终归纳出了属于管理活动的独立的一般性原理知识体系，即管理理论。

一般来说，管理理论的形成和发展可分成两个阶段：第一阶段是早期管理思想形成到管理理论产生的萌芽阶段；第二阶段是从20世纪初开始，以泰勒为代表的管理学形成并发展至今的阶段，这其中又分为古典管理理论、行为科学理论和现代管理理论三个阶段。

一、古典管理理论

古典管理理论是以"经济人"假设为基础的管理理论，其出发点是将经济利益作为驱动员工提高劳动效率的主要动力。在研究方法上侧重于从静态的观点分析管理过程的一般规律。其代表性的理论有泰勒的科学管理理论、法约尔的一般管理理论以及韦伯的行政组织理论等。

（一）科学管理理论

从19世纪80年代起，泰勒及其同事不断在工厂进行实地试验，系统地研究和分析工人的操作方法和动作所花费的时间，实行了一系列改进工作方法和报酬制度的措施，逐渐形成了一套独特的管理体系。泰勒先后发表了论文《计件工资制》，出版了《车间管理》《科学管理原理》等著作。其中，1911年出版的《科学管理原理》阐述了应用科学方法确定从事工作的最佳方式，标志着科学管理理论的正式形成。由于泰勒在手工操作中运用科学管理原则的奠基性研究，他被誉为"科学管理之父"。

泰勒的科学管理的核心是提高劳动生产率。他认为要抛弃根据经验和主观假设来管理的做法，用"科学"的观点去分析工作，制定出有科学依据的工人合理的日工作量，让每个人都用正确的方法作业，并用此方法对工人进行指导训练来提高劳动生产率。科学管理理论有以下主要内容。

1. 劳动方法和工作时间的标准化

给工人设计最佳的操作方法，而不是凭各自过去的经验进行工作。通过研究工人作业动作的合理性，去掉多余的动作，改善必要动作，同时对工人劳动操作的工时消耗进行科学的实验研究，将劳动时间定额作为安排工人任务、考核劳动效率的依据，制定出能显著提高效率的标准工作方法。

2. 挑选和培训工人科学化

因为每个人的天赋和才能不同，他们所适宜做的工作也各异。管理人员必须经常地、长期地仔细研究每个工人的特点、性格和工作成绩，发现他们的局限性和发展的可能性，然后有系统地训练、帮助、教育他们，尽可能使他们承担所能胜任的最有兴趣的、最有利的工作。

3. 实行差别计件工资制度

泰勒提出实行刺激性的差别计件工资制度，即按照工人是否达到"合理的日工作量"而采用不同的工资率，以提高工人的劳动积极性。按照标准的工作任务（工作定额）确定两种不同的工资率。对完成和超额完成工作定额的工人，以较高的工资率计件支付工资；对完不成工作定额的工人，则按较低的工资率支付工资，甚至使他们得不到基本的日工资。

4. 专业职能制管理

泰勒主张把计划和执行职能分开，成立专门的管理部门负责调研、计划、培训以及发出指示和命令；所有工人和部分工长只承担执行职能，即按照管理部门制定的操作方法和指示，使用规定的标准工具，从事实际的操作。将管理工作细分，使所有管理者只承担一种管理职能。他设计出八个职能工长代替原来的一个工长，其中四个在计划部门、四个在车间，每个职能工长负责某一方面的工作。泰勒的这一思想为以后职能部门的建立和管理专业化提供了启示。

5. 对组织机构的管理控制实行例外原则

泰勒认为规模较大的企业组织管理必须应用例外原则，即在规模较大的企业，高层管理人员为了减少处理日常繁杂事务的麻烦，需要把日常工作事务授权给下级管理人员去处理，自己仅保留对例外事项（重大事项）的决策权和监督权，如企业的大政方针政策的制定、重要的人事任免以及新出现的重要事项等。这一思想后来发展为管理上的分权化原则和实行事业部制管理等。

6. 为实现科学管理应开展一场"心理革命"

泰勒认为劳资双方应开展一场"心理革命"，变互相指责、怀疑、对抗为互相信任和合作，共同为提高劳动生产率而努力，这才是科学管理理论的真谛。他强调，必须使工人认识到，科学管理对他们有好处，只有在改善操作方法的条件下，才能不增加体力消耗而实现提高劳动生产率，从而使工人工资得以提高；也只有实现科学管理，才能够降低成本，满足雇主的利润要求。

泰勒的科学管理理论倡导在管理中运用科学的方法，用调查研究和科学知识代替管理者个人的主观判断与经验。科学管理理论的出现使人类的管理由经验走向科学，不断创造和发展出一系列有助于提高劳动生产率的技术和方法。

当然，由于受历史条件和个人经历的限制，泰勒的科学管理理论也存在局限性：一是其单纯的经济观点，把操作者当作"经济人"来看待，认为只要用经济刺激就能调动工人的积极性，没有从心理和社会层面来理解人和工作；二是仅重视技术因素，忽视社会、群体因素对管理的影响；三是注重基层管理或车间管理，忽视企业作为一个整体如何经营与管理的问题。

（二）一般管理理论

泰勒的科学管理理论开创了西方古典管理理论的先河。在其产生与传播之时，欧洲也出现了一批古典管理的代表人物及其理论，其中影响最大的是法约尔的一般管理理论。泰勒等人重点研究提高操作层的效率，而法约尔则关注整个组织，研究管理者做什么、如何做好等管理问题。

法约尔是法国工业家，长期担任一家矿业公司的总经理。他根据自己五十多年的管理实践，于 1916 年出版了著作《工业管理与一般管理》，标志着一般管理理论的形成。他提出的一般管理理论成为管理过程学派的理论基础，对以后各种管理理论和管理实践的发展也起到了重要作用，因而被誉为"现代经营管理之父"。一般管理理论有以下主要内容。

1. 区分了经营与管理，总结了经营的六项活动

法约尔认为，经营和管理是两个不同的概念，管理包括在经营之中。通过对企业全部活动的分析，他总结出企业的六项活动：技术活动（生产）、商业活动、财务活动、安全活动、会计活动和管理活动。管理活动从企业活动中独立出来，成为一种重要的经营职能。所有的组织成员都应具备上述六种活动能力，但对不同层次和不同组织的人员来说，这些能力的相对重要性不同。

2. 概括并详细分析了管理的五项职能

法约尔认为，管理活动本身包括计划、组织、指挥、协调、控制五项职能。这些职能广泛应用于企事业单位和行政组织，是一般性的管理职能。法约尔以管理的五项职能为核心内容，构造了具有权威性的管理职能及管理过程的一般框架。

3. 阐述了管理教育和建立管理理论的必要性

法约尔详细地研究了企业各级人员必须具备的素质问题，特别强调管理教育的必要性，在他看来，管理知识是可以通过教育获得的。他指出，企业高级管理人员单凭技术教育和业务实践是不够的，随着管理层级的不断上升，管理能力越发重要，所以管理教育应当普及。当时缺少管理教育是因为缺少管理理论，因此法约尔强调了建立管理理论的必要性。

4. 提出了有效管理的 14 条原则

任何组织的活动都存在共同的管理问题，人们在管理实践中要遵循一些一致的原则。法约尔根据自己长期的管理经验，提出 14 条管理原则，见表 1-3。

表 1-3　法约尔的 14 条管理原则

序号	原则	含义
1	劳动分工	劳动分工可提高劳动的熟练程度和准确性，从而提高效率；劳动分工不仅限于技术工作，也适用于管理和其他工作，但劳动分工要有一定的限度
2	权力和责任一致	责任是权力的孪生物，是权力的当然结果和必要补充，凡有权力行使就有责任。法约尔把权力分成两类：制度权力和个人权力，前者是由职务和地位而产生的，后者则与担任一定职务的人的智慧、学识、经验、道德品质和领导能力有关
3	纪律	任何组织的有效活动都必须有统一的纪律来规范人们的行为
4	统一指挥	一个下属人员只接受一个领导人的命令
5	统一领导	每一组具有统一目标的组织活动应当在一个管理者和一个计划的指导下进行
6	个人利益服从集体利益	任何雇员个人或雇员群体的利益不应当置于组织的整体利益之上

续表1-3

序号	原则	含义
7	合理的报酬	报酬是人们"服务的价格",应该合理,并尽量使企业和所属人员都满意
8	集中	集中是指下级参与决策的程度。决策制定是集中(集中于管理当局)还是分散(分散给下级),只是一个适当程度的问题,管理当局的任务是找到在每种情况下最适合的集中程度
9	等级制度	等级制度是从组织的最高权力机构直至低层管理人员的领导系列,它是组织内部命令传递和信息反馈的正常渠道。按层次逐级沟通保证命令统一是必要的,但这会产生信息延误现象。为解决这个问题,法约尔提出跳板原则,但只有在有关各方都同意且上级知情的情况下才能这样做
10	秩序	对人对物都应各就各位,按部就班
11	公平	管理人员待人要公平与善意
12	人员的稳定	雇员的高流动率是低效率的,管理者应当提供有规则的人事计划,并保证有合适的人选来填补空缺的职位
13	主动性	管理者应激励和调动人们工作的积极性和主动性
14	人员的团结	组织的领导人应强调和鼓励其下属发扬团结合作精神,加强组织内部的融洽统一

法约尔的一般管理理论具有更强的理论性和系统性,他对管理职能、管理原则的概括和分析为管理学提供了一套科学的理论框架和内容,对现代管理科学具有直接的重大影响。他从企业最高管理者的角度概括总结的管理理论更具有普遍意义,也适用于其他管理领域,故称一般管理理论。不过,由于他过于追求管理理论的一般性,因而对具体的管理过程重视不够。

(三) 行政组织理论

德国社会学家马克斯·韦伯与泰勒、法约尔并称为西方古典管理理论的三位先驱。韦伯是近代社会学的奠基人,对经济、社会和管理思想的发展都有着深远的影响。他在管理理论上的研究主要集中在组织理论方面,主要贡献是提出了"理想的"行政组织形式,也称为官僚制组织,对组织理论的影响重大,被誉为"组织理论之父"。韦伯对组织形式的研究是从人们所服从的权力或权威开始的,其主要理论观点包括以下三个方面。

1. 权力的类型

韦伯指出,任何一种组织都必须以某种形式的权力为基础,才能实现其目标,权力可以消除组织的混乱,使得组织的运行有秩序地进行。如果没有这种形式的权力,其组织的生存就是非常危险的,更谈不上实现组织的目标了。韦伯把这种权力划分为三种类型:一是理性的、法定的权力,以对法律确立的职位权力的服从为基础;二是传统权力,以对社会习惯、社会传统的尊崇为基础;三是超凡权力,以对领袖人物的品格、信仰或超人智慧的崇拜为基础。韦伯认为,以传统权力或超凡权力为基础建立的组织是不科学、不理想的组织;只有建立在理性、法定权力基础上的组织,才能更好地开展活动,成为理想的组织。理想的行政组织是通过职务或职位而不是通过个人或世袭地位来管理。

2. 理想行政组织的体系结构

韦伯认为，理想行政组织结构分为三层：最高领导层（高级管理阶层）、行政官员（中级管理阶层）、一般工作人员（基层管理阶层）。企业无论采用何种组织结构，都具有这三层基本的原始框架。

3. 理想行政组织的基本特征

韦伯归纳了理想行政组织的基本特征：

（1）明确的分工。每个职位的权力和职责都应有明确的规定，并作为正式职责使之合法化。

（2）等级制度。组织内的职务和职位按等级制度的体系进行划分，下级服从上级。

（3）人员任用。要根据职位的要求，通过正式考试和教育来实行人员的任用。

（4）职业管理人员。管理人员有固定的薪金、明文规定的晋升制度和严格的考核制度，是一种职业管理人员。

（5）遵守规则和纪律。管理人员必须严格遵守组织规定的原则、纪律和办事程序。

（6）组织人员间的关系。组织人员之间是一种指挥和服从的关系，只是职位关系而不受个人情感的影响。

韦伯认为，这种高度结构的、正式的、非人格化的理想行政组织体系是人们进行强制控制的合理手段，是达到目标、提高效率的最有效形式。这种组织形式在精确性、稳定性、纪律性和可靠性方面都优于其他组织形式，能适用于各种管理工作及当时日益增多的各种大型组织，如国家机构、军队、政党、经济企业和各种团体。

古典管理理论的广泛传播和实际运用，大大提高了效率。但古典管理理论侧重于生产过程、组织控制方面的研究。它片面强调对工人的严格控制而忽视人的情感需要和社会需要，引起了工人不满、劳资关系恶化。这促使管理学家开始重视生产中人的工作行为的研究。一些学者运用心理学、社会学等理论和方法，从人的工作动机、情绪及其与工作环境之间的关系出发，探索影响劳动生产率的因素，并导致了行为科学理论的产生。

二、行为科学理论

行为科学理论产生于20世纪二三十年代，从其产生和发展来看，可分为早期与后期两个阶段。其中，早期行为科学又称人际关系论。1949年在美国芝加哥召开的一次跨学科的世界性会议上，正式将人际关系论定义为行为科学。

（一）早期行为科学理论

早期行为科学理论的代表人物是梅奥。他出生于澳大利亚，从事哲学、医学、心理学方面的研究，后来移居美国并开始研究工人问题。

1924年，美国国家科学院的全国科学研究委员会在西方电器公司的霍桑工厂做一项实验，本意是确定照明同工人工作效率之间的精确关系。由于得不出明确结论，他们又依次进行了工资报酬、休息时间、工作日与工作周的长度等对效率影响的实验。但到1927年，仍然得不出结果。梅奥在这种情况下应邀参加并主持这项实验。梅奥主持下的霍桑实验一直持续到1932年。他们分析了车间照明对生产效率影响实验失败的原因，在全公司开展对工人的访谈活动，听取工人对公司规划、政策、工资、工作条件、管理人员态度等各方面的意见，最后进行了非正式组织的研究。结果表明：工人的心理因素和社会因素对其劳动积极性影响很大。梅奥在1933年出版了《工业文明中人的问题》，对霍桑实验的结果进行了总结，创立了人际关系理论，主要观点如下。

1. 工人是"社会人"，而不是简单追求物质利益的"经济人"

梅奥认为，工人并不是简单追求金钱收入的，他们还有社会、心理方面的需要，即追求友谊、安全感、归属感等。因此，除了工作条件、报酬的改善外，还要从社会、心理方面来鼓励工人提高生产率。

2. 非正式组织对生产率的提高有很大影响

梅奥等人认为，组织中除了正式组织外，还存在非正式组织，并对生产率有很大的影响，而古典管理理论只注意到前者的存在。正式组织是为实现组织目标，规定组织中各成员之间相互关系和职责范围的一种体系；而非正式组织是组织成员由于共同的爱好、兴趣等形成的非正式团体。必须正确对待非正式组织，使工人保持"效率逻辑"与"感情逻辑"的平衡。

3. 生产率的高低主要取决于"士气"和工作态度，而"士气"又取决于人际关系

工资报酬、工作条件等不是影响生产率的首要因素。为此，不仅要为工人提供舒适的工作环境，还要创造工人参与管理、自由发表意见、同事之间及上下级之间坦诚交流的和谐的人际关系。因此，管理人员要善于正确处理人际关系，善于听取员工的意见，以提高员工的积极性，达到提高效率的目的。

梅奥的这些观点使人们重新认识了组织中的"人"，引起了管理方法的转变。与古典管理理论相比，这一时期的主要变化是：由原来的以"事"为中心，发展到以"人"为中心；由原来对纪律的研究，发展到对行为的研究；由原来的监督管理，发展到"人性激发"的管理；由原来的独裁管理，发展到参与管理。梅奥创立的人际关系理论为行为科学发展奠定了基础。

（二）后期行为科学理论

后期行为科学理论主要集中在四个领域：有关人的需要、动机和激励问题的理论，与企业管理直接相关的"人性"问题的理论，非正式组织以及人与人之间关系问题的理论，有关领导方式问题的理论等。其中，最具有代表性的有以下理论。

1. 马斯洛的需要层次理论

需要层次理论是美国心理学家和行为科学家马斯洛提出来的。在1943年出版的《人类动机理论》中，马斯洛将人的需要分为五个层次，如图1-4所示。

第一层次为生理需要，包括维持生活所必需的各种物质上的需要，如衣、食、住房、医药等。这些是人们最基本的需要。

第二层次为安全需要。这是有关免除危险和威胁的需要。人们不仅追求人身安全，而且还要求生活有保障、职业有保证、老年有所依靠等。

第三层次为社交需要。人们一般都愿意与他人进行社会交往。人需要友谊、爱情和群体的归属感，人际交往需要彼此同情、互助和赞许等。这一层次的需要得不到满足，可能会影

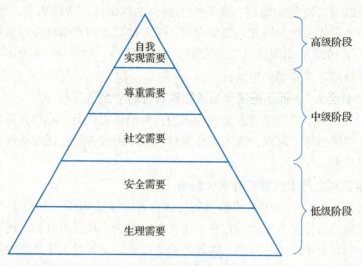

图 1-4　马斯洛的需要层次理论

响人的精神上的健康。

第四层次为尊重需要。这里包括自尊和被人尊重。人们一般有自尊心、自信心、知识、成就、名誉地位等方面的需要,并要求得到别人的承认、尊重等。这一层次的需要一旦得以满足,必然增强信心。

第五层次为自我实现需要。这是最高一级的需要,是指人们通过努力实现自己对生活的期望,从而对生活和工作真正感到有意义。随着其他需要的基本满足和人们文化教育水平的提高,这种需要会变得越来越重要。

这些需要的层次并不是一定按照生理需要、安全需要、社交需要、尊重需要和自我实现需要的顺序存在,有时候人的需要是模糊不清的,对某种需要的程度也不一样,以上对需要的划分只是提供了一个大概的需要层次;人的需要是由主导需要决定的;在同一个人身上,这几种需要可能同时存在,并且人的需要带有发展的、动态的性质;管理人员必须根据不同人的不同需要,研究调动人的积极性,开展具体的管理活动。

2. 赫茨伯格的双因素理论

美国心理学家和行为科学家赫茨伯格在其 1959 年出版的著作《工作的激励因素》中提出了著名的双因素理论,又称激励保健理论。他把影响人们心理和行为的多种因素分为保健因素和激励因素。

保健因素是指公司政策与管理方式、上级监督、工资、人际关系和工作条件五种因素,是属于工作环境和工作条件方面的因素。这类因素不具备或强度太低,容易导致员工不满意,但即使充分具备、强度很高也很难使员工感到满意。保健因素没有激励作用。

激励因素是指成就、赞赏、工作本身、责任和进步五种因素,是属于工作本身和工作内容方面的因素。这类因素具备后可使员工感到满意,但员工感到不满时却很少是因为缺少这些因素。这些因素能激发起员工在工作中的积极性、创造性,产生使员工满意的积极效果。

赫茨伯格的双因素理论与马斯洛的需要层次理论具有相互对应关系,马斯洛提出的高层次需要即赫茨伯格所谓的激励因素,而马斯洛列举的为维持生活所必须满足的低层次需要则相当于保健因素。赫茨伯格明确划分了激励因素与保健因素的界限,为更好地开展管理工作提供了指导。

3. 弗鲁姆的期望理论

期望理论又称作"效价-手段-期望理论",是心理学家和行为科学家弗鲁姆于 1964 年在《工作与激励》中提出来的一种管理心理学与行为科学理论。

弗鲁姆认为,人们采取某项行动的动力或激励力量的大小,取决于他对所能得到结果的全部预期价值(效价)和他认为可能得到该结果的概率(期望值)。用公式表示为

$$M = V \times E$$

式中,M 代表激励力量,指直接推动或使人们采取某一行动的内驱力,即一个人受激励的程度;V 代表效价,是对行动结果的价值评价,它反映个人对某一成果或奖酬的重视与渴望程度;E 代表期望值,指某一行动会导致预期成果的概率,它是个人对行为导致特定成果的可能性或概率的估计与判断。

弗鲁姆的期望理论辩证地提出了在进行激励时要处理好三方面的关系,这些也是调动人们工作积极性的三个条件:①努力与绩效的关系;②绩效与奖励的关系;③奖励与满足个人需要的关系。

人们总是希望通过一定的努力达到预期目标,如果个人主观认为达到目标的概率很高,就会有信心并激发出很强的工作力量;反之,就会失去内在的动力,导致工作消极。人们也希望取得成绩后能够得到奖励(包括物质上和精神上的),如果他认为取得绩效后能得到合理的奖励,如奖金、晋升、提级、表扬等,就可能产生工作热情,否则就可能没有积极性。人们还希望所获得的奖励能满足自己某方面的需要,人的需要是不同的,因而同样奖励对不同人的激励力量不同。即使是同一个人,其需要也是不断变化的,管理者应根据不同情况区别对待。显然,只有当人们对某一行动成果的效价和期望值同时处于较高水平时,才有可能产生强大的激励力量。

4. 麦格雷戈的 X 理论和 Y 理论

美国著名行为科学家麦格雷戈归纳了基于对人性的不同看法而形成的 X 理论和 Y 理论两种理论。

麦格雷戈认为,传统理论是以"人本恶"的看法为基础,这种理论认为人天性厌恶工作,逃避责任,不诚实和愚蠢等。因此,为了提高劳动生产效率,就必须采取强制、监督、惩罚和金钱刺激的方法。麦格雷戈把这种理论称为 X 理论。他认为,虽然当时工业组织中人的行为表现同 X 理论所提出的各种情况大致相似,但是人的这些行为表现并不是人固有的天性所引起的,而是工业组织的性质、管理思想、政策和实践所造成的。

与 X 理论消极的人性观点相对照,麦格雷戈提出了 Y 理论。其基本观点是:人并不是被动的。人的行为受动机支配,只要创造一定的条件,他们会视工作为一种得到满足的因素,就能主动把工作干好。因此,对工作过程中存在的问题,应从管理上找原因,排除员工积极性发挥的障碍。麦格雷戈把这种理论称为 Y 理论。他认为 X 理论是一种过时的理论,只有 Y 理论才能保证管理的成功。在 Y 理论的假设下,管理者的重要任务是创造一个使人得以发挥才能的工作环境,发挥出员工的潜力,并使员工在为实现组织的目标贡献力量时,也能达到自己的目标。此时的管理者已不是指挥者、调节者或监督者,而是起辅助者的作用,从而给员工以支持和帮助。

5. 亚当斯的公平理论

美国心理学家亚当斯于 1965 年提出公平理论，又称社会比较理论。该理论侧重于研究工资报酬分配的合理性、公平性及其对员工生产积极性的影响。

亚当斯认为，当一个人做出了成绩并取得报酬以后，他不仅关心自己所得报酬的绝对量，而且关心自己所得报酬的相对量。也就是说，人们总会自觉或不自觉地将自己付出的劳动代价及其所得到的报酬与他人进行比较，并对公平与否做出判断。公平理论见表 1-4，A 代表某员工，B 代表相关的参照他人。

表 1-4　公平理论

感知到的比率比较	员工的评价
$\dfrac{A\text{所得}}{A\text{付出}} < \dfrac{B\text{所得}}{B\text{付出}}$	不公平（报酬过低）
$\dfrac{A\text{所得}}{A\text{付出}} = \dfrac{B\text{所得}}{B\text{付出}}$	公平
$\dfrac{A\text{所得}}{A\text{付出}} > \dfrac{B\text{所得}}{B\text{付出}}$	不公平（报酬过高）

根据公平理论，公平感直接影响员工的工作动机和行为。无论什么时候，只要他们感觉到不公平，就会采取行动调整这种状态，其结果可能会提高也可能会降低生产率、产品质量、缺勤率、主动离职率。公平理论提出的基本观点是客观存在的，但公平本身却是一个相当复杂的问题，它主要是与个人的主观判断有关。个人所持的公平标准、绩效评定的合理性、评定人等都会影响公平感。

公平理论对我们有着重要的启示：首先，影响激励效果的不仅有报酬的绝对值，还有报酬的相对值；其次，激励时应力求公平，使等式在客观上成立，尽管有主观判断的误差，也不致造成严重的不公平感；最后，在激励过程中应注意对被激励者公平心理的引导，使其树立正确的公平观。

三、现代管理理论

第二次世界大战后，世界政治经济形势发生了深刻变化，促进了管理实践和理论的繁荣，管理科学进入了一个发展、创新、分化、综合并存的时期，管理学的主流从行为科学理论逐渐演变成现代管理理论。美国学者哈罗德·孔茨首先注意到了这种学派林立的状况。他在 1961 年写的《管理理论的丛林》一文中，归纳了各种学派理论上的差异。他认为，20 世纪五六十年代最大的学派有 6 个。1980 年，孔茨发表《再论管理理论的丛林》，将管理理论梳理为 11 个学派。

（一）管理过程学派

管理过程学派又称管理职能学派，该学派是在法约尔一般管理理论的基础上发展起来的，其代表人物有孔茨、西里尔·奥唐奈等人。

管理过程学派强调对管理的过程和职能进行研究，认为管理是一个过程，此过程包括计划、组织、领导、控制等若干个职能。这些管理职能对任何组织的管理都具有普遍性。管者可以通过对各个职能的具体分析，归纳出其中的规律与原则，指导管理工作，提高组织的效率和效益。

（二）人际关系学派

人际关系学派是从20世纪60年代的人类行为学派演变而来的。这个学派认为，既然管理是通过别人或与别人共同完成工作，那么对管理学的研究就必须围绕人际关系这个核心来进行。这个学派把有关的社会科学原有的或新近提出的理论、方法和技术用来研究人与人之间以及人群内部的各种现象，从个人的品性动态一直到文化关系无所不及。这个学派注重管理中"人"的因素，认为人们在为实现其目标而形成团体一起工作时应该互相了解。

（三）群体行为学派

群体行为学派是从人类行为学派中分化出来的，因此同人际关系学派关系密切，甚至易于混同。但它关心的主要是群体中人的行为，而不是人际关系；它以社会学、人类学和社会心理学为基础，而不以个人心理学为基础；它着重研究各种群体行为方式，从小群体的文化和行为方式到大群体的行为特点，都在其研究之列。它也常被称为组织行为学。"组织"一词在这里可以表示公司、政府机构、医院或其他任何一种事业中一组群体关系的体系和类型。

（四）经验主义学派

经验主义学派亦称案例学派，该学派主张通过分析管理者的实际管理经验或案例来研究管理学问题。主要代表人物是彼得·德鲁克，其代表作为《卓有成效的管理者》。

经验主义学派的基本管理思想是：有关企业管理的科学应该从企业管理的实际出发，特别是以企业的管理经验为主要研究对象，将其加以理论化和概括化，然后传授给管理人员或向企业经理提出实际的建议。简言之，该学派认为，管理学就是研究管理经验。通过研究管理中成功或失败的经验，就能理解管理问题，就自然学会了进行有效的管理。

（五）社会系统学派

社会系统学派的创始人和代表人物是美国管理学家切斯特·巴纳德。他的主要观点集中表现在所著的《经理的职能》一书中，虽然该书出版于1938年，但其中阐述的思想却是"现代"的。巴纳德被誉为"近代管理理论之父"。社会系统学派的主要观点包括以下四个方面。

（1）组织是一个是由个人组成的协作系统，是社会大系统中的一部分，受到社会环境各方面因素的影响。

（2）组织作为一个协作系统，包含三个基本要素，即成员的协作意愿、组织的共同目标和组织内的信息交流。

（3）提出了权威接受理论。巴纳德认为，权威的存在必须以下级的接受为前提，下级对权威的接受是有条件的。

（4）对经理的职能进行了新的概括。巴纳德认为，经理应主要作为一个信息交流系统的联系中心，应致力于实现协作。因此，经理的主要职责是：建立和维持一个信息交流系统，促成必要的个人努力，以及提出和制定目标。

（六）社会技术系统学派

社会技术系统学派的创始人是特里司特及其在英国塔维斯托克研究所中的同事。他们通过对英国煤矿中长壁采煤法的生产问题的研究，发现仅分析企业中的社会方面是不够的，还必须注意其技术方面。他们发现，企业中的技术系统（如机器设备和采掘方法）对社会系统有很大的影响。个人态度和群体行为都受到人们工作中技术系统的重大影响。因此，他们认为，必须把企业中的社会系统同技术系统结合起来考虑，而管理者的一项主要任务就是确保这两个系统相互协调。

（七）决策理论学派

决策理论学派的主要代表人物是美国经济学家和社会科学家赫伯特·西蒙。这一学派是在社会技术系统学派的基础上发展起来的。该学派把第二次世界大战以后发展起来的系统理论、运筹学、计算机科学等综合运用于管理决策问题，形成了一门有关决策过程、准则、类型及方法的较完整的理论体系，其主要观点如下。

（1）决策贯穿于管理的全过程，管理就是决策。

（2）决策过程包括四个阶段：搜集情况阶段、拟订计划阶段、选定计划阶段和评价计划阶段。其中每一个阶段都是一个复杂的决策过程。

（3）在决策标准上，用"令人满意"的准则代替"最优化"准则。以往的管理学家往往把人看成是以"绝对的理性"为指导，按最优化准则行动的理性人。西蒙认为事实上这是做不到的，应该用"管理人"假设代替"理性人"假设。这种"管理人"不考虑一切可能的复杂情况，只考虑与问题有关的情况，采用"令人满意"的决策准则，可以做出令人满意的决策。

（4）一个组织的决策根据其活动是否反复出现可分为程序化决策和非程序化决策。此外，根据决策条件，决策还可以分为肯定型决策、风险型决策和非肯定型决策，每一种决策所采用的方法和技术都是不同的。

（5）一个组织中集权和分权的问题是和决策过程联系在一起的。有关整个组织的决策必须是集权的，而由于组织内决策过程本身的性质及个人认识能力的有限，分权也是必需的。

（八）系统管理学派

系统管理学派是在一般系统理论的基础上建立起来的，侧重于以系统的观点考察组织结构及管理的基本职能。代表人物有卡斯特、罗森茨威克和约翰逊，他们三人于1963年合著的《系统理论与管理》是系统管理学派的代表作。该学派主要有以下观点。

（1）管理组织是由许多子系统组成的开放系统。组织是由目标与价值子系统、技术子系统、社会心理子系统、组织结构子系统、管理子系统五个不同的子系统构成的整体。这五个子系统之间既相互独立又相互作用，不可分割，从而构成一个整体。这些系统还可以继续分为更小的子系统。

（2）组织是由人、物资、机器和其他资源在一定的目标下组成的一体化系统。组织的成长和发展同时受到这些组成要素的影响，在这些要素的相互关系中，人是主体。管理人员需力求保持各部分之间的动态平衡、相对稳定、一定的连续性，以便适应情况的变化，达到预期目标。

（3）组织是一个复杂的"投入—产出"系统。他们对组织的运行进行了系统分析，在这个系统中，各种资源依次经过一定的流程，达到组织设计的目标。

(九) 管理科学学派

管理科学学派又称数量学派、计量学派或数量管理科学学派,是现代管理理论中的一个主要学派。代表人物有伯法、希尔等,一些知名的运筹学家都属于这个学派。

该学派将数学引入管理领域,用电子计算机作为工具,把科学的原理、方法和工具应用于管理的各种活动,使管理问题的研究由定性分析发展为定量分析,制定用于管理决策的数学统计模型,对管理领域中的人力、物力、财力进行系统的定量分析,并做出最优规划和决策。

管理科学学派认为,管理是一个数学模型和程序的系统。这个学派的主要方法是模型。在管理中应用比较广泛的数学模型有决策理论模型、盈亏平衡模型、库存模型、资源配置模型(线性规划)、网络模型、排队模型、投入产出模型等。

(十) 权变理论学派

权变理论学派是20世纪70年代在西方形成的一种管理学派,代表人物有卢桑斯、菲德勒、豪斯等。权变理论学派的基本思想是:管理中不存在一成不变的、普遍使用的"最佳"管理理论和方法,组织的管理应根据其所处环境和所遇到的问题,采用"具体问题具体分析"的方法。管理者必须明确每一情境中的各种变数,了解这些变数之间的关系及相互作用,把握原因与结果的复杂关系,从而针对不同情况灵活变通。

权变理论学派认为,对管理中的各种可变因素,可以着重从以下六个方面加以考察:①组织的规模;②组织中人员的相互联系和影响程度;③组织成员的技巧、能力、志向、兴趣以及个人性格;④目标的一致性;⑤决策层次的高低;⑥组织目标的实现程度等。

(十一) 经理角色学派

经理角色学派是20世纪70年代出现的管理学派,代表人物是亨利·明茨伯格。这个学派主要通过观察经理的实际活动来明确经理角色的内容。

该学派所指的经理是一个正式组织或组织单位的主要负责人,拥有正式的权力和职位。而角色这一概念是从舞台术语中借用的,是指属于一定职责或地位的一套有条理的行为。明茨伯格系统地研究了不同组织中五位总经理的活动,得出结论:总经理们并不按人们通常认为的那种职能分工行事,即只从事计划、组织、协调和控制工作,还进行许多别的工作。他将经理所担任的角色分为互相联系、不可分割的三大类型十种角色,具体内容已在第二节的"管理者角色"部分中予以介绍。

本章思考题

1. 什么是管理?管理具有哪些特征?
2. 什么是管理的两重性?
3. 为什么说管理是科学与艺术的结合?
4. 结合实际谈谈你对管理是如何理解的。
5. 常见的管理方法有哪些?各有怎样的特点?
6. 管理者有哪些角色?
7. 管理者应该具备哪些素质和技能?

第二章 管理职能

管理职能是指管理活动的一般过程和基本内容。根据管理过程的内在逻辑，可将管理工作划分为几个相对独立的部分，即为管理职能。20 世纪初，法国工业家亨利·法约尔首次提出管理具有五大职能，即计划、组织、指挥、协调和控制。美国管理学家卢瑟·古利克认为管理有七项职能，即计划、组织、人事、指挥、协调、报告和预算。借鉴哈罗德·孔茨的观点，现在基本上认为管理职能包括计划、组织、领导和控制。管理的这四大职能彼此联系，相互融合，协同作用，构成了一个完整的体系，从而实现组织的预定目标。

第一节 计划职能

一、计划的含义

任何管理活动都是从计划开始的。在管理学中，计划具有两重含义：一是计划工作，是指根据对组织外部环境与内部条件的分析，提出在未来一定时期内要达到的组织目标以及实现目标的方案途径；二是计划形式，是指用文字和指标等形式所表述的组织以及组织内不同部门和成员，在未来一定时期内关于行动方向、内容和方式安排的管理事件。

无论是计划工作还是计划形式，计划都是根据社会的需要以及组织的自身能力，通过计划的编制、执行和检查，确定组织在一定时期内的奋斗目标，有效地利用组织的人力、物力、财力等资源，协调安排好组织的各项活动，取得最佳的经济效益和社会效益。

计划的内容可以简要地概括为七个方面，即做什么（What）、为什么做（Why）、何时做（When）、何地做（Where）、谁去做（Who）、怎么做（How）和需要多少预算（How much），简称为"5W2H"。

二、计划的分类

计划的种类很多，可以按不同的方式进行分类。最常见的方式是按照计划的广度、时间构架、明确性和组织职能进行分类。这些分类方法不是相互独立的，而是密切联系的。

（一）按计划的广度划分

按计划的广度划分，可以将计划分为战略计划和作业计划。战略计划应用于组织整体，它是为组织设立总体目标和寻求组织在环境中地位的计划。作业计划是规定总体目标如何实现的细节的计划。战略计划与作业计划在时间和范围上都是不同的。相比作业计划，战略计划趋向长期规划，通常为5年甚至更长，覆盖较宽的领域，不规定具体的细节。此外，战略计划的一个重要任务是设立目标；而作业计划假定目标已经存在，只是提供实现目标的方法。

（二）按计划的时间构架划分

按计划的时间构架划分，可以将计划分为长期计划和短期计划。长期计划描述了组织在较长时期（通常5年以上）的发展方向和方针，规定了组织的各个部门在较长时期内从事某种活动应达到的目标和要求，绘制了组织长期发展的蓝图。短期计划具体地规定了组织的各个部门在目前到未来的各个较短的时期阶段，特别是最近的时段中应该从事何种活动、从事该种活动应达到何种要求，因而为各组织成员在近期内的行动提供了依据。

（三）按计划的明确性划分

按计划的明确性划分，可以将计划分为具体性计划和指导性计划。具体性计划具有明确规定的目标。指导性计划只规定某些一般的方针和行动原则，给予行动者较大的自由处置权，它指出重点但不把行动者限定在具体的目标或特定的行动方案上。相对于指导性计划而言，具体性计划虽然更易于执行、考核及控制，但缺少灵活性。

（四）按组织职能划分

按组织职能，可以将计划分为生产计划、财务计划、营销计划、人力资源计划等。职能计划由相应的职能部门编制和执行，与按职能划分管理部门的组织体系并行。按组织职能进行计划分类，有助于组织更准确地认识职能领域之间的相互作用和相互依赖，有助于了解某个职能计划执行过程中可能出现的变化及对其他计划的影响。如营销部门的发货计划对生产计划和财务计划可能有明显的影响，必须在计划中充分考虑。

三、计划工作的特征

计划工作的特征主要有首位性、目的性、普遍性和效率性。

（一）首位性

首位性指计划工作在组织管理职能中处于首要地位。计划职能是其他管理职能的基础，是需要首先完成的职能。其他管理职能都是为了支持、保证目标的实现，在计划工作确定组织目标后就可以协调进行了。当计划工作完成后，就可以确定合理的组织结构、人员结构，确定有效的领导方式和激励方式，确定有效的控制方法和手段。

（二）目的性

目的性指组织制订的计划有明确的要实现的目标。首先，组织在科学分析和预测的基础上，在计划工作的最初阶段，制定出定量、可行的目标；其次，围绕目标确定有利于组织目标实现的最佳行动方案，使组织的行动集中于目标，引导行动朝着目标的方向迈进，避免无计划指导的组织进行盲目的行动，保证组织"做正确的事"。

（三）普遍性

普遍性指计划工作是管理者普遍承担的一项工作，管理者或多或少都有某些制订计划的权力和责任。通常高层管理人员只负责制订组织战略性的计划，而那些具体的计划由中层、基层管理人员依据战略性计划制订完成。

（四）效率性

效率性指计划工作要考虑效率，即确定方案的投入产出比在所有可行方案中是最优的。计划的效率不仅要考虑经济方面的利益和损耗，有时还要考虑非经济方面的利益和损耗。

四、计划的过程

计划是由一系列活动构成的，组织的计划程序都是相同或相似的，主要有分析状况、确立目标、确定前提条件、拟订备选方案、评价备选方案、选择方案、拟订派生计划和编制预算。具体步骤如图 2-1 所示。

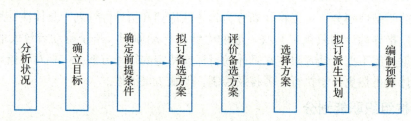

图 2-1　计划的过程

（一）分析状况

计划工作的前提是对组织状况的分析，即对组织过去的情况、现有的条件与未来发展的趋势进行分析；对组织自身的优势和劣势、外部环境的机会和威胁进行综合分析，对组织当前所处状况做出评估。

（二）确立目标

目标是组织期望达到的最终结果，在确定目标时要考虑纵向目标与横向目标的关系，建立起纵横协调的目标系统。在这一步骤中要说明基本的方针和要达到的目标，说明制定战略、政策、规则、程序、规划和预算的任务，指出工作重点。

（三）确定前提条件

计划的前提条件有内部前提条件和外部前提条件之分，内部前提条件多具有可控性，外部前提条件多具有不可控性，如果可控性多于不可控性，计划实现的可能性就较大，否则计划实现的可能性就小。因此，当不可控因素较多时，应对前提条件做出认真分析，以应对未来的不确定性因素。

（四）拟订备选方案

实现目标的途径不是单一的，而是有几种可供选择的途径，但比较经济、合算的途径并不多。因此，应设法寻找比较好的途径并对此进行细致的分析，不应过分追求过多的备选方案，以免浪费精力和影响对有价值的备选方案的分析，也不应制定无法供决策者比较和选择的单一方案。

（五）评价备选方案

评价方案是选择方案的前提，评价的标准是计划的前提条件和目标，根据标准分析每个备选方案的利弊，对每个方案进行评价。评价结论的科学性既取决于评价者所采用的标准，也取决于评价者对各个标准所赋予的权数。在许多情况下，存在较多可供选择的方案，而且前提条件也充满变数，这会大大增加评估的困难。至于评价方法，我们可以借助运筹学、数学方法和计算机技术手段等定量评价方法，以增加评估的准确性。

（六）选择方案

这是制订计划的关键一步，也是决策的实质性阶段。企业组织往往依据公平和效率的原则进行选择。当可供选择的方案不止一个时，管理者应首先确定一个较佳方案作为计划方案，而把其他几个方案作为预备方案。一旦计划实施的条件有变，管理者能够从容应对，迅速适应变化的环境。

（七）拟订派生计划

派生计划就是总计划下的分计划。例如，一所大学发展战略中的招生计划、学科建设计划、实习计划、培训计划等就是总计划下的派生计划。派生计划是总计划的基础，总计划是派生计划的来源，二者相辅相成。

（八）编制预算

这是组织目标得以实现的保证计划，也是计划工作的最后一步，其实质是资源的分配计划。编制预算是把计划转变成数字化的计划。一般来说，企业组织要编制项目预算，政府组织要编制经常性预算和建设性预算。编制预算是各种组织活动有序进行的物质保证，因而是十分重要的工作。

五、计划的方法

计划工作的方法有很多，既包括制订计划的方法，也包括计划管理的方法。下面介绍在计划管理中较为常用的方法。

（一）网络计划法

网络计划法是把一个计划工程、项目或任务分解成各种作业、工序或活动，然后依据作业的先后顺序做出网络图，通过网络图对整个工程或项目进行统筹规划、合理安排和有效控制，以缩短工期和/或降低成本的管理方法。其主要用于工程项目计划与控制。网络计划法中的计划工作就是编制网络计划，包括绘制网络图、计算时间参数、确定关键线路、网络优化等环节。

1. 网络图的组成

网络图是网络计划法的基础，它是计划项目分解后各个部分内在逻辑关系的体现。网络图是由若干个圆圈和箭线组成的网状图,它能表示一项工程或一项生产任务中各个工作环节或各道工序的先后关系和所需时间。网络图有两种形式(图2-2):一种以箭线表示活动(或称为作业、任务、工序),称为箭线型网络图;另一种以圆圈表示活动,称为节点型网络图。本书主要介绍箭线型网络图。箭线型网络图由实箭线、虚箭线、节点和路线组成。

图2-2 网络图的两种形式

(a) 箭线型网络图;(b) 节点型网络图

(1) 箭线。一条箭线表示一项活动、工序或作业,箭尾表示活动的开始,箭头表示活动的结束,活动的名称用代号标在箭线的上方,完成该项活动需要的作业时间标在箭线的下方。实箭线表示一项耗费资源和占用时间的活动;虚箭线表示一项不耗费资源也不占用时间的虚活动。虚活动在实际工作中并不存在,但在箭线型网络图中却有着重要作用,它用来表示前后活动的衔接关系。

根据工序(活动)的前后关系,可将工序分为紧前工序和紧后工序。一道工序结束后,紧接着开始进行的工序即为该工序的紧后工序;一道工序只有在前面工序结束后才能开始,前面紧挨着的工序称为该工序的紧前工序。计划项目开始时,没有紧前工序;计划项目结束时,没有紧后工序。

(2) 节点。一个节点代表一个事项或状态。事项既不占用时间,也不耗费资源,只表示活动开始或结束的瞬间,用"圆圈"表示。网络图中表示计划任务开始和结束的节点分别称作始点事项和终点事项;其他节点称作中间事项,既表示前序活动的结束,又表示后续活动的开始。

(3) 路线。路线是指从网络的始点事项开始,顺着箭线方向,连接到终点事项的通道,一个通道就是一条路线。路线上各项活动的作业时间之和就是该路线的作业时间,也称为该路线的长度。其中作业时间最长的路线称为关键路线。

2. 绘制网络图的规则

(1) 网络图的箭头方向一律从左指到右,即按工序开始时间的先后顺序,把工序按紧前工序在左、紧后工序在右排列,画成网络图。

(2) 每一条箭线的头尾都必须有节点,且箭尾的节点编号必须小于箭头的节点编号。

(3) 网络图节点要统一编号,保证节点的编号不重复、不遗漏。

(4) 网络图中只能有一个始节点和一个终节点。始节点(始点事项)表示计划项目的开始,终节点(终点事项)表示计划项目的结束。

(5) 网络图中不允许出现循环线路,即箭线不允许从某个节点出发而又回到该节点。如图2-3中,1—2—3—1是循环回路,不符合规则。

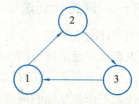

图2-3 出现循环线路的网络图

(6) 两个节点 i,j 之间只能有一条箭线。如果两节点中有一条以上的箭线,如图2-4所示,则需要增加节点,引入虚工序予以解决。

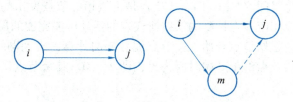

图 2-4　出现两条箭线的网络图的解决方案

【例 2-1】某工程项目经分解后，共有 10 项工序，各项工序的紧前工序和所需作业时间见表 2-1，根据绘制网络图的规则，该项目的网络图如图 2-5 所示。

表 2-1　项目各项工序的资料

工序代号	A	B	C	D	E	F	G	H	I	J
紧前工序	—	—	A，B	B	A	C	E	C	D，F	G，H
作业时间/天	5	3	4	1	5	1	3	8	6	3

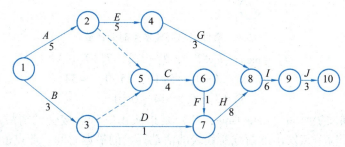

图 2-5　某工程的网络图

3. 网络时间参数的计算

为了编制网络计划和找出关键路线，为组织计划项目的优化、调整和执行提供决策基础，要计算网络图中各个事项及各个工序的有关时间参数。网络时间参数包括作业时间、事件时间参数和活动时间参数。

（1）作业时间（$T_{i,j}$）。

作业时间就是完成某一工序 $ⓘ→ⓙ$ 所需的时间，用 $T_{i,j}$ 表示，即从结点 i 开始到结点 j 结束的工序作业时间。作业时间是确定其他时间参数的基础。确定工序作业时间有单一时间估计法和三点时间估计法两种方法。单一时间估计法是指利用定额或统计资料，准确估计工序作业时间的一个时间值。三点时间估计法是指将工序时间分为最乐观时间（用 a 表示）、最可能时间（用 m 表示）和最悲观时间（用 b 表示），按公式 $T_{i,j}=(a+4m+b)/6$ 确定工序的作业时间。

（2）事件时间参数。

事件时间是一个瞬时的概念，在时间轴上是一个点，它包括事件最早可能发生时间、事件最迟必须发生时间和事件时差。在网络图中，节点与事件对应。起始节点表示项目开始事件，这一事件的发生表示项目最早可以进行的活动开始；终止节点表示项目完成事件，这一事件的发生表示最后进行的活动完成；中间节点表示终止在该节点的箭线所代表的活动完成和从该节点发的箭线所代表的活动开始这一事件。

事件最早可能发生时间（Early Time，T_E^i）是指从相应节点发出的箭线所代表的活动可能开始的最早时间，或相应节点接受的箭线所代表的活动可能完成的最早时间。事件最早可能发生时间从网络图的起始节点开始，按节点编号顺向计算，直到网络图的终止节点为止。一般假定网络图的起始节点最早开始时间为零，即 $T_E^1 = 0$。其余节点最早可能发生时间可按下式计算

$$T_E^j = \max \{T_E^i + T_{i,j}\} \quad (i<j)$$

式中，i 和 j 分别代表箭尾事件和箭头事件；$T_{i,j}$ 为活动（i，j）所需的作业时间。

上式表示当到达节点 j 的箭线不止一条时，取数值中最大的一个。这是因为只有当节点 j 前面延续时间最长的前序工序结束后，j 节点的后续工序才能开始，如图 2-6 所示。

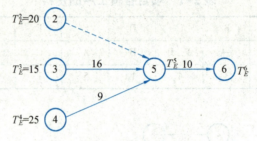

图 2-6　事件最早可能发生时间计算

$$T_E^5 = \max \{T_E^5 + T_{2,2},\ T_E^3 + T_{3,5},\ T_E^4 + T_{4,5}\}$$
$$= \max \{20+0,\ 15+16,\ 25+9\} = 34$$
$$T_E^6 = T_E^5 + T_{5,6} = 34+10 = 44$$

事件最迟必须发生时间（Late Time，T_L^i）是指从相应节点接受的箭线所代表的活动完成的最迟时间或相应节点发出的箭线所代表的活动开始的最迟时间。节点最迟必须发生时间的计算从网络图的终止节点开始，按节点编号逆向计算，直到网络图的起始节点为止。由于事件本身不消耗时间，所以网络终止节点的最迟必须发生时间可以等于它的最早可能发生时间。其余节点最迟必须发生时间可按下式计算

$$T_L^i = \min \{T_L^j - T_{i,j}\} \quad (i<j)$$

上式表示当从节点 i 发出的箭线不止一条时，取诸数值中最小的一个。因为只有这样才能保证从节点 i 开始时间最早的工序能按时开工，如图 2-7 所示。

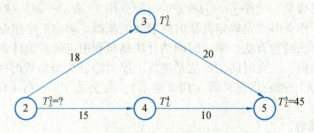

图 2-7　事件最迟必须发生时间计算

$$T_L^3 = T_L^5 - T_{3,5} = 45-20 = 25$$
$$T_L^4 = T_L^5 - T_{4,5} = 45-10 = 35$$
$$T_L^2 = \min \{T_L^3 - T_{2,3},\ T_L^4 - T_{2,4}\}$$
$$= \min \{25-18,\ 35-15\} = 7$$

(3) 活动时间参数。

与事件不同,活动需要持续一段时间才能完成。因此,活动时间参数有四个,即活动最早可能开始时间、活动最早可能完成时间、活动最迟必须完成时间、活动最迟必须开始时间。活动时间参数可以通过事件时间参数计算,也可以独立计算。

活动最早可能开始时间(Early Start Time,$T_{ES}^{i,j}$)等于该活动对应的箭线的箭尾事件的最早可能发生时间,即

$$T_{ES}^{i,j} = T_E^i$$

活动最早可能完成时间(Early Finish Time,$T_{EF}^{i,j}$)等于该活动的最早可能开始时间与活动所需时间之和,即

$$T_{EF}^{i,j} = T_{ES}^{i,j} + T_{i,j} = T_E^i + T_{i,j}$$

活动最迟必须完成时间(Late Finish Time,$T_{LF}^{i,j}$)是指为保证工程按期完工的最迟必须完成时间。活动最迟必须完成时间就等于该活动的箭头事件的最迟必须发生时间,即

$$T_{LF}^{i,j} = T_L^j$$

活动最迟必须开始时间(Late Start Time,$T_{LS}^{i,j}$)可通过事件的时间参数计算

$$T_{LS}^{i,j} = T_{LF}^{i,j} - T_{i,j} = T_L^j - T_{i,j}$$

有了活动的最早时间和最迟时间,就可以计算活动时差。活动时差是指在不影响整个项目完工时间的条件下,某项活动最迟开始(完成)时间与最早开始(完成)时间的差值,也就是活动开始时间或完成时间容许推迟的最大限度。一般可以分为活动总时差和活动单时差。

活动总时差 $ST_{i,j}$ 是指在不影响整个工程工期,即不影响紧后活动的最迟必须开始时间的前提下,活动(i,j)的开始时间或完成时间可以前后松动的最大范围。活动总时差越大,表明该工序在整个网络中的机动时间越大,可以在一定范围内将该工序的人力、物力资源利用到关键工序上去,以达到缩短工程结束时间的目的。活动(i,j)的总时差计算公式是

$$ST_{i,j} = T_{LS}^{i,j} - T_{ES}^{i,j} = T_{LF}^{i,j} - T_{EF}^{i,j}$$

单时差 $S_{i,j}$ 是指在不影响紧后活动最早可能开始时间的条件下,活动(i,j)的开始时间或完成时间可以前后松动的最大范围。活动(i,j)的单时差计算公式是

$$ST_{i,j} = T_{ES}^{i,k} - T_{EF}^{i,j} = T_E^j - T_E^i - T_{i,j}$$

活动单时差是活动总时差的一部分。由于单时差以不影响紧后工序最早开始时间为前提,因此单时差只能在本项活动中利用,即单时差不用的话也不能让给紧后作业,而总时差可以部分让给后续作业使用。

4. 关键工序与关键路线

总时差为零的工序就是关键工序。由这些工序所组成的路线就是网络图中的关键路线。关键路线至少有一条,可能有多条。关键路线的长度决定整个工期。用计算工序总时差的方法确定网络图中的关键工序是确定关键路线最常用的方法。

可以看出,网络时间参数的计算过程具有一定的规律和严格的程序,可以在计算机上进行计算或用表格法与矩阵法计算,对于比较简单的网络图也可采用手工图计算。

绘制网络图、计算网络时间和确定关键路线,得到一个初始的计划方案,但通常还要对初始计划方案进行调整和完善,根据计划的要求,综合地考虑进度、资源利用和降低费用等目标,进行网络优化,确定最优的计划方案。限于篇幅,本书不做介绍。

(二) 对标管理法

对标管理是指企业以行业内或行业外的一流企业作为标杆,从各个方面与标杆企业进行比较、分析、判断,通过学习他人的先进经验来改善自身的不足,从而赶超标杆企业、不断追求优秀业绩的过程。

对标管理可以是行业间或不同行业间经营状况相近企业的整体比较,也可以是不同企业间某项相近工作的单项比较,或是企业内部不同单位间的比较等。对标管理的主要内容包括设计、研究开发、采购、制造、仓储、运输物流、销售、营销、人力资源、劳资关系、财务及管理(规划、组织)等方面。对标管理一般包括以下五个步骤。

第一步,制订对标计划,确保对标计划与企业的战略一致。

第二步,建立对标团队。团队的结构取决于对标范围的大小、企业规模、对标预算、对标程序和环境等要素。

第三步,收集必要的数据。一是本企业的流程表、客户反馈、程序手册等信息,二是对标对象的相关信息。

第四步,分析数据识别差距。通过数据分析确认绩效的差异和造成差异的原因。

第五步,制订和实施行动计划,最终达到或超过其他组织的标准。

对标管理是现代企业管理活动中最重要的管理方式之一,是一种评价自身企业和研究其他组织的手段,其核心意义在于帮助企业不断改进和获得竞争优势。

(三) 滚动计划法

滚动计划法是一种定期修订未来计划的方法。它是按照"近细远粗"的原则制订一定时期内的计划,然后按照计划的执行情况和环境变化,调整和修订未来的计划,并逐期向后移动。滚动计划法是把短期计划和中期计划结合起来的一种计划方法,始终保持近期计划详细、长期计划保持方向的状况。以五年计划的编制为例(图2-8),从图中可以看出,通过逐年滚动来编制五年计划较灵活,且又能根据内外部条件变化及时修订计划。

图2-8 滚动计划法示意图

滚动计划法利用动态编制计划的方法，把组织的短期计划、中期计划和长期计划有机地结合起来，避免了组织因脱离环境变化，机械地执行长期计划而可能造成的较大损失。该方法适用于计划期较长、不确定因素较多的场合。由于在计划工作中很难准确地预测将来影响组织生存与发展的政治、经济、文化、技术、产业、顾客等各种变化因素，而且随着计划期的延长，这种不确定性越来越大。因此，机械地按几年前编制的计划实施，可能会导致巨大的错误和损失。滚动计划法可以避免因这种不确定性带来的不良后果。计算机在组织中的广泛应用，解决了滚动计划法编制工作量较大的缺点，为这种计划方法的应用提供了坚实的基础，使其优势更加明显。

（四）目标管理法

目标管理法是让企业的管理人员和员工亲自参加工作目标的制定，在工作中实行"自我控制"并努力完成工作目标的一种计划管理方法。目标管理源于美国管理学家彼得·德鲁克，他在1954年出版的《管理的实践》一书中首先提出了"目标管理和自我控制"的主张，认为"企业的目的和任务必须转化为目标。企业如果没有总目标及与总目标相一致的分目标来指导职工的生产和管理活动，则企业规模越大，人员越多，发生内耗和浪费的可能性越大"。

企业目标可分为战略性目标、策略性目标以及方案、任务等。一般来说，战略性目标由高层管理者制定；策略性目标由中层管理者制定；方案和任务由职工制定，并与每一个成员的应有成果相联系。目标制定应采用自上而下的目标分解与自下而上的目标期望相结合的方法，使经营计划的贯彻执行建立在职工的主动性、积极性的基础上，把企业职工吸引到企业经营活动中来。目标实施中应适当授权，主要由目标执行者自我控制；管理者定期检查目标的完成情况，及时反馈绩效结果，以目标完成情况作为个人或部门的考核依据。

目标管理是以泰勒的科学管理理论和行为科学管理理论为基础形成的一套管理制度。它是以目标为导向、以人为中心、以成果为标准，而使组织和个人取得最佳业绩的现代管理方法。目标管理广泛应用于企业管理，在实践中总结出很多的"横分到边，纵分到底""千斤重担万人挑，人人肩上扛指标"的好方法，比如海尔的OEC管理法（Overall Every Control and Clear，即全方位优化管理法）等。

第二节　组织职能

一、组织的含义

管理者在制订出计划后，就要组织必要的资源去实施。一般来说，组织包括两层含义：一是指由若干因素构成的有序的结构系统，即组织结构；二是指根据一定的目的、按照一定的程序，对一些事物进行安排和处理的活动或行为。前者既包括社会组织，也包括自然组织；后者则专指人们的活动。

现代企业管理

管理的组织职能就是指为实现计划目标，明确并划分组织所需要进行的活动，通过对任务和权力关系的设计与授予，形成任务明确、分工协作的人为系统并使之运转的过程，也就是设计、建立一种组织结构并维持其运转的过程。

组织职能是实现管理目标的手段。人的知识和能力的有限性决定了人们在社会活动中必须通过组织实现分工协作，以形成整体力量的汇聚和放大效应，最终提高劳动生产率，实现管理目标。

二、组织的分类

组织的类型很多，可以按不同的方式进行分类，最常见的方式是按照组织结构的规模、社会职能和组织内部是否有正式分工进行划分。

（一）按组织结构的规模分类

按组织结构的规模分类，可分为小型组织、中型组织和大型组织。比如，企业组织可分为小型企业、中型企业和大型企业；医院组织可分为个人诊所、小型医院和大型医院等；行政组织可分为小单位、中等单位和大单位等。按这个标准进行分类是具有普遍性的，不论何类组织都可以做这种划分，以组织规模划分组织类型是对组织现象的表面认识。

（二）按组织结构的社会职能分类

按组织结构的社会职能分类，可分为文化性组织、经济性组织和政治性组织。文化性组织如各类学校、研究机关、艺术团体、图书馆、艺术馆、博物馆、展览馆、纪念馆、报刊出版单位、影视电台机关等。文化性组织一般不追求经济效益，属于非营利组织。而经济性组织是一种专门追求社会物质财富的社会组织，它存在于生产、交换、分配、消费等不同环节，如工厂、工商企业、银行、财团、保险公司等社会组织。政治性组织如国家的立法机关、司法机关、行政机关、政党、监狱、军队等。

（三）按组织内部是否有正式分工分类

按组织内部是否有正式分工分类，可分为正式组织和非正式组织。如果组织内部存在着正式的组织任务分工、组织人员分工和正式的组织制度，那么它就属于正式组织，如政府机关、军队、学校、工商企业等组织。如果一个社会组织的内部既没有确定的机构分工和任务分工，没有固定的成员，也没有正式的组织制度等，这种组织就属于非正式组织。非正式组织可以是一个独立的团体，比如学术沙龙、文化沙龙、业余俱乐部等，也可以是一种存在于正式组织之中的无名而有实的团体。这是一种事实上存在的社会组织，这种组织现在日益受到重视。在一个正式组织的管理活动中，应特别注意非正式组织的影响作用，对这种组织现象的处理将会直接影响到组织任务的完成和组织运行的效率。

三、组织工作

组织工作是指为了实现组织的共同目标而确定组织内各要素及其相互关系的活动或过程，即通过设立机构、建章立制、职权配置、人员配置、运行与变革、文化建设等来完成组织任务和实现组织目标的活动或过程。组织职能的具体内容包括以下几个方面。

（一）组织结构设计

组织结构设计是组织工作中最重要、最核心的一个环节，其内容是建立一种有效的组织结构框架，对组织成员在实现组织目标中的分工协作关系做出正式的、规范的安排，即形成正式的组织。

（二）制度规范制定

制度规范是指对组织管理活动及其组织成员行为进行规范、制约与协调而制定的各种规定、规程、方法与标准等制度的总称。制定制度规范就是用制度形式规定管理活动的内容、程序和方法，界定人员行为规范和准则的过程，从而使管理活动有章可循、规范高效。

（三）职权配置

职权是构成组织结构的核心要素，是组织联系的主线，对于组织的合理构建与有效运行具有关键性作用。在组织内部，基本的信息沟通也是通过职权来实现的。通过职权关系上传下达，使下级按指令行事，上级得到及时反馈的信息，做出合理的决策，进行有效的控制。

（四）人员配置与管理

人员配置是根据组织目标和任务正确选择、合理使用、科学考评和培训人员，以合适的人员去完成组织结构中规定的各项任务，从而保证整个组织目标和各项任务完成的职能活动。

（五）组织变革

组织变革是指通过对组织结构进行调整和修正，使其适应不断变化的外部环境和内部条件的过程。组织变革和组织发展虽有所区别，但二者又密切联系。组织发展要通过组织变革来实现，变革是手段。变革的目的是使组织得到发展，以适应组织内外条件的要求，有效地行使组织职能。

（六）组织文化建设

组织文化是指在一定的社会政治、经济、文化背景条件下，组织在生产与工作实践中所创造或逐步形成的价值观念、行为准则、作风和团体氛围的总和。通过组织文化建设，可以充分发挥组织的导向、凝聚、激励、约束和辐射功能，进一步促进组织职能的有效发挥。

四、组织结构设计

组织结构是表明组织各构成要素及其相互关系的一种模式。组织结构设计是设计出一种有效的组织结构框架，对组织成员在组织中的分工协作关系做出正式、规范的安排。任何组织的运行都要依托一定的组织结构，因此组织结构设计是组织工作最重要、最核心的一个环节。

进行组织结构设计，首先要确定组织的目标和实现目标所需要从事的活动，然后依据组织拥有的资源与面临的环境条件将所需活动进行分组，再为每个职位配备合适的人员，明确每个职务的权责，并设置协调和整合各层次与部门之间纵向、横向联系的手段。具体来说，组织结构设计包括三大基本内容。

(一) 管理层次的划分

管理层次是指组织内部在职权等级链上所设置的从最高层到最底层的级数。管理层次实际上反映的是组织内部纵向分工关系，各个层次将承担不同的管理职能，上下层次之间形成领导与服从的关系，这一划分也被称为组织的层级化。一般而言，组织的管理层次大多分成三层，即战略管理层、战术管理层和运行管理层。

管理层次受到组织规模和管理幅度的影响。管理幅度是指组织的一名管理者直接管理下属人员的数量。合理的管理幅度有利于管理的控制和沟通，可以加快上情下达和下情上报的传递速度，便于管理者及时做出决策，也有利于下属贯彻上级的决策意图。一般来说，管理层次与组织规模成正比：组织规模越大，包括的成员越多，则层次越多；在组织规模已定的条件下，它与管理幅度成反比：主管直接控制的下属越多，管理层次越少。

(二) 部门的划分

部门的划分形成了组织的横向结构，它是将实现组织目标所需从事的工作以及相应需要承担的责任进行细致合理的分析归类，进而科学地综合成各个部门，即将专业化的分工合理地组合到部门中，也被称为组织的部门化。

部门划分的方法很多，通常可以按照职能、产品（服务）、地域、顾客或时间、人数等来进行组织的部门化，具体的划分标准则要取决于企业的目标、规模、环境等多种因素。

(三) 职权的划分

职权是指组织成员按其在组织中的地位，通过一定的正式程序授予而享有的决策和使用资源完成组织目标的权力，也就是决定做什么、如何做、何时做的权力。通过职权的划分可以解决各管理层次、各部门与各职位之间的相互关系与联系方式的问题，使组织各部分紧密联系，成为协调一致的有机整体。组织内职权可以分为三种类型，即直线职权、参谋职权和职能职权。

五、组织结构的类型

组织结构的基本类型有直线制、直线职能制、事业部制、矩阵制、网络型等。下面以企业为例，介绍几种基本的组织结构形式。

(一) 直线制组织结构

直线制是一种最简单的组织结构类型。该组织结构不设职能机构，从最高管理层到最底层实行直线垂直领导。组织职位按照垂直系统直线排列，各级主管对自己的下级拥有直接的指挥和管理职能，如图2-9所示。

图2-9 直线制组织结构示例

这种组织结构形式简单，命令统一，指挥及时，责任与权限分明。其缺点是对管理者的要求很高，要求管理者通晓多种专业知识，管理者负担过重，难以胜任复杂工作。这种组织结构主要适用于那些没有必要按职能实行专业化管理的中小型组织。

（二）直线职能制组织结构

直线职能制是以直线制为基础，在各级行政负责人之下设置相应的职能部门，作为该领导的参谋，实行主管统一指挥与职能部门参谋、指导相结合的组织结构形式。职能参谋部门拟订的计划、方案以及有关指令，由直线主管批准下达；职能部门参谋只起业务指导作用，无权直接下达命令，各级行政负责人实行逐级负责。直线职能制组织结构如图 2-10 所示。

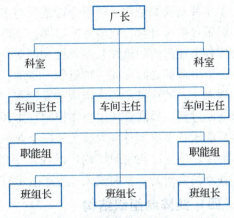

图 2-10 直线职能制组织结构示例

这种组织结构的优点是既能保证指挥命令的统一性，又能发挥各专业人员和部门的专长。其缺点是该结构仍是集权式管理形式，权力集中于最高领导者，下级部门缺乏必要的自主权，企业信息传递路线较长，职能部门之间横向联系较差，上层主管的协调工作量大；难以从组织内部培养熟悉全面情况的管理人才。这种组织结构形式对中小型组织比较适用，是现实中运用得最为广泛的一个组织形态，我国大部分机关、学校、医院等都采用直线职能制的组织结构形式。

（三）事业部制组织结构

事业部制是一种"分权式"组织形式，首创于 20 世纪 20 年代美国通用汽车公司。它将企业的生产经营活动按照产品、地域或市场（顾客）的不同分别设立各个事业部，各事业部在总公司的领导下实行独立核算、自负盈亏，对总公司负有完成利润计划的责任，同时在经营管理上享有很大的自主权。

事业部制组织结构符合"集中决策，分散经营"的原则，对于涉及公司统一方针政策层面（如总体目标、长期计划）的决策与管理采取集权的方式，由公司总部负责；而各事业部内总体方针政策的贯彻执行、日常的经营管理则采取分权的方式，由事业部主管独立负责。各事业部有相对独立的市场、利益与自主权，总部可以对事业部的运营进行监督，但一般不直接干涉其日常运作。其基本结构如图 2-11 所示。

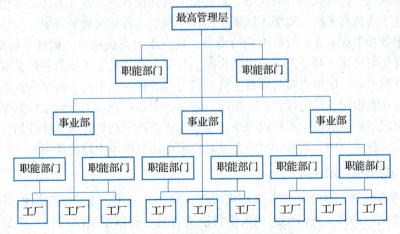

图 2-11 事业部制组织结构示例

事业部制组织结构是随着企业成长与多元化问题的出现而产生的，它的优点主要是有利于高层领导摆脱日常行政事务的束缚，从而集中精力做好企业的战略决策与长远规划；有利于发挥各事业部的积极性、主动性和创造性，提高事业部管理的灵活性和对环境的适应性，易在各个事业部之间形成一种竞争的氛围，促进企业的发展；并且有利于培养和训练综合性的管理人才。其缺点是职能机构重复设置，容易造成人、财、物的浪费与管理费用的增加；职权下放过多，最高管理层整体控制、协调的能力被削弱；事业部之间的相对独立性与竞争性容易造成各事业部各自为政，忽视企业整体的利益，难以相互配合，不利于企业的长远发展。如今，事业部制组织结构广泛应用于世界各大公司，它适用于规模较大、产品种类较多、各产品之间工艺差别较大、生产技术较为复杂且市场广阔而多变的企业组织。

（四）矩阵制组织结构

矩阵制组织结构是将按职能划分的部门与按产品、服务或项目划分的部门结合起来而形成的一种二维组织结构形式。在矩阵制组织结构中，按职能划分部门形成的纵向职能系统与按产品划分部门形成的横向项目系统组合成一个矩阵结构，矩阵制组织结构也由此而得名。组织中的员工被组合成项目小组，小组的成员既要接受原职能部门的领导，又要接受项目小组负责人的领导，每个小组在最高管理者的直接领导下工作。其组织结构形式如图2-12所示。

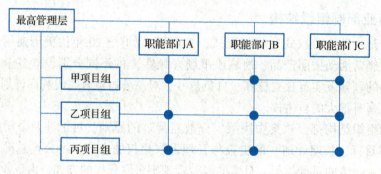

图2-12 矩阵制组织结构

矩阵制组织结构兼收了职能部门化和产品部门化的优点，结合了企业管理中纵向联系与横向联系、集权化与分权化的共同优势，具有很大的弹性和适应性。其优点是加强了部门间的联系，增进了沟通与了解，克服了职能部门相互脱节、各自为政的现象；灵活机动，可以根据需要集中各种专业人才，发挥他们的潜力，攻克难关完成项目，提高了组织的适应力；便于知识与意见的交流，利于人才素质的提高。其缺点主要是小组成员要接受双重领导，易产生相互牵制的矛盾；职能主管与项目主管的权力与责任难以平衡，可能会发生纠纷；组织多针对临时性任务组建，稳定性差，小组成员容易产生临时观念，影响工作效率。

矩阵制组织结构多适用于工作内容变动频繁、所需技术众多且独立性强的组织与临时性的大型复杂的工程项目中，在科学研究尤其是应用性研究单位中较为常用。

（五）网络型组织结构

进入21世纪以来，为了适应外部环境快速、复杂的变化，企业组织结构呈现出"扁平化"和"柔性化"趋势。网络型组织就是目前流行的一种新型组织结构。它是由一个较小的核心组织，通过合作关系，依托其他组织进行生产、销售等经营活动而形成的一种组织结构。在网络型组织结构中，组织的大部分职能从组织外"购买"，这给管理当局提供了高度的灵活性，并使组织集中精力做他们最擅长的事。网络型组织结构如图2-13所示。

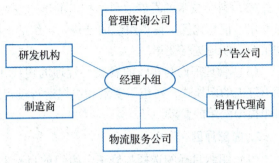

图2-13 网络型组织结构

网络型组织结构具有更大的灵活性和柔性，以项目为中心的合作可以更好地结合市场需求来整合各项资源，而且容易操作；网络中的各个价值链部分也可以随时根据市场需求的变动情况增加、调整或撤并；另外，这种组织结构简单、精炼，由于组织中的大多数活动都实现了外包、外协，而这些活动更多地靠电子商务来协调处理，组织结构可以进一步扁平化，效率也更高了。网络型组织结构的缺点是可控性太差，不利于技术保密。这种组织的有效动作是通过与独立的供应商广泛而密切的合作来实现的，由于存在着道德风险和逆向选择性，一旦组织所依存的外部资源出现问题，将陷入非常被动的境地；另外，外部合作组织都是临时的，如果某一合作单位因故退出且不可替代，组织将面临解体的危险；由于项目是临时的，员工随时都有被解雇的可能，因而员工对组织的忠诚度也比较低。

六、组织的变革与发展

作为一种开放的系统，组织无时无刻不受到环境变化的影响。原先稳定高效的组织结构在新的环境形势下，就有可能变得臃肿低效。为了适应新兴的环境，继续保持组织的高效运转，组织必须适时地变革才能应对挑战，寻求发展。

（一）组织变革的含义

组织变革就是组织根据内外环境的变化，及时对组织中的要素进行调整、修正，以保证其高效运转、适应组织发展的过程。

无论组织的过去是多么辉煌，随着环境的变化，它都必须不断地做出调整。组织变革的根本目的就是要提高组织的效能，使组织更加有效地实现其目标。

（二）组织变革的原因

一般来说，一个组织在下列情况下应考虑进行变革：一是决策效率低或经常出现决策失误；二是组织沟通渠道阻塞、信息不灵、人际关系混乱、部门协调不力；三是组织职能难以正常发挥，目标不能如期实现，人员素质低下，产品产量及质量下降等；四是缺乏创新，没有新的或更好的办法出现，致使组织停滞不前。

组织进行变革有多种原因，这些原因可以归纳为外部原因和内部原因两大类。

1. 外部原因

（1）社会经济环境的变化。社会经济不断发展，人民生活水平不断提高，使得市场更为广阔、产品更新换代速度加快、工作自动化程度提高等，这些变化均会迫使组织进行变革。同时，社会经济环境还包括国家的经济政策、法规以及环境保护等。

(2) 科学技术的发展。科学技术的迅速发展及其在组织中的应用，如新发明、新产品、自动化、信息化等，使得组织的结构、组织的运行要素等都发生巨大变化，这些变化也会推动组织不断地进行变革。

(3) 管理理论与实践的发展。管理的现代化、新的管理理论和管理实践，都要求组织变革过去的旧模式，对组织要素和组织运行过程的各个环节进行合理的协调和组织，从而对组织提出变革的要求。

2. 内部原因

(1) 组织目标的选择与修正。组织的目标并不是一成不变的，当组织目标在实施过程中与环境不协调时，需要对目标进行修正。

(2) 组织结构与职能的调整和改变。组织会根据内外环境的要求对自身的结构进行适时的调整与改变，如管理幅度和层次的重新划分、部门的重新组合、各部门工作的重新分配等。同时，组织在发展的过程中，也会不断抛弃旧的不适用的职能并承担新的职能，如社会福利事业、防止公害、保护消费者权益等。这些均会促使组织进行不断的变革。

(3) 组织员工的变化。随着组织的不断发展，组织内部员工的知识结构、心理需要以及价值观等都会发生相应的变化。现代组织中的员工更注重个人的职业发展和管理中的平等自主。组织员工的这些变化必将带动组织的变革。

(三) 组织变革的内容

对于一个具有系统性的组织来说，影响其运行的因素很多。但是，就每一次的组织变革而言，由于具体情况不同，其侧重点和内容也有所不同。综合起来，组织的变革主要包括三项内容。

1. 人员的变革

通过宣传、培训、教育使员工的工作态度、期望、技能、认知和行为等产生改变。人员的变革是组织变革的基础，因为在任何组织中，人都是最活跃、最重要的因素。

2. 结构的变革

改变组织的复杂性、正规化、集权化程度、职务设计等结构因素。如部门的撤销与设立、职责范围的重新划分、权力关系的调整与管理幅度、管理层次的改变等。

3. 技术与任务的变革

包括对工作流程、所使用的方法和设备的改变等，如新设备的使用、新的方法工艺的采纳等。

(四) 组织变革的过程

全面认识组织变革的一般过程，可以帮助我们按照科学的程序实施组织的变革，推动其顺利进行。美国社会心理学家库尔特·勒温认为组织变革的过程可以分为"解冻—变革—重新冻结"三个阶段。

1. 解冻

解冻指的是在组织中广泛宣传变革的必要性，让个人、团体或组织能够真正感到变革的必要并且接受变革。这一期间的主要任务是为在组织中实施变革做思想铺垫，通过积极的引导，激励员工更新原有的观念，接受改革并参与其中。

2. 变革

变革指的是发现并提出新的观点、理念或采用新的行为。进入变革阶段，组织已经做好了准备，开始实行变革。组织要使新的观念或行为在员工中得到认同和接受，关键是采取措施减小变革的阻力，进一步调动员工转换行为。

3. 重新冻结

重新冻结指的是通过加强、支持等手段，促使新的行为方式锁定成为新的模式和规范。这是行为强化的阶段，目的是要通过平衡变革动力和阻力，稳定新的组织状态。破旧立新总是需要一个过程，所以在改革顺利实施后，还要对员工的心理、行为方式等进行巩固和强化，防止反复。

（五）变革的阻力

任何一种变革都会多多少少受到来自变革对象的阻力与反抗。对于组织的变革来说，由于传统观念与组织惯性的影响，以及其对组织中人员关系、个人利益等的冲击，人们往往一时难以心甘情愿地接受未来的变化，难以正确判断变革的前景。组织变革的阻力主要来自个人与团体两大方面。

1. 个人对变革的阻力

组织的变革不可避免地要涉及个人，原有平衡的打破必然会对个人的心理和实际利益造成不同程度的影响。例如，机构的重组、管理层级的改变都会给个人带来一定的压力和紧张感。工作职位、职权和职责、具体内容也会发生不同程度的变化，这就意味着个人要改变过去一贯熟悉的工作方式，更新落后的知识结构，学习新的技能，甚至面临失去原有权力的威胁，这是某些守旧的人所不乐意发生的。变革的风险性与对未来的不确定性也可能造成人们心理上的倾斜，从而阻碍变革。这些对个人观念、利益、专业、规范、传统、习惯等方面的冲击，都会触发个人在心理上和行为上的抵触，形成变革的阻力。

2. 团体对变革的阻力

变革中组织结构和组织关系都会有不同程度的调整，如工作政策的制定、工作权限的分配、工作职责的明确、工作关系的协调以及组织总体观念和行为规范的更新等，都要在实践中加以摸索和调整。原先管理层级和职能机构的打破，不可避免地要触及某些团体的利益和权力。如果组织变革的目标与这些团体的目标相抵触，他们就会采取抵制和不合作的态度阻挠变革的推行。而非正式团体的存在也使得组织中新的人际关系的确立需要一个较长的过程。另外，长期形成的组织文化也有可能增加组织变革的困难。

（六）降低组织变革阻力的管理对策

为了确保组织变革的顺利进行，推动组织向新的平台发展，需要采取适当的策略与方法来降低组织变革中可能会遇到的阻力。

1. 加强教育与沟通

向员工个人、小组甚至企业说明变革的必要性和合理性，提高大家对变革的认识与理解，并保持沟通渠道的畅通，及时了解与解决出现的问题，减少变革的阻力。

2. 提高组织成员的参与程度

尽可能地让员工参与到变革的设计与实施中，使他们融入组织的变革，切身体会变革的过程，减少对变革的担心与抵制。

3. 促进和支持

变革推动者可以通过提供一系列的支持性措施来减少阻力，如为员工提供心理咨询和治疗、新技能的培训以及短期的带薪休假等都可能促进他们的调整。

4. 商谈和协议

与有可能反对变革的人商谈，甚至可以提出条件赢得理解。变革的推动中有时可以适当地以某种有价值的事物来换取阻力的降低。例如，当阻力主要集中于少数几个有影响力的个人时，可以通过谈判形成某种奖酬方案使他们得到满足。

5. 强制

克服变革阻力的最后一个方法策略是强制，即直接对抵制者使用威胁力和控制力。例如，当组织最高层下定决心变革时，可以用解雇、调换工作和不给晋升等手段威胁、控制反对者。但强制有时是不合法的，即使合法的强制也容易被看作一种暴力，从而损害变革推动者的威信。

综上所述，无论是个人还是组织都有可能对变革形成阻力，变革成功的关键在于尽可能消除阻碍变革的各种因素，缩小反对变革的力量，使变革的阻力尽可能降低，必要时还应该运用行政的力量来保证组织变革的顺利进行。

第三节 领导职能

一、领导的含义

在管理活动的整个过程中，领导是一个组织的管理者在管理过程中的行为活动。任何一个组织都离不开领导，否则组织将是一盘散沙，无法实现自己的目标与战略。领导是指运用影响力带领、引导和影响下属为实现组织目标而积极行动和努力工作的过程。其基本含义包括以下几个方面：

（1）领导是一种活动，具有导向作用，把企业引向正确的方向和道路，是带领、引导和鼓舞组织成员完成工作、实现目标的过程。

（2）领导的本质是一种影响力。领导者拥有影响追随者的能力或力量，它既包括由组织赋予领导者的职位权力，也包括领导者个人所具有的影响力。

（3）领导的目的是实现组织目标。领导具有激励作用，必须通过影响下属为实现组织目标而努力，领导者通过鼓励下属克服困难、为下属排忧解难、提供可能的帮助发挥其激励作用。

二、领导与管理的区别

领导与管理是两个既有联系又有区别的概念。二者的共性都是通过指挥他人行为来有效实现组织目标的活动。从管理学的角度而言,领导是管理的基本职能之一。领导不等同于管理,领导者也不等同于管理者。管理者的主要作用是运用职权,依据规章制度,通过加强管理的各项工作,在组织中建立良好的秩序与控制,完成任务,实现组织目标;领导者的主要作用在于运用影响力引导追随者适应环境,抓住机遇,不断创新,实施改革,使组织拥有长久竞争力。具体来说,领导与管理之间的区别主要体现在:

(1)管理是编制计划和预算,首先制定出详细的步骤和计划进度以便达成目标,之后为了达到预期目标再进行资源分配;而领导主要是指明方向和给出战略,展现未来的愿景与目标,并指出达到愿景与目标的战略。

(2)管理的主要工作是组织和配备人员,一般包括以下几个方面:①组建完成计划所需的组织结构并为之配备相应的人员;②根据完成计划的需要,规定人们的责权关系;③制定具体政策和规程以指导人们的行动;④建立系统和方法以监督完工状况。领导的主要工作是指导人们,一般包括:①同协作者进行言语沟通,为他们指明方向和路线;②帮助人们更好地理解目标和战略,以及目标实现后的效益;③指引人们根据需要组建工作组和建立伙伴关系。

(3)管理多用控制和约束的手段,通过具体详细的计划监督进程和结果;而领导则采取鼓动和激励的手段,动员人们克服改革中的种种障碍,在改革条件初具的情况下鼓动人们克服人力与资源不足的困难,努力实现改革。

(4)管理的结果一般有两方面:一是具有一定程度的预见,并建立良好秩序;二是取得各利益相关者所期望的成果(如用户的交货期、股东的分红等)。而领导的结果则不同:一是改革取得较大的进展;二是具备了进一步改革的潜力,如开发出了用户期望的新产品、改善了有利于增强竞争力的人际关系等。

三、领导的权力

领导的本质是一种影响力。影响力的基础是权力,即指挥下级和促使下级服从的强制和支配力量。领导者的影响力主要来自两个方面:一是职位权力,即职权,也称为正式权力,这种权力是根据领导者在组织中所处的位置由上级和组织赋予的;二是个人权力,也称为非正式权力,这种权力不是由于领导者在组织中的位置,而是由于其某些特殊条件所具有的个人威望。

(一)职位权力

职位权力包括三个方面:一是法定权,是根据个人在组织中所处职位而被正式授予的权力,其内容包括任命、罢免等诸多权力。它具有非人格性、制度性特征。二是奖赏权,指拥有对做出贡献的成员进行物质性奖赏和非物质性奖赏的权力。奖赏权的实施方式主要有鼓励、表扬、颁奖、提薪和晋升等。三是强制权,也称为惩罚权,指可施加批评、降薪、降职乃至解雇等惩罚性措施的权力。

（二）个人权力

个人权力一般包括两个方面：一是专长权，也称为专家权，指由个人的特殊技能或某些专业知识而产生的权力。个人由于具有某种专业知识、特殊技能和经验，因而赢得了人们的尊敬，人们就会在一些问题上服从于其判断和决定。二是感召权，也称为模范权，这是与个人的品质、魅力、经历和背景等相关的权力。一个拥有独特的个人特质、超凡魅力和思想品德的人，会使下属认同他、敬仰他、崇拜他，甚至模仿他的行为和态度，这样他对下属就有了感召权。

上述这些权力形成了领导者各种影响力的基础。显然，领导者不仅要依靠职位权力，还必须具有个人内在的影响力，这样才会使被领导者心悦诚服，更好地进行工作。

四、领导方式及其基本类型

领导方式是领导者在领导活动中表现出来的比较固定的和经常使用的行为方式和方法的总和，又称领导者工作作风。其实质就是如何领导的问题，它表现出领导者的个性。勒温在实验研究的基础上，把领导方式分为三种类型：专权型领导、民主型领导和放任型领导。

专权型（亦称专制式或独裁式）领导者是由个人独自做出决策，然后命令下属予以执行，并要求下属不容置疑地遵从其命令。民主型领导者在采取行动或做出决策之前会主动听取下属意见，或者邀请下级人员参与决策的制定。放任型领导者的主要特点是极少运用其权力影响下属，而给下属以高度的独立性，以至于达到了放任自流和行为根本不受约束的程度。以上三种领导方式各有优缺点，必须根据管理目标、任务、管理环境、条件，以及管理者自身因素灵活地选择领导方式，最适宜的领导方式才是最好的领导方式。

五、领导理论

按领导理论的时间和逻辑顺序，可分为领导特质理论、领导行为理论和领导权变理论三大类。

（一）领导特质理论

领导特质理论形成于20世纪初到20世纪40年代，这类理论重点研究领导者的性格、品质方面的特征及其与领导效能的关系。其目的是区分领导者与一般人的不同特点，并以此来解释他们成为领导者的原因，同时作为培养、选拔和考核领导者以及预测其领导有效性的依据。该理论认为，一个领导者只有具备了某些优秀的个人特性或素质，才能有效地发挥其领导作用。

西方学者从不同角度研究领导特质，归纳起来有以下几类：身体特征、背景特征（教育、经历、社会关系等）、智力特征（智商、分析判断力）、个性特征、与工作有关的特征（责任心、首创性、毅力、事业心等）、社会特征（指挥能力、合作、声誉、人际关系）等，并在这些方面提出许多观点。这些观点可分为传统特质理论和现代特质理论。传统特质理论认为，领导者的品质先天具有；而现代特质理论认为，领导者的品质在实践中形成，可以后天培养与训练。

但是，一些管理学家通过试验研究表明，领导者并不一定都具有比被领导者高明的特殊品质，实际上他们与被领导者在个人品质上并没有显著的差异。此外，特质理论并不能使人明确一个领导者究竟应在多大程度上具备某种特质。因此，对领导特质理论需要正确的理解和恰当的应用，不能绝对化。总之，领导特质理论的研究意义在于，它为组织提供了一些选拔领导者的依据，但同时特质理论又难以充分说明领导的有效性问题。

（二）领导行为理论

20世纪40年代至60年代，随着行为科学的兴起，领导理论研究的重点开始从领导者应具备哪些特质转向领导者应当如何行为方面，形成了领导行为理论。

领导行为理论大致可分为两类：一是基于权力运用的领导方式分类，主要包括勒温的三种领导方式理论和利克特的支持关系理论；二是基于态度和行为倾向的领导方式分类，主要包括四分图理论和管理方格理论。下面主要介绍四分图理论和管理方格理论。

1. 四分图理论

美国俄亥俄州立大学的研究人员从1945年开始研究领导行为，提出了领导行为四分图。他们的研究结果本来罗列了十种不同的领导方式，通过逐步概括，最后归纳为"以工作为重"和"以人为重"两个维度。

"以工作为重"的领导行为注重工作的组织、计划和目标，规定成员的工作职责和关系，建立明确的组织形态、信息沟通渠道及工作程序方法，要求群体成员遵守标准的规章制度。

"以人为重"的领导行为注重与下属之间的友谊，相互信任，尊重下级的意见，关心他们的需求，分担他们的忧愁，鼓励下属与之交谈，对待所有下属一视同仁，帮助下属解决私事等，这是重视人际关系的领导行为。

根据这两个维度，领导行为可以分成四个基本类型，即高关怀—高工作、高关怀—低工作、低关怀—高工作、低关怀—低工作，如图2-14所示。在管理思想史上，这是以二维空间表示领导行为的首次尝试，为以后领导行为的研究开辟了一条新的途径。

该理论认为，"以人为重"和"以工作为重"这两种领导方式不应是相互矛盾、相互排斥的，而应是相互联系的。一个领导者只有把这两者结合起来，才能进行有效的领导。

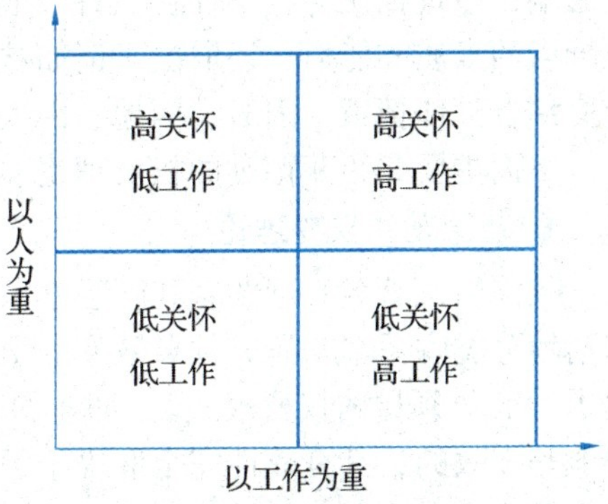

图2-14 领导行为四分图

2. 管理方格理论

四分图理论引起了对理想的领导方式的广泛讨论。人们普遍认为，理想的领导行为既要"抓工作"又要"关心人"。美国得克萨斯大学的布莱克和莫顿教授对这种理想的领导方式加以综合，于1964年提出了关于领导方式的管理方格理论。

该理论认为，领导者对生产关心和对人关心可以在不同程度上互相结合，存在多种领导方式。为此，他们使用一张纵轴和横轴各9等分的方格图将领导者的领导行为划分成许多不同的类型，如图2-15所示。纵轴和横轴分别表示领导者对人和对生产的关心程度。第1格表示关心程度最小，第9格表示关心程度最大。全图总共81个小方格，分别表示"对生产的关心"和"对人员的关心"这两个基本因素以不同比例结合的领导方式。在评价管理人员的领导行为时，就按其这两方面的行为在图上寻找交叉点，这个交叉点就是其领导行为类型。

布莱克和莫顿在管理方格图中列举了五种典型的领导方式：

（1，1）型，又称为贫乏型管理，表示领导者付出最小的努力去完成工作；

（9，1）型，又称为任务型管理，表示领导者只重视任务效果而不重视下属的发展和士气；

（5，5）型，又称为中庸之道型管理，表示领导者维持足够的任务效率和令人满意的士气；

（1，9）型，又称乡村俱乐部型管理，表示领导者只注重支持和关怀下属而不关心任务和效率；

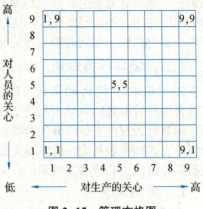

图 2-15　管理方格图

（9，9）型，又称为团队型管理，表示领导者通过协调和综合工作相关活动而提高任务效率与士气。

布莱克和莫顿认为，（9，9）型是最理想、最有效的领导方式，应当是领导者努力的方向，但是这种领导方式一般是很难做到的。为此，布莱克和莫顿提出要对领导者进行培训，以推动他们向（9，9）型发展。

（三）领导权变理论

领导权变理论也称领导情境理论，主要研究与领导行为有关的情境因素对领导效力的潜在影响。该理论认为，不存在一种"普遍适用"的领导方式，领导效果的好坏不仅取决于领导者的素质和能力，还取决于诸如被领导者的素质、能力、领导的环境等多种客观因素，只有结合具体情境，因时、因地、因人制宜的领导方式，才是最有效的领导方式。

下面主要介绍菲德勒的权变理论、路径—目标理论和领导生命周期理论。

1. 菲德勒的权变理论

美国当代著名心理学家和管理学家菲德勒是权变理论的创始人，也是第一个把人格测量与情境分类联系起来研究领导效率的学者。从1951年起，经过15年的大量调查研究，他提出了"有效领导的权变模式"，即菲德勒模型。他认为，任何领导行为都可能是有效的，也可能是无效的，其有效性完全取决于领导方式与环境是否适应。领导者必须是一个具有适应能力的人。

菲德勒开发了一种"你最不喜欢的同事"（Least Preferred Co-worker，LPC）的调查问卷来确定领导者的领导风格。该问卷的主要内容是询问领导者对最不喜欢的同事的评价。如果一个领导者对其最不喜欢的同事仍能给予好的评价，则该领导趋向人际关系型的领导方式（高LPC）；如果一个领导者对最不喜欢的同事给予低评价，则该领导趋向工作任务型的领导方式（低LPC），是惯于命令和控制，不是关心人而是关心任务的任务型领导。

确定领导风格后，就要对组织环境进行评价。按照权变理论，领导者控制和施加影响的水平依赖于他所处的条件，菲德勒把影响领导者领导效能的环境因素归纳为如下三个方面。

（1）上下级关系。领导者和下级的关系，即领导者受到下级爱戴、尊重和信任以及下级情愿追随领导者的程度。如果下级对上级越尊重并且乐于追随，则上下级关系越好，领导环境也越好。

（2）任务结构，即工作任务的明确程度和被领导者对这些任务的负责程度。如果任务清楚、下属责任明确，则工作的质量就比较容易控制。

（3）职位权力，即领导者所处的职位具有的权力和权威的大小，或者说领导的法定权、强制权、奖励权的大小。职位权力高的领导比缺乏这种权力的领导更容易得到他人的尊重和追随。

这三项变量结合起来，便构成各种具体的领导环境。领导者应该根据不同的环境特征，确定适当的领导方式（图2-16）。

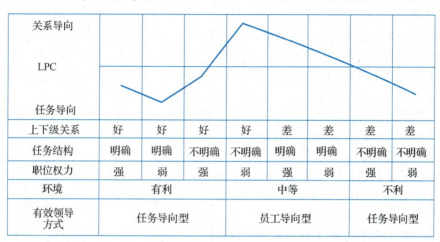

图 2-16　菲德勒模型

菲德勒认为，任务导向型的领导在非常有利的情境和非常不利的情境下工作更有利，即在这种环境下任务导向型的领导会干得更好。而关系导向型的领导则在中等有利的情景中干得更好。此外，菲德勒还主张有必要改造环境以符合领导者的风格。

2. 路径—目标理论

路径—目标理论是美国管理学者罗伯特·豪斯提出的一种领导权变模型。该理论认为，领导者的基本任务就是发挥下属的作用，帮助下属理解组织的目标，使下属的需要得到满足，并提供有效绩效所必需的辅导、指导、支持和奖励。领导者要根据不同的环境选用适当的领导方式。豪斯认为，领导方式一般有以下四种。

（1）指导型领导。领导者对下属需要完成的任务进行说明，包括对他们有什么希望、如何完成任务、完成任务的时间限制等，并对如何完成任务给予具体指导。这种领导行为适合于不清晰的工作或没有经验的下属。

（2）支持型领导。领导者对下属友好，平易近人，关心下属的生活福利，尊重下属的地位，能够对下属表现出充分的关心和理解，在下属有需要时能够真诚帮助。在工作环境不好、下属感到灰心的时候，支持型的领导行为则最合适，可以帮助下属重新建立信心。

（3）参与型领导。与下属商量，听取下属的意见，尽量让下属参与决策和管理。这种领导行为适合于有内在控制能力的下属，由于他们认为自己具有影响力，因此特别喜欢参与决策。

（4）成就型领导。领导设定富有挑战性的目标，非常信任下属的能力，并期望下属发挥出自己的最佳水平。这种领导行为可以通过增强下属完成工作的信心使他们付出更多努力，从而改善工作表现，适用于复杂的工作。

与菲德勒的领导方式理论不同的是,豪斯认为领导者是灵活的,没有固定不变的最佳领导行为,同一领导者可以根据不同的情境表现出任何一种领导风格。因为领导者可以根据不同的情况斟酌选择,在实践中采用最适合于下属特征和工作需要的领导风格。

3. 领导生命周期理论

领导生命周期理论是美国管理学者保罗·赫塞和肯尼斯·布兰查德提出的另一种领导情境理论。他们补充了另一种因素——成熟度,并以此发展为领导生命周期理论。这一理论把下属的成熟度作为关键的情境因素,认为依据下属的成熟水平选择正确的领导方式,决定着领导者的成功。

赫塞和布兰查德把成熟度定义为:个体对自己的直接行为负责任的能力和意愿。它包括工作成熟度和心理成熟度。工作成熟度是下属完成任务时所具有的相关技能和技术知识水平。心理成熟度是下属的自信心和自尊心。高成熟度的下属既有能力又有信心做好某项工作。

生命周期理论提出任务行为和关系行为这两种领导维度,并且将每种维度进行了细化,从而组合成四种具体的领导方式(图2-17)。

(1)命令型领导(高工作—低关系)。领导者定义角色,告诉下属应该做什么、怎样做以及何时何地做。它强调指导性行为,通常采用单向沟通方式。

(2)说服型领导(高工作—高关系)。领导者同时提供指导行为与支持行为。领导者除了向下属布置任务外,还与下属共同商讨工作如何进行,比较重视双向沟通。

(3)参与型领导(低工作—高关系)。领导者与下属共同决策,领导者的主要角色是提供便利条件和沟通。在这种领导方式下,领导者极少进行命令。

(4)授权型领导(低工作—低关系)。领导者几乎不提供指导或支持,通过授权鼓励下属自主做好工作。

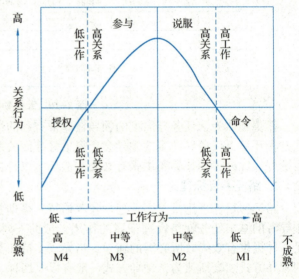

图2-17 领导生命周期理论

领导生命周期理论对下属成熟度的四个阶段的定义是:

第一阶段(M1):不成熟。下属对于执行某任务既无能力又不情愿。他们既不胜任工作又不能被信任。适合选择命令型领导方式。

第二阶段(M2):初步成熟。下属缺乏能力,但愿意执行必要的工作任务。他们有积极性,但目前尚缺乏足够的技能。适合选择说服型领导方式。

第三阶段(M3):比较成熟。下属有能力,却不愿意做领导者希望他们做的工作。适合选择参与型领导方式。

第四阶段(M4):成熟。下属既有能力又愿意做让他们做的工作。适合选择授权型领导方式。

领导生命周期曲线模型概括了领导情境理论的各项要素。当下属的成熟水平不断提高时，领导者不但可以不断减少对下属行为和活动的控制，还可以不断减少关系行为。

领导生命周期理论并不在于确定哪种领导方式最佳，而是帮助领导者在了解下属工作成熟度的情况下，选择适宜的领导方式。

第四节 控制职能

一、控制的含义

控制是按照计划和标准检查工作的执行情况并纠正所发生的偏差，以确保计划目标实现的活动或过程。控制是管理的重要职能。企业在生产经营活动中，由于外部环境和内部条件变化的影响，实际执行结果与预期目标不完全一致的情况时常发生。有效的控制系统可以及时发现已出现的偏差或预见到潜在的偏差，采取措施予以预防和纠正，以确保组织的各项活动能够正常进行，使组织预定的目标能够顺利实现。

控制与其他管理职能是一个相互依存、相互作用的整体。控制既依赖于又有利于其他管理职能。控制是在其他管理职能的基础上对组织活动进行检查和调整的，离开计划、组织和领导职能，控制将变得毫无意义也无法实施；同样，控制是计划、组织、领导有效进行的必要保证，离开控制，其他管理工作可能流于形式，无法保证按计划进行。

控制与计划的关系特别密切：计划是管理的首要职能，计划目标确定后，通过组织职能和领导职能分解落实，会有一个计划时间表，内容包括各项活动的目标、达到目标的时间和职责分配。这个计划工作的成果就是控制工作的依据和基础，会使控制职能的纠偏工作更为有效。而控制工作的成果又往往导致组织制订新的计划或修改原有计划。计划工作与控制工作的这种关系被称为"计划—控制—计划"的循环。

二、控制的过程

控制的过程一般包括三个基本步骤：制定控制标准，评价实际工作并找出需纠正的偏差，分析偏差产生的原因并采取纠偏措施。

（一）制定控制标准

控制标准是衡量工作成果的尺度，是控制工作的依据。组织为实现计划目标，必须把总目标分解成一个有机的目标体系，这样就有了许多大大小小的分目标，因而就衍生出一系列不同的控制标准，所有控制标准的总和就形成了组织的控制标准。控制标准有定量标准和定性标准两种。对企业而言，可以考虑优先采用国际公认标准、国内公认标准或当地标准，并与企业标准相结合。组织目标有主次之分，因而控制标准就有轻重之分，组织必须优先保证主要控制目标的实现，如利润、市场地位、成本费用、产品质量、顾客满意等反映经营成果的目标在企业控制中就是主要的控制标准。

（二）评价实际工作，找出需纠正的偏差

管理者通过直接观察、抽样检查、统计报表和报告等方式获取信息，了解实际工作的真

实情况。通过实际工作绩效与标准的比较，确定绩效与标准的异同。在工作中出现偏差在所难免，因此确立一个可以接受的偏差范围是非常重要的。无偏差或偏差在可接受范围内，说明控制对象的运行状态良好，可以不采取行动。如果偏差超出可接受的范围，就要考虑采取措施进行纠偏。

（三）分析偏差产生的原因，采取纠偏措施

组织对超出可接受范围的偏差必须分析其产生的原因，只有这样才能彻底解决出现的问题。通常计划工作出现偏差的原因主要有以下三种。

（1）环境因素发生较大的变化，使标准变得不合理。对这类原因造成的偏差，管理者必须根据新环境修改控制标准，甚至调整组织目标，然后制定新标准。

（2）控制标准不合理造成的偏差。对这类原因造成的偏差，管理者必须对原标准进行修改，甚至调整计划和组织目标，然后根据修正的计划制定新标准。组织确定纠偏措施后，必须责任到人，保证纠偏措施的正确执行。

（3）标准合理，由于组织管理工作不力等原因造成的偏差。对这类原因造成的偏差，管理者可以采取措施纠正工作行为，提高工作效率。例如，某企业产品在某地销售任务没有完成，是因为地区销售经理工作不到位、能力不够，企业可以任命新的经理。

综上所述，控制过程如图 2-18 所示。

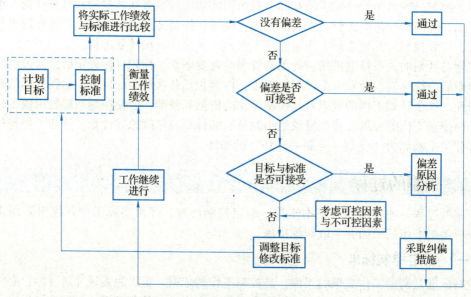

图 2-18 控制的过程

三、控制的原则

控制的目的是保证企业活动符合计划的要求，以有效地实现预定目标。但是，并不是所有的控制活动都能达到预期的目的。为此，有效的控制应遵循以下原则。

（一）适时控制

企业经营活动中产生的偏差只有及时采取措施加以纠正，才能避免偏差的扩大，或防止

偏差对企业不利影响的扩散。及时纠偏，要求管理人员及时掌握能够反映偏差产生及其严重程度的信息。

（二）适度控制

适度控制是指控制的范围、程度和频度要恰到好处。要防止控制过多或控制不足，要认识到过多的控制会对组织中的人造成伤害，如果缺乏控制则可能导致组织活动的混乱；要处理好全面控制与重点控制的关系，可利用一定的分析法和例外原则等工具找出影响企业经营成果的关键环节和关键因素，并据此在相关环节上设立预警系统或控制点，进行重点控制；要注意控制的经济性，使花费一定费用的控制得到足够的控制收益。

（三）客观控制

有效的控制必须是客观的、符合企业实际的。客观的控制源于对企业经营活动状况及其变化的客观了解和评价。为此，控制过程中采用的检查、测量的技术和手段必须能正确地反映企业经营时空上的变化程度和分布状况，准确地判断和评价企业各部门、各环节的工作与计划要求的相符或背离程度，这种判断和评价的正确程度还取决于衡量工作成效的标准是否客观和恰当。

（四）弹性控制

企业在生产经营过程中可能经常遇到某种突发的无法抗拒的变化，这些变化使企业计划与现实条件严重背离。有效的控制系统应该具有灵活性或弹性，即在上述情况下仍能发挥作用，维持企业的运营。

四、控制的类型

在实际管理过程中，可以按照不同标准把控制分成多种类型。根据控制结构的不同，可分为分散控制和集中控制；根据控制主体的不同，可分为正式组织控制、群体控制、自我控制；根据控制作用环节或时间点的不同，可以分为前馈控制、事中控制和反馈控制。下面主要介绍前馈控制、事中控制和反馈控制。

（一）前馈控制

前馈控制也称超前控制、预先控制、事前控制，是指在活动开始之前进行的控制，即在活动开始前，对活动中可能出现的偏差进行估计并采取预防措施，避免可能出现引起偏差的问题发生。组织制定的各种规章制度就属于这种前馈控制。前馈控制的目的是防止问题发生，"防患于未然"，而不是问题发生后再补救的控制方法。但这种控制需要信息的准确性和及时性，还需要准确掌握控制因素与计划工作的关系，这些常常都不容易办到，因此管理者不得不借助另外两种类型的控制。

（二）事中控制

事中控制又称同期控制、同步控制、现场控制或过程控制，是管理者在工作进行的过程当中，亲临现场所实施的控制。事中控制有监督和指导两项职能。事中控制的目的是及时纠正工作中出现的偏差，改进本次而非下次工作活动的质量。事中控制可以及时处理有关情况，所以特别适用于基础管理人员，尤其是需要快速反应的工作，如产品服务（包括售前服务、售中服务和售后服务）、顾客投诉处理等。这类问题复杂多变，预先控制防不胜防，只有做好事中控制，随机应变，才能达到目标。

（三）反馈控制

反馈控制又称事后控制，是指在活动结束后进行的控制，是组织最常用的控制类型。反馈控制的特点是把注意力集中在工作的结果之上，通过对前一阶段工作的总结，对比标准进行测量、比较、分析和评价，发现存在的问题，并以此作为改进下一次工作的依据。反馈控制的主要缺陷是控制措施实施时，损失已经发生。然而，在许多情况下，反馈控制是唯一可用的控制手段。绩效考评、业绩评估、财务审计、管理审计等就属于这种控制类型。

五、控制的方法

（一）传统控制方法

传统管理是凭经验和智慧的管理，主要依赖于管理者的能力、素质和主动性。传统的控制方法也带有明显的直观性特征，表现为管理者的直接控制。虽然新的控制方法和技术层出不穷，但是在许多场合中传统的控制方法还经常被使用。

1. 视察

视察是一种最为古老、最为直接的控制方法，它是指管理者自己到工作第一线，对受控系统的运行进行直接的观察了解，掌握第一手材料，衡量工作的成效，发现偏差并及时纠正偏差。通过视察，管理者不仅可以掌握大量一手信息，而且可以从下属的建议中获得启发和灵感。此外，管理者的亲身视察对下级还有一种激励作用，使下属感到上级在关心着他们。

2. 报告

报告是向负责计划的主管人员全面、系统地汇报计划的进展、存在的问题及原因、已经采取的措施、收到的效果、预计可能出现的问题等情况的一种沟通形式，其目的是要提供一些必要的信息，作为主管人员采取措施纠正偏差的依据。对控制报告的基本要求是要做到适时、突出重点、指出例外情况以及尽量简明扼要。在一些规模较大的组织管理中，管理人员的控制效果在很大程度上取决于报告，因为较大规模组织中的控制是分层进行的，主管人员不可能对每一方面都进行直接控制。

3. 统计资料

统计资料是充分反映受控系统运营情况的原始记录的综合汇总。因为统计资料往往最为忠实地记录了组织存在和发展的情况，从中可以发现组织运动的过程和出现的偏差。所以，它可以为主管人员采取正确有力的措施对组织的运行进行控制提供重要的依据。

（二）现代控制方法

随着控制方法与技术的发展，现代管理已经习惯于运用数字的控制，而且几乎在所有领域都普遍地使用数字化的控制技术。在现代管理学中，控制的方法和技术是管理学家最为关注的领域之一，新的方法和技术层出不穷。实践中最为常用的控制方法和技术有预算控制、程序控制等。

1. 预算控制

预算是指用数字编制组织在未来某个时期的综合计划，即用数字来表明预期的结果。它预估了组织在未来时期的经营收入或现金流量，也限定了各项活动的资金、人员、材料、设施、能源等方面的支出额度。

预算控制是通过编制预算，并根据预算规定的收入和支出标准来检查、监督和控制组织各个部门的活动，在活动过程中比较预算和实际的差距及原因，以保证各种活动或各个部门在充分达成既定目标的过程中对资源的利用，从而使费用支出受到严格有效的约束。

2. 程序控制

程序是对操作或事务处理流程的一种描述、计划和规定。组织中常见的程序很多，如决策程序、投资审批程序、主要管理活动的计划与控制程序、会计核算程序、操作程序、工作程序等。凡是连续进行的、由多道工序组成的管理活动或生产技术活动，只要它具有重复发生的性质，就应当为其制定程序。

本章思考题

1. 试述管理的四项职能。观察你身边的管理者，他们是如何执行这四项职能的？
2. 简述计划的一般过程。
3. 简述滚动计划法的特点。
4. 什么是目标管理法？
5. 什么是对标管理法？
6. 简述组织结构的基本类型及各自特点。
7. 简述组织变革的原因及内容。
8. 简述勒温的变革过程模型。
9. 组织变革的阻力有哪些？如何克服？
10. 领导方式的基本类型有哪些？
11. 简述领导理论的发展及主要内容。
12. 控制有何作用？简述控制的一般过程。

企业与企业管理

企业是人类经济活动发展到一定历史阶段的产物,是社会经济的基本单位。随着市场经济的发展,企业得到不断的发展壮大和完善,已成为现代社会经济活动中的一支强大力量。企业的改革和发展是实现经济发展、提高人民生活水平的重要途径。

第一节 企业概述

一、企业的产生与发展

企业是一个历史范畴,从最初出现到今天的现代企业经历了漫长的历史演变。企业既是生产力发展到一定历史阶段的产物,又是一个动态变化的经济单位,它随着人类生活的进步、生产力的发展和科学技术水平的提高而不断发展完善。从其生产技术与生产组织的发展来看,企业的发展大致经历了以下三个时期。

(一) 工场手工业时期

工场手工业时期主要是指从封建社会的家庭手工业向资本主义工场手工业转变的时期。16世纪至17世纪,一些西方国家的封建社会制度向资本主义制度转变,资本主义原始积累加快,大规模地剥夺农民的土地,使家庭手工业急剧瓦解,开始向资本主义工场制转变。此时的工场手工业已具有企业的雏形。它有以下特点:第一,工场手工业仍以手工劳动为基础,这是与机器生产的主要区别;第二,工场手工业不同于以前的家庭手工业,它已经是大生产了,并逐渐实行了生产过程的分工,主要包括手工技术的分工和雇佣工人的分工。分工使工人经常从事某一生产环节的操作,技术更加熟练,不仅提高了劳动生产率,也增加了改进技术的机会,为以后发明和使用机器创造了条件。直到18世纪60年代工业革命开始,手工工场一直是工业生产组织的基本形式。

(二) 机械工厂时期

18世纪,西方各国相继开展了工业革命,大机器的普遍采用为工厂制的建立奠定了基础。工厂制的主要特征是:实行大规模的集中劳动;采用大机器提高效率生产;实行雇佣工人制度；劳动分工深化，生产走向社会化。工厂制度的建立是工场手工业发展质的飞跃，它标志着企业的真正形成。

（三）现代企业时期

19世纪末20世纪初，随着自由资本主义向垄断资本主义过渡，工厂自身发生了复杂而深刻的变化。不断采用新技术，使生产迅速发展；生产规模不断扩大，竞争加剧，产生了大规模的垄断企业；经营权与所有权分离，形成职业化的管理阶层；普遍建立了科学的管理制度，形成了一系列科学管理理论，企业管理从传统经验管理阶段进入到科学管理阶段。这一系列变化使企业走向成熟，成为现代企业。

企业的发展历程表明，制约和推动企业发展的因素是多方面的，但根本因素是技术革命。随着世界性新技术革命的发展，一大批现代新兴企业正在蓬勃崛起，它们代表着现代企业的发展方向，显示出强大的生命力。

二、企业的含义与特征

企业是指以营利为目的，依法设立，从事生产、流通、服务等经济活动，向市场提供商品或服务，实行自主经营、独立核算、自负盈亏的经济组织。企业作为一种社会组织，是社会生产力的重要组织形式。从概念可以看出，企业具有以下基本特征。

（一）经济性

企业作为一种经济组织，主要从事生产、流通、服务等经济活动，向市场提供商品或服务。如工业企业提供的是工业品，商业企业提供的是流通服务，金融企业提供的是金融服务，旅游企业提供的是旅游服务。

（二）营利性

企业以营利为目的。不同于政府部门、事业单位，企业必须以自己的收入补偿支出并有盈利，只有这样企业才能生存和发展，因此它必须追求经济效益，获取盈利。

（三）社会性

企业是一种社会组织，以满足社会需要为手段。作为社会的一员，企业影响社会，并被社会影响。政治经济环境以及技术、人才、资本等生产要素对企业发展都有重要作用。

（四）独立性

企业作为一个经济实体，必须拥有生产经营自主权，自主经营、独立核算、自负盈亏。企业有权决定生产什么，生产多少，在何时何地生产；以什么样的价格出售，选择何种销售渠道和销售方式；雇用什么样的人从事生产和管理，工资多少；等等。不拥有这些经营自主权，就不能称其为企业。

（五）合法性

企业是依法设立、合法经营的组织。企业必须依法履行登记、批准手续，生产经营行为符合法律规范，得到国家法律的认可和保护。我国规范企业设立行为的主要法律有《中华人民共和国个人独资企业法》《中华人民共和国合伙企业法》《中华人民共和国公司法》等。

三、企业的类型

企业的类型按照不同标准可以做不同的分类。比如,按企业所属的经济部门可将企业分为农业企业、工业企业和服务企业等;按规模可将企业分为特大型企业、大型企业、中型企业、小型企业和微型企业。

这里重点介绍根据投资人的出资方式和法律形态划分的企业类型,主要有以下几种。

(一) 个人独资企业

个人独资企业是由一个自然人投资,财产为投资人个人所有,投资人以其个人财产对企业债务承担无限责任的经营实体。

个人独资企业一般规模较小,内部管理机构简单。其较多分布在小型加工企业、零售商业、物流运输和服务业等领域。个人独资企业的主要特征是:投资人对企业财产依法享有所有权,企业本身不是一个独立的财产主体,不具备法人资格。发生资不抵债的情况时,业主应以其个人的全部财产而不是仅以其投资于该企业的财产对债务负责。

个人独资企业的优点是:建立和歇业的程序简单易行,不要求非常正式的企业组织结构和程序;税收与企业财务账目的处理相对简单,产权能够比较自由地转让;经营者与所有者合一,经营方式灵活,决策迅速;利润独享,保密性强。精打细算、勤劳节俭是这类企业普遍具有的优点。它的缺点在于:取得贷款的能力较差,筹资有限,难以从事需要大量投资的大规模工商业活动;企业的生命力弱,如果业主无意经营或因健康状况不佳无力经营,企业的业务就要中断。

(二) 合伙企业

合伙企业是由两个或两个以上的合伙人(自然人、法人和其他组织)依据合伙协议共同出资、合伙经营、共享收益、共担风险,并对合伙企业债务承担无限连带责任的营利性组织。

合伙企业一般无法人资格,不缴纳企业所得税,缴纳个人所得税。合伙企业的类型有普通合伙企业和有限合伙企业。普通合伙企业由普通合伙人组成,合伙人对合伙企业债务承担无限连带责任;有限合伙企业由普通合伙人和有限合伙人组成,普通合伙人对合伙企业债务承担无限连带责任,有限合伙人以其认缴的出资额为限对合伙企业债务承担责任。有限合伙企业至少应当有一个普通合伙人。国有独资公司、国有企业、上市公司以及公益性的事业单位、社会团体不得成为普通合伙人。

合伙企业与个人独资企业最大的区别在于企业的经营决策有了制约,往往因一方的退出或加入而导致企业的解散或重组。合伙企业的主要特征是:企业生命有限,责任无限,相互代理,财产共有,利益共享。合伙企业可以由部分合伙人经营,其他合伙人仅出资并共负盈亏,也可以由所有合伙人共同经营。与个人独资企业相比,合伙企业的主要优点是:可以从众多的合伙人处筹集资本,合伙人共同承担偿还责任减少了银行贷款的风险,使企业的筹资能力有所提高。同时,合伙人对企业盈亏负有完全责任,这意味着所有合伙人都以自己的全部家产为企业担保,因而有助于提高企业的信誉。

合伙制企业也有其明显缺点:首先,合伙制企业是根据合伙人订立的契约建立的,每次合伙人的变动都必须重新确立一种新的合伙关系,从而造成法律上的复杂性;其次,由于所有合伙人都有权代表企业从事经济活动,重大决策都需要得到所有合伙人的同意,因而很容易造成决策上的延误和差错;最后,所有合伙人对于企业债务都负有连带无限清偿责任,这就使那些并不能控制企业的合伙人面临很大的风险。

(三) 公司制企业

公司制企业又叫股份制企业,是指由一个以上投资人(自然人或法人)依法出资组建,有独立法人财产,自主经营、自负盈亏的法人企业。

公司制企业是现代社会化大生产的产物,是市场经济发展对企业组织形式的现实选择。与个人独资企业及合伙企业相比,公司的主要特征是:公司是法人,公司具有独立的法律人格;公司具有独立于其成员的权利能力和行为能力;公司承担有限责任,即公司对债务以其法人财产为限承担责任,出资者对公司以其出资额为限承担责任。在我国,公司制企业又分为有限责任公司和股份有限公司。

1. 有限责任公司

有限责任公司又称有限公司,指由若干个股东共同出资,每个股东以其认缴的出资额对公司行为承担有限责任,公司以其全部资产对其债务承担责任的法人企业。

有限责任公司的主要特征如下:

(1) 公司股东所负责任仅以其出资额为限,即把股东投入公司的财产与他们个人的其他财产脱钩,这就是所谓"有限责任"的含义。

(2) 有限责任公司不对外公开发行股票,股东的出资额由股东协商确定,股东之间不要求等额;股东在公司中所拥有的权益凭证不同于股票,不能自行流通,须在其他股东同意下才能转让,并优先转让给公司原有股东;公司组织机构由股东会、董事会、监事会、经理组成。

(3) 有限责任公司的股东人数通常有最低和最高限额的规定,如英国、法国、日本等国规定有限责任公司的股东人数必须在2~50人。我国《公司法》规定,有限责任公司由五十个以下股东出资设立。在我国允许设立一人有限责任公司,即只有一个自然人股东或者一个法人股东的有限责任公司。

有限责任公司的优点是设立程序比较简单,不必发布公告,也不必公开账目,尤其是公司的资产负债表一般不予公开,公司内部机构设置灵活。其缺点是由于不能公开发行股票,筹集资金的范围和规模一般都较小,难以适应大规模生产经营活动的需要。因此,有限责任公司这种形式一般适合于中小企业。有限责任公司是我国公司制企业最重要的一种组织形式。

2. 股份有限公司

股份有限公司又称股份公司,是指注册资本由等额股份构成,并通过发行股票(或股权证)筹集资本,股东以其认购的股份为限对公司承担责任,公司以其全部资产对公司债务承担有限责任的企业法人。由于股份公司均须是负担有限责任的有限公司,所以一般合称为股份有限公司。

股份有限公司的资本总额均分为每股金额相等的股份,以便于根据股票数量计算每个股东所拥有的权益。出资多的股东占有股票的数量多，而不能单独增大每股的金额。在交易所上市的股份有限公司（即上市公司），其股票可在社会上公开发行，并可以自由转让，但不能退股，以保持公司资本的稳定。

股份有限公司股东人数有法律上的最低限额。法国、日本的法律规定不得少于7人，德国商法规定不得少于5人，我国《公司法》规定设立股份有限公司应当有二人以上二百人以下为发起人，其中须有半数以上的发起人在中国境内有住所。股份有限公司的组织与管理机构由股东大会、董事会、监事会、经理组成。

股份有限公司是典型的合资公司，各国法律都把它视为独立的法人。公司股东的身份、地位、信誉不再具有重要意义，任何愿意出资的人都可以成为股东，不受资格限制。股份有限公司的所有权与经营权分离，股东成为单纯的股票持有者，他们的权益主要体现在股票上，并随股票的转移而转移。为了保护股东和债权人的利益，各国法律都要求股份有限公司的账目必须公开，在每个财政年度终了时要公布公司的年度报告，以供众多的股东和债权人查询。

股份有限公司有许多优点，除了股东承担有限责任从而减小投资风险外，最显著的一个优点是有可能获准在交易所上市。股份有限公司上市后，由于面向社会发行股票，具有大规模的筹资能力，能迅速扩展企业规模，增强企业在市场上的竞争力。此外，由于股票易于迅速转让，提高了资本的流动性，从而鞭策公司经理人员努力提高企业的经济效益。

当然，股份有限公司也有缺点，如公司设立程序复杂，组建和歇业不像其他类型公司那样方便；公司营业情况和财务状况向社会公开，保密性不强；股东购买股票，主要是为取得股利和从股票升值中获利，缺少对企业长远发展的关心；所有权与经营权的分离，会产生复杂的委托—代理关系；等等。尽管如此，股份有限公司仍然是现代市场经济中最适合大中型企业的组织形式。

（四）股份合作制企业

股份合作制企业指以合作制为基础，由企业职工共同出资、共同劳动，民主管理，按劳分配与按股分红相结合的一种集体经济组织。

股份合作制企业是一种典型的人合性与资合性兼备的企业。它既不同于股份制企业，也不同于合伙企业，它是以劳动合作为基础，吸收了一些股份制的做法。资本是以股份为主构成，通常包括职工个人股和职工集体股两种。职工股东共同劳动，按资按劳分配，权益共享，风险共担，自负盈亏，独立核算。所有职工股东以其所持股份为限对企业承担责任，企业以其全部资产对其债务承担责任。

我国股份合作制企业有以下特点：
(1) 具有法人资格，是独立的企业法人，能够独立承担法律责任。
(2) 股东主要是本企业职工，职工入股实行自愿。
(3) 依法设立董事会、监事会、经理等现代企业的管理机构，企业职工通过职工股东大会形式实行民主管理。
(4) 职工既是企业的劳动者，又是企业的出资者。
(5) 兼顾营利性和企业职工间的互助性。
(6) 实行按资分配和按劳分配相结合。

股份合作制企业是我国集体经济的一种重要组织形式。它把资金入股和劳动参与结合起来，使企业职工的劳动积极性和对企业财产的主人翁责任有机地联系在一起，很适合我国的国有小型企业、乡镇企业和中小型企业采用。

四、现代企业的特征

随着市场经济的发展，企业的形态也必然会以适应市场经济环境为目标而继续发展。现代企业是现代市场经济社会中最先进和代表未来发展主流趋势的企业组织形式。现代企业有如下显著特征。

（一）所有者与经营者相分离

公司制是现代企业的重要组织形式，而且公司要以特有的方式吸引投资者，使得公司所有权出现了多元化和分散化，同时也因公司规模的大型化和管理的复杂化，那种所有权和经营权集于一身的传统管理体制再也不能适应生产经营的需要了，因此出现了所有权与经营权相分离的现代管理体制和管理组织。

（二）拥有现代技术

技术作为生产要素，在企业中起着越来越重要的作用。在现代企业中，场地、劳动力和资本都要受到技术的影响和制约，主要表现为：现代技术的采用可以开发出更多的可用资源，并寻找可替代的资源来解决资源紧缺的问题；具有较高技术水平和熟练程度的劳动者，以及使用较多高新技术的机器设备，可以使劳动生产率得到极大的提高。因此，现代企业一般都拥有先进的现代技术。

（三）劳动分工越来越精细，协作关系越来越复杂

现代工业企业是建立在社会化大生产基础上的，而社会化大生产具有整个社会共同劳动的客观要求，其活动范围已远远超过了企业、地区甚至国界。社会化程度越高，就越要求生产分工的专业化；专业化越发展，企业间的依赖性也就越强。因此，精细分工和密切协作就成为现代工业企业发展的必然趋势。

（四）实施现代化的管理

现代企业的生产社会化程度空前提高，需要更加细致的劳动分工、更加严密的劳动协作、更加严格的计划控制，形成严密的科学管理。现代企业必须实施现代化管理，以适应现代生产力发展的客观要求，创造最佳的效益。

（五）企业规模呈扩张化趋势

现代企业的成长过程就是企业规模不断扩大、不断扩张的过程。实现规模扩张的方式主要有三种：一是垂直型或纵向型扩张，即收购或合并在生产或销售中有业务联系的企业；二是水平型或横向型扩张，即收购或合并生产同一产品的其他企业；三是混合型扩张，即收购或合并在业务上彼此无多大联系的企业。

第二节 企业管理概述

一、企业管理的概念与任务

（一）企业管理的概念

企业管理是指企业管理人员根据企业内部条件和外界环境，确定企业经营方针和目标，并对人、财、物各要素及供、产、销各环节进行计划、组织、指挥、协调、控制，以提高经济效益、完成经营目标的全部活动。

企业的生产经营活动包括两大部分：一部分是属于企业内部的活动，即以生产为中心的基本生产过程、辅助生产过程以及生产前的技术准备过程和生产后的服务过程，对这些过程的管理统称为生产管理；另一部分是属于企业外部的，联系到社会经济的流通、分配、消费等过程，包括物资供应、产品销售、市场预测与市场调查、对用户服务等，对这些过程的管理统称为经营管理，它是生产管理的延伸。

（二）企业管理的任务

1. 合理组织生产力

合理地组织生产力是企业管理最基本的任务。它有两个方面的含义：一是使企业现有的生产要素得到合理配置与有效利用，实现物尽其用、人尽其才。二是不断开发新的生产力，包括不断地采用新的更先进的劳动资料、改进生产技术、对职工进行技术培训，并积极引进优秀科技人员与管理人员。

2. 维护并不断地改善社会生产关系

企业管理总是在某种特定的社会生产关系下进行的，一定的社会生产关系是企业管理的基础，它从根本上决定着企业管理的社会属性，从全局上制约着企业管理的基本过程。因此，企业管理的重要任务之一就是要维护其赖以产生、存在的社会关系。为了保证生产力的不断发展，有必要在保持现有生产关系的基本性质不变的前提下，通过改进企业管理手段，对生产关系的某些环节、某些方面进行调整、改善，以适应生产力不断发展的需要。

二、企业管理的基础工作

企业管理工作纷繁复杂，受企业性质、人员、规模、技术以及外部环境等多种因素的影响，不同企业的管理方式不尽相同，但企业管理的基础工作是共同的。管理的基础工作是企业在生产经营活动中，为了实现企业的经营目标和管理职能，提供资料依据、共同准则、基本手段和前提条件等所必不可少的工作。

管理基础工作可分为两大类：一类是标准化工作体系，包括规章制度建设工作、标准化工作、定额工作、计量工作，主要是通过制定和贯彻执行各种先进合理的标准与制度，把全体员工的行为纳入企业规范，建立良好的生产和工作秩序；另一类是执行保障体系，包括信息工作、员工教育培训等，主要是通过信息沟通提高员工素质，提供管理平台，保证基础工作落到实处，为提高企业管理水平奠定基础。

（一）规章制度建设工作

企业规章制度是用文字的形式，对各项管理工作和作业操作的要求所做的规定，是企业全体员工行动的规范和准则。其内容大体上包括基本制度、工作制度和责任制度三类。规章制度建设工作指以岗位责任制为核心的各项规章制度的制定、执行、修订和管理工作。

做好企业管理的规章制度建设，是确保企业维持正常生产秩序，促使企业迅速进入科学管理、现代化管理的轨道，有效提高企业管理水平和企业效益的捷径。

（二）标准化工作

标准化工作包括各种技术标准和管理标准的制定、执行和管理。在企业管理中，标准化使企业生产者在生产活动中有章可循。企业标准有多种类型，可以从不同的角度进行不同的分类。按制定标准的对象进行分类，可分为技术标准、工作标准、管理标准。按照标准的适用范围，我国的标准分为以下四个级别。

1. 国家标准

由国务院标准化行政主管部门制定（编制计划、组织起草、统一审批、编号、发布）。国家标准在全国范围内适用，其他各级别标准不得与国家标准相抵触。

2. 行业标准

由国务院有关行政主管部门制定。如化工行业标准（代号为HG）、石油化工行业标准（代号为SH）由国家石油和化学工业局制定，建材行业标准（代号为JC）由国家建筑材料工业局制定。行业标准在全国某个行业范围内适用。

3. 地方标准

由省、自治区、直辖市标准化行政主管部门制定。地方标准在地方辖区范围内适用。

4. 企业标准

没有国家标准、行业标准和地方标准的产品，企业应当制定相应的企业标准。企业标准应报当地政府标准化行政主管部门和有关行政主管部门备案。企业标准在该企业内部适用。

（三）定额工作

定额工作包括各类技术经济定额的制定、执行和管理。定额是指在一定的生产技术条件下，对人力、物力、财力等生产经营要素的消耗、占有和利用方面的规定标准。各种定额一般多由企业自己确定，常见的定额有劳动定额、设备定额、物资定额、资金定额、费用定额等。

1. 劳动定额

劳动定额是企业在一定的生产技术组织条件下，为完成一定工作任务所规定的劳动消耗数量标准。换句话说，它规定了在单位劳动时间内完成一定工作任务的数量标准。劳动定额有两种表现形式，即工时定额和产量定额。

2. 设备定额

设备定额是对设备利用、维修等所规定的标准。设备的利用定额有生产单位产品的台时定额或单位台时内生产的定量定额，以及设备的利用率定额等；设备的维修定额包括设备维修周期、维修标准等规定。

3. 物资定额

物资定额主要是指对原材料和辅助材料消耗与占用的规定标准。包括单位产品消耗的原材料和辅助材料的规定，或单位原材料和辅助材料生产产量的规定；原材料与辅助材料储备的数量与质量规定等。物资定额是做好物资管理、提高产品质量、降低生产成本、做好库存管理的基础工作之一。

4. 资金定额

资金定额是对资金占用、消耗和利用标准的规定。按照资金性质不同，划分为流动资金定额、固定资金定额；按照资金流动形态不同，划分为储备资金定额、生产资金定额、产品资金定额等。资金定额管理是提高资金利用效率、加强资金管理的一项重要工作。

5. 费用定额

费用定额是对企业生产经营过程中产生的各项费用、标准的规定，如单位产品成本费用定额、销售费用定额、管理费用定额等。费用定额是进行成本控制、开源节流的基础性工作之一。

（四）计量工作

计量是用标准计量工具测量各计量对象的过程。计量工作包括计量器具的管理工作、计量与测试工作，以及计量数据的统计、分析和储存工作。

1. 计量器具的管理工作

对计量器具的管理要做到计量、检测、分析手段的齐全、标准和先进，要定期校测，以保证计量检测的真实性和准确性；同时，计量、检测、分析手段要适应技术进步和产品更新换代的要求，加快更新计量检测设备和仪器。

2. 计量与测试工作

计量与测试工作应由专门人员进行，要坚持制度化和经常化。

3. 计量数据统计、分析和储存工作

计量数据是企业进行质量控制、成本核算的基础数据，要妥善保管，进行归类分析、整理和储存，以备日后鉴定、比较和使用。

（五）信息工作

信息是现代企业生产经营的一个重要因素。信息是事物联系的一种普遍形式，是反映事物变化及其特征的各种数据、信息、资料、信号的总称。信息工作是指对企业内外部信息进行收集、加工、传递、储存活动的总称。

1. 信息的收集

主要是注意信息收集的内容和范围，明确信息搜集的重点，合理地选择信息的来源，确定适当的信息收集方式，设计出实用的调查表格，同时注意所收集信息的真实性、时效性和价值大小等。

2. 信息的加工

信息的加工就是按照一定的程序、目的和方式对信息进行去伪存真、去粗取精的整理过程。

3. 信息的传递

信息的传递主要是在一定的条件下，要求传递信息的量尽可能地多，尽可能地全面；传

递的速度尽可能地快；传递的质量尽可能地好；传递的费用尽可能地少。

4. 信息的储存

将信息通过一定的信息载体储存起来以备日后使用，是信息管理工作的一项重要内容。要做好信息的登记、编码工作；要科学地分类，同时要建立有效的检索办法。

（六）员工教育培训工作

教育培训工作是指对员工从事本职工作，履行本岗位职责所必需进行的政治思想和技术业务的教育培训。

好员工可以塑造好企业，因此提高员工的文化素质、专业技术水平和操作技能是企业的基础性工作之一，也是企业贯彻"以人为本"的经营战略，在市场竞争中取胜的重要手段之一。

企业员工教育培训的最终目的是实现企业发展和员工个人发展的和谐统一。对企业而言，培训不仅是对员工现有技能的补缺，更应注重对企业最核心资源即人力资源的长远开发。因此，员工教育培训对于任何一个企业来说都是很重要的。

三、企业管理的主要发展趋势

21世纪企业面临的内外环境发生很大变化，这无疑会引起社会资源的配置方式、人类的工作与生活方式等方面发生重大转变，企业管理的理论及方式也将发生重要变化。

（一）由追求利润最大化向追求可持续成长转变

时代与环境的变化使企业生存越来越不容易，而把利润最大化作为管理的唯一主题和最高宗旨是造成企业过早夭折的一个重要根源。追求企业持续成长就是追求企业长寿。世界著名的长寿企业都有一个共同特征，就是有一套坚持不懈的核心价值观、有一种崇拜式的企业文化、有一种有意识灌输核心价值观的行为。

（二）由传统的要素竞争转向企业运营能力的竞争

如今的企业开始从产品和服务标准化、寿命期长、信息含量少、简单的一次性交易的竞争环境，向产品和服务个性化、寿命期短、信息含量大、与顾客保持沟通关系的全球竞争环境转变。更丰富的顾客价值内涵、更广的产品范围、更短的产品周期和处理任意批量订单的能力，正在成为新的市场竞争或经营的准则。这个新的现实要求企业对内外部客观环境保持敏锐反应，加强危机管理，不断增强组织的适应性，提高处理复杂性、不确定性问题的速度和能力，使企业在生产、营销、组织、管理等方面都敏捷起来，成为一个全新的敏捷性经营实体，实现向敏捷管理方式的转变。

（三）员工的知识和技能成为企业保持竞争优势的重要资源

竞争的压力已经使企业产生了对知识共享的巨大需求，企业将主要通过管理员工的知识和技能，而不是靠金融资本或自然资源来获取竞争优势。研究表明，在企业的市场价值中已有七分之六取决于"知识"资产，管理这些"知识"资产中最难的事情是怎样对待员工的思想和知识。员工的创造性思想和知识在企业价值中的重要性正在不断增加，但思想只有在被人们分享并创造出利润时才是有价值的，让有智慧的头脑共享他们各自的想法远远胜于纯粹地投入金钱或者购买软件。由此，出现了知识管理、情感管理、学习型组织等管理方法，来帮助企业汇集员工的知识和技能，采用新的积累知识的方式使企业从知识资本上获得最优的回报。

(四) 信息技术改变企业运作方式

信息时代，互联网正以改变一切的力量在全球范围掀起一场前所未有的深刻变革，特别是云计算、大数据、物联网等新一代信息技术的发展及其向生产生活、社会经济各方面的渗透，传统行业纷纷启动"互联网+"模式。信息技术的发展和应用，几乎无限制地扩大了企业的业务信息空间，使业务活动和业务信息得以分离。信息技术的应用主要从以下几个方面驱动了企业的组织变革和创新：

(1) 信息技术降低了企业的管理成本和交易成本，它在企业中普遍应用可产生信息效应和信息协同效应。

(2) 信息技术影响组织的边界，企业应用信息技术后通过发挥信息效率效应和信息协同效应，将引起其边界的相应变动。

(3) 信息技术影响企业内部和企业之间的信息沟通方式，使得企业中每一个成员都可以平等地获得所需信息，这种信息沟通方式的变化必然引起企业中权力运用的方式以及领导者的管理控制方式发生相应的变化，也必然引起企业组织结构形式的相应变化。

(五) 企业战略管理将强调以创新为目标

现代企业经营管理是一种实现企业预期经营目标的管理，主要是谋求企业发展目标、企业动态发展与外部环境的适应性。而战略管理是一种面向未来的、以强调创新为目标的管理，它谋求的是既要适应外部环境变化，又要改造和创造外部经营环境，并努力用企业的创新目标来引导社会消费，促使企业不断地成长和发展。

(六) 企业权变管理将更加灵活和精细

未来企业管理的发展将是实行一种宽严相济的权变管理，能因人、因时、因地随机地采用各种各样的方式进行管理，使企业管理既控制得很严，又允许甚至从最下级的普通员工起都享有自主权，且富于企业家精神和创新精神。

第三节 现代企业制度

一、现代企业制度的含义

企业制度是企业产权制度、企业组织形式和经营管理制度的总和。企业制度的核心是产权制度，企业组织形式和经营管理制度是以产权制度为基础的，三者分别构成企业制度的不同层次。

现代企业制度是社会化大生产和市场经济相结合的产物，是以产权制度为核心，以企业法人制度为基础，以有限责任制度为保证，以现代公司制企业为主要形式，以专业经理人为管理主体，产权清晰、权责明确、政企分开、管理科学的一种新型企业制度。应从以下几个方面对现代企业制度进行认识和理解。

（一）现代企业制度是市场经济及社会化大生产发展到一定阶段的产物

企业制度是从原始企业制度发展而来，并随着经济发展的不同阶段而变化。随着市场经济的不断变化，现代企业制度也会出现新的模式和新的内涵。现代企业制度具有动态性和可变性，不是一种固定的、僵化的模式。

（二）现代企业制度是由若干具体制度相互联系而构成的体系

现代企业制度不是某些方面的一两项制度，而是法人制度、公司制度、产权制度、组织领导制度、管理制度等有机组合的统一体。现代企业制度明确了企业的性质、地位、作用和行为方式，规范了企业与出资者、企业与债权人、企业与政府、企业与市场、企业与社会、企业与企业、企业与消费者、企业与职工等方面的基本关系。在这些基本关系中，最主要的是确立企业民事法律关系的主体地位和市场中的竞争主体地位。

（三）产权制度是现代企业制度的核心

产权亦即财产所有权，依法可分解为占有权、使用权、收益权和处分权。在实行现代企业制度的企业中，以终极所有权与法人财产权的分离为前提。当投资人将财产投入到现代企业中后，企业法人将取得法人财产权，即经营权。在此制度下，终极所有权的实现形式主要是参与企业重大决策，获得收益；法人企业则享有其财产的占有权、使用权和依法处分权等，这是建立现代企业制度的核心所在。

（四）企业法人制度是现代企业制度的基础

企业法人制度是企业产权的人格化。企业作为法人，有其独立的民事权利能力和民事行为能力，是独立享受民事权利和承担民事义务的主体。规范和完善的法人企业享有充分的经营自主权，并以其全部财产对其债务承担责任，而企业所有者对企业债务责任的承担仅以其出资额为限。

（五）现代企业制度的企业组织形式是多样化的

公司制是建立现代企业制度的一种典型组织形式，但不是唯一的形式。与市场经济相适应的企业制度，除了公司制企业外，还有单个业主制企业、合伙制企业、合作制企业等多种形式。公司制企业是现代企业制度的主体，但并不能把现代企业制度简单地理解为公司制，更不能简单地认为公司制就是股份公司，股份公司就是股票要上市。因此，看一个企业是否建立了现代企业制度，不是看它是不是公司制，而是看它是否具有现代企业制度的基本特征，是否适应社会化大生产和市场经济体制的要求。

二、现代企业制度的特征

随着企业制度的演变，在适应社会化大生产和市场经济体制的要求下，现代企业制度逐渐完善，其具有的基本特征是产权清晰、权责明确、政企分开和管理科学。

（一）产权清晰

产权清晰主要是指产权关系与责任的清晰，所有者产权要清晰，法人财产权也要清晰。企业的产权关系是多层次的，它表明财产最终归谁所有、由谁实际占有、谁来使用、谁享受收益、归谁处置等财产权中一系列的权利关系。在现代企业中，产权的权利与责任不但是分离的，而且是清晰的。出资者拥有股权，企业拥有经营管理权，从而有独立的民事权利和承担责任能力，有独立进入市场参加市场竞争的权利。

（二）权责明确

权责明确的重点即明确权利和责任。具体而言，一是国家与企业的关系方面要明确国家作为出资者与企业之间的权利和责任划分。国家通过国有资产投资主体在企业中行使出资者权利，并以投入企业的资本额为限对企业的债务承担有限责任；企业则拥有包括国有投资主体在内的各类投资者投资及借贷形成的法人财产，对其享有占有、使用、处置和收益的权利。二是在企业内部，通过建立科学的法人治理结构，形成规范的企业领导体制和组织制度；依据我国《公司法》建立权力机构、决策机构和监督机构，并界定各自的权利和责任。

（三）政企分开

政企分开重要的是实行政企职责分开，职能到位。首先，政府的社会经济管理职能与经营性国有资产的所有者职能分开。其次，经营性国有资产的管理、监督职能与经营职能分开。只有实行二者分开，才能为实现政府调控市场、企业自主经营创造基本条件。职能到位是指改变目前政府与企业职能错位的状况。企业的经营权应交给企业，政府不再直接干预企业的决策和生产经营活动，使企业将目标集中到追求经济效益上来。

（四）管理科学

管理科学要求科学、有序、规范的企业管理，其内涵随着生产力的发展和社会进步而不断完善和丰富。当前，建立现代企业制度时应着重考虑：企业的经营发展战略；建立科学的领导体制与组织制度；把握市场信息，及时、有效地做出反应；不断优化企业内各项生产要素的组合；以提高市场竞争力为目标，完善各项管理制度；注重实物管理的同时，注重价值形态管理，注重资产经营，注重资本积累；开发人力资源，培养企业文化；遵纪守法，诚信交往，塑造良好形象。

现代企业制度的四个特征有很强的关联性，既互为因果，又互为条件。企业产权不明确、政企不分，企业在外部就不能独立自主地参与市场竞争，在内部也难以建立对财产的约束机制，最终难以实现权、责、利的有效结合。

三、现代企业制度的内容

现代企业制度的内容广泛，涉及企业内部机制和外部环境的各个方面，不仅包括企业的产权制度、组织领导制度、管理制度、财务会计制度和劳动人事制度，还包括在现代市场经济条件下处理企业与各方面（政府、出资者、消费者、职工和社会各界等）关系的行为准则和行为方式。下面重点阐述现代企业制度中的三个基本制度，即现代企业产权制度、现代企业组织制度和现代企业管理制度。

（一）现代企业产权制度

产权制度是对财产权在经济活动中表现出来的各种权利加以分解和规范的法律制度。产权制度的核心是通过对所有者和财产使用者的产权分割和权益界定，以实现资源的优化配置。企业的产权制度是企业制度的核心，它决定了企业财产的组织形式和经营机制。

现代企业产权制度是指以产权为依托，对财产占有、使用、收益和处分过程中形成的各种产权主体的地位、行为权利、责任、相互关系加以规范的法律制度。现代企业产权制度的实质是所有者终极所有权与企业法人财产权的分离，企业法人享有独立的法人财产权。而落实企业产权制度的前提条件是企业拥有真正的法人地位，即完善的企业法人制度。

完善的企业法人制度是建立现代企业制度的首要基础。企业法人制度能够使企业拥有自己独立支配的财产，使其具备法律上独立的人格条件，从而成为独立的市场主体。现代企业制度下的产权制度主要有以下特点。

（1）企业拥有独立的法人财产权。资本由股东投资形成，但投资者不能对法人财产中属于自己的部分进行支配。企业作为一个独立的主体拥有由股东投资形成的全部法人财产权，并以其全部法人财产自主经营、自负盈亏。

（2）企业的所有权与经营权分离。股东以其投入资本的多少享有相应份额的财产所有权，但既无权直接从企业财产中抽回，也无权直接处置自己投资的财产，而只能通过股息分红获得投资回报。而且，投资者不一定直接从事企业的经营管理活动，企业的经营管理者可以不是股东，股东只能运用股东权利影响企业行为。

（3）股东将财产投入法人企业后，投入的这部分资产与未投入的财产相分离，有限责任公司的股东以其认缴的出资额为限对公司承担责任；股份有限公司的股东以其认购的股份为限对公司承担责任。如果企业破产而全部资产不足以抵偿债务时，每个股东损失的最大限度只是他对该企业的全部出资。

（二）现代企业组织制度

组织制度是指企业内部机构要建立什么样的组织形式，即形成什么样的内部组织结构来支配企业的运营。现代企业组织制度建设必须做到两点：一是必须充分反映公司股东的整体意志和利益要求，股东能通过有效的渠道引导企业的经营决策和发展方向，保持对公司的最终控制权；二是公司作为企业法人应具有独立的权利能力和行为能力，并能以企业法人的名义独立开展经营活动。

公司作为现代企业制度的代表，最明显的特征是所有者、经营者、生产者之间通过公司的权力结构、决策和管理机构、监督机构，形成各自独立、权责分明、相互制约的关系。这些关系是以法律和公司章程加以确立和保证的，便于建立既有科学分工又互相制约、能适应市场竞争需要的分工合作与制约机构。这种从企业内部建立起的激励和约束机制，既可以保障所有者的权益，又赋予经营者以充分的经营自主权。

以股份有限公司为例，公司组织机构通常包括股东大会、董事会、监事会、总经理及其下属机构四个部分，并由此形成决策权、执行权和监督权三种权力形式。公司的组织机构如图3-1所示。

（1）股东大会由全体股东组成，是公司的最高权力机构，并依照相应法律法规行使职权。公司中如有国家股、法人股、社会个人股、职工股等都会形成公司相应的股东。股东大会有董事、监事的选举权和决定权，有批准公司利益的分配权，有公司的合并、分立、破产清算的决定权等。股东参加红股、红利等分配，股东的这种收益来自对公司的所有权。股东大会一般每年召开一次年会，股东出席股东大会会议，所持每一股份有一表决权。但是，公司持有的本公司股份没有表决权。如有特殊情形，可在两个月内召开临时股东

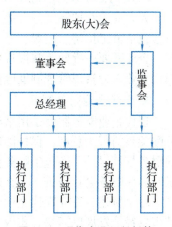

图3-1 现代企业组织机构

大会以讨论某些急需解决的重大问题。会议一般由董事会召集，董事长主持。

（2）董事会是公司的经营决策和领导机构。股份有限公司设董事会，其成员为5~19人。董事会成员中可以有公司职工代表，董事会中的职工代表由公司职工通过职工代表大会、职工大会或者其他形式民主选举产生。董事会设董事长一人，可以设副董事长。董事长召集和主持董事会会议，检查董事会决议的实施情况，副董事长协助董事长工作。董事会对外代表公司，对内代表全体股东的利益，负责公司经营决策，制定公司内部基本管理制度，任免公司总经理等高层管理者，制定预算、分配方案。为了更好地维护小股东的利益，实现更加科学专业的管理，有些公司还会聘用独立董事。

（3）监事会是公司的监督机构，成员不得少于3人，包括股东代表和适当比例的公司职工代表。监事会中的职工代表由公司职工通过职工代表大会、职工大会或者其他形式民主选举产生。监事会对股东大会负责，主要对公司财务、领导层决策等进行监督。监事会主席召集和主持监事会会议。

（4）总经理等经理层是公司的行政执行机构。总经理在公司总章程和董事会的授权范围内进行公司的日常管理工作，签订合同、任免下级经理、提交年度报告等。董事会决定聘任或者解聘总经理，总经理可由公司董事长或董事担任，也可从公司外聘任。

通过以上组织机构的构建，企业形成股东大会、董事会、监事会、经理层等之间的委托代理和相互制衡关系。总经理以下的组织和领导结构还可以设置为事业部制、职能制、矩阵制、混合制等类型。

（三）现代企业管理制度

管理科学是现代企业制度的特征之一。现代企业的运行必须以科学的管理制度做保障。现代企业管理制度主要包括以下几方面的内容。

1. 现代企业领导制度

企业领导制度是关于企业内部领导权的归属、划分及如何行使等所做的规定，建立科学、完善的企业领导制度，是做好企业管理的一项最根本的工作。现代企业领导制度应该体现领导专家化、领导集体化和领导民主化的管理原则。

2. 现代企业人力资源管理制度

人力资源管理制度是有关人力资源招聘、培训、组织和调配使用的一系列管理制度，其内容包括员工招聘、配置、考核、绩效评估、薪酬、激励、培训开发、组织发展和劳务关系等。企业需要一批熟练掌握现代管理知识与技能的管理人才，并具有优良素质的职工队伍。现代企业人力资源管理制度应体现尊重知识、重视人才、合理使用人才的原则。

3. 现代企业财务制度

现代企业财务制度是用来处理企业法人与国家、股东、劳动者之间财务信息沟通和财产分配关系的行为总则，保护国家、股东和劳动者的利益不受侵犯。健全的财务制度除了日常的财务核算以外，还包括财务会计报告制度和企业利润分配制度。企业应在每一会计年度终了时制作财务会计报告，并在规定的期限内将财务报告送交各股东。

综上所述，建立现代企业管理制度，就是要求企业适应现代生产力发展的客观规律，按照市场经济发展的需要，积极应用现代科学技术成果，包括现代经营思想、理论和技术，建立一套符合本企业特点、保证生产经营活动高效率运行的经营管理制度，并有效地进行管理，以创造最佳的效益。

四、现代企业制度的内在关系

现代企业产权制度、组织制度和管理制度三者之间相辅相成，共同构成了现代企业制度的总体框架。

（一）产权制度是基础

现代企业产权制度确立了企业的法人地位和企业法人财产权，实现了企业民事权利能力和行为能力的统一，使企业真正作为自主经营、自负盈亏的法人实体进入市场。企业要进入市场，成为市场竞争主体，就必须能够独立地享有民事权利，承担民事责任。可见，企业法人制度确立了企业的市场主体资格，规定了企业与企业以商品生产者身份平等进入市场，按照等价交换原则进行商品交换的经济关系，这是现代企业制度的基础。

（二）组织制度是框架

现代企业组织制度以合理的组织结构，确定了所有者、经营者和职工三者之间的制约关系，做到出资者放心、经营者精心、生产者用心，从而使企业始终保持较高的效率，并为企业长期稳定发展提供了组织保证。

（三）管理制度是保证

现代企业管理制度通过科学的生产管理、质量管理、营销管理、人力资源管理、研究与开发管理、财务管理等一系列管理体系的建立，以及企业管理模式、管理轴心、管理体制、管理目标、管理手段等的选择，有效地保证企业内部条件与外部环境相适应，企业各项资源得到最有效的利用。

因此，建立现代企业制度，一定要把握好企业产权制度、组织制度和管理制度三者之间的关系。从我国实际出发，吸收和借鉴世界发达国家的有益经验，真正建立起既符合国情又能与国际惯例接轨的具有中国特色的现代企业制度。

五、现代企业制度的环境保障

现代企业制度的建立和运行需要以良好的外部环境为保障，包括完善的市场环境、健全的法制体系和社会保障体系、完善的政府宏观调控职能等。

（一）完善的市场环境

在现代企业制度下，企业是自主经营、自负盈亏的独立的法人经济实体，依法按市场规则组织生产和经营活动，所有企业直接面对的都是同一个市场。因此，企业需要一个充满竞争的开放的市场环境。在一个条块分割、地方保护严重的封闭的市场环境中，很难建立现代企业制度。

（二）健全的法制体系

市场的开放性注定了市场将充满竞争，竞争就需要有一定的规则，否则竞争将走向无序，市场就会产生混乱。我国市场体系经过多年的培育，其法制体系也得到了长足的发展，与现代企业制度相适应的法律制度主要包括以下内容。

（1）规范市场主体的法律制度，如企业法、公司法等。
（2）规范市场运行规则的法律制度，如破产法、反不正当竞争法、反垄断法等。

(3) 规范宏观调控机制的法律制度，如税法、银行法、预算法等。

(4) 规范社会保障机制的法律制度，如社会保障法、劳动就业法、公共安全法、教育法等。

(5) 规范特定经济行为的法律制度，如证券法、经济合同法、专利法、商标法等。

（三）健全的社会保障体系

现代企业制度的建立必然伴随着合理的人才流动，失业、养老、医疗等将成为严重的社会问题，而这是企业靠本身之力无法妥善解决的。健全的社会保障制度既是对公民基本生存权的保障，也能为企业建立起良好的社会经济环境，有利于保障劳动者的合法权益，有利于企业摆脱冗员负担实现公平竞争。社会保障体系包括失业保险制度、养老保险制度、医疗保险制度、工伤保险制度等。

（四）完善的政府宏观调控职能

首先，由于市场的不完全竞争性，各企业所掌握的市场信息是不对称的，这就导致了企业的市场行为并非有效率。这时就需要政府利用税收、利率、预算等经济杠杆来调控市场，引导企业管理者的决策。其次，企业在经济利益的驱使下，有时会做出一些不正当的竞争举措，扰乱市场，如价格垄断、低价倾销等。建立市场规则、保证公平竞争是政府宏观调控职能的重要方面。最后，政府的宏观调控职能是对经济、法律、行政手段的综合运用，而不是直接控制、干预企业的生产经营活动。

本章思考题

1. 简述企业的产生与发展。
2. 简述企业的概念及其基本特征。
3. 企业有哪些类型？各有怎样的特点？
4. 简述企业与公司的区别。
5. 试述现代企业发展的特征。
6. 企业管理的基本任务是什么？
7. 企业管理的基础工作有哪些？谈谈你对它们的理解。
8. 在新的经济环境下，企业管理的发展趋势主要有哪些？
9. 如何正确理解现代企业制度？
10. 现代企业制度的四项基本特征是什么？
11. 现代企业组织制度包括哪些内容？
12. 现代企业制度的建立和运行需要怎样的外部环境？

企业战略管理

第一节 企业战略管理概述

一、企业战略的概念

在我国,"战略"一词早已有之,先是"战"与"略"分别使用。"战"指战斗和战争,"略"指策略和计划。《左传》和《史记》中最早出现"战略"一词。在西方,"战略"一词来源于希腊文"Strategos",其含义是"将军"。当时这个词的意义是指挥军队的艺术和科学。因此可以说,战略的本义是对战争全局的谋划和指导。"战略"一词引入企业管理中只有几十年的时间。在企业管理这个范畴中,究竟什么是战略,目前尚无一个统一的定义。不同的学者与经理人员给战略赋予了不同的含义。

著名战略管理专家、波士顿咨询公司创始人布鲁斯·亨德森对"战略"一词进行了经典的概括:"任何想要长期生存的竞争者,都必须通过差异化而形成压倒所有其他竞争者的独特优势。勉力维持这种差异化,正是企业长期战略的精髓所在。"这句话点明了企业战略的本质:通过制造差异化形成对竞争对手的长期的独特的竞争优势。

加里·哈默尔在《为未来竞争》中这样写道:"战略基本上是高层次的蓝图,用以运用新功能,转移旧专长,取得新专长,以及重新调整与顾客的关系。战略不是详尽的计划,它只列出必须建立的主要专长,但并不实际说明任何建立专长的进一步细节。战略是一个广泛的'把握商机'计划,它所要回答的问题,不是如何尽可能扩大现有市场的占有率或营业收入,而是今日应采取哪些取得专长的行动,以便在逐渐显现的未来商机中,收获更大的利润。"

当前被欧美许多教材较为普遍采用的是"战略就是企业为了收益而制订的与组织使命和目标一致的最高管理层的计划"或"企业经营战略是指企业为了适应未来环境的变化,寻求长期生存和稳定发展而制订的总体性和长远性的谋划"。

著名管理学家亨利·明茨伯格认为,除了以上定义外,至少还有五种定义,即战略不但可以是一种计划(plan),还可以是一种计策(ploy)、一种模式(pattern)、一种定位(position)、一种观念（perspective）等。

（一）战略是一种计划

这种定义强调战略是一种有意识、有预计、有组织的行动程序，是解决一个企业如何从现在的状态达到将来位置的问题。根据这个定义，战略应具有两个基本特征：一是战略须在企业经营活动之前制定，以备人们使用；二是战略是有意识、有目的地开发和制定的。

（二）战略是一种计策

这种定义强调战略是企业在特定的环境下威胁和战胜竞争对手的一种具体手段和策略。这种威胁通常是由企业发出的一些"市场信号"组成的。这些市场信号可能见诸行动，而更多的只是对竞争对手的一种恫吓手段。譬如，一个企业在得知竞争对手想要扩大生产能力占领更多市场时，便提出自己的战略是增加研究与开发费用，以推出更新、更尖端的产品占领市场。竞争对手在得知这种"信号"后，深知该企业资金雄厚、产品质量差异化好，为避免竞争升级，便放弃扩大生产能力的设想。一旦竞争对手放弃原有计划，该企业也并不把开发新产品的战略付诸实施。因此，这种战略称为一种计谋，使之对竞争对手构成威胁。

（三）战略是一种模式

这种定义强调战略是企业为了实现战略目标进行竞争而进行的重要决策、采取的途径和行动，以及为实现目标对企业主要资源进行分配的一种模式。这种定义将战略体现为一系列行为过程。这就是说，无论企业是否事先对战略有所考虑，只要有具体的经营行为，就有战略。

（四）战略是一种定位

这种定义强调战略是企业在自身环境、市场中所处或所计划的位置。企业在活动中既可以考虑与单个竞争对手在面对面的竞争中处于何种位置，也可以考虑在若干个竞争对手面前自己在市场中所处的地位，甚至企业还可以在市场中确定一个特殊的地位，使得对手们无法与之竞争。把战略看成一种定位，就是要通过正确地配置企业资源，形成有力的竞争优势。

（五）战略是一种观念

这种定义强调战略是一种抽象的概念，它同价值观、文化、理想等精神内容一样为企业成员所共享，存在于需要战略的人们的头脑之中，体现在战略家们对客观世界固有的认识方式。因此，战略是主观而不是客观的产物。当企业战略决策者的主观判断符合企业内、外部环境的实际情况时，所制定的战略就是正确的；反之，当其主观判断不符合环境现实时，企业战略就是错误的。

以上五种对战略不同的定义，有助于对战略管理及其过程的深刻理解。需要强调的是，尽管战略的定义多样，但对于具体企业来说，战略仍只有一个，五个定义只不过是从不同角度对战略加以阐述。

二、企业战略的特征

（一）长期的目的性

企业战略不是对企业内部和外部环境中短期和非根本性变化的消极反应，而是对企业内部和外部环境中长期的根本性变化的积极反应。企业制定经营战略的目的，不仅仅在于维持企业现状，不能只考虑企业眼前的利益，而是为了企业的未来，立足于企业的长远利益。

（二）高度的全局性

企业战略是以企业全局为研究对象，来确定企业的总体目标、规定企业的总体行动、追求企业的总体效果的具有纲领性的规划和设计。它是对企业生产经营活动的一切方面都具有普遍的、全面的、权威的指导意义的管理决策。

（三）竞争的对抗性

企业战略是市场激烈竞争压力下的产物。从本质上看，企业战略就是市场竞争的战略，市场竞争的法则是优胜劣汰、适者生存。企业要生存、发展，就必须引入战略思想，从长期的、全局的角度来把握内外环境条件，制订出战胜竞争对手、迎接环境挑战的一整套行动方案。

（四）经营的风险性

企业是整体环境的组成部分，始终处在不确定的、变化难测的环境中，主要面临两大风险：一是资源输入的失误，如信息误导，人、财、物的不足与偏差等；二是加工后的资源输出的失误，主要是产品不适合市场需要，或者由于策略不当而导致成本过高等。战略考虑企业的未来，而未来具有不确定性，战略实施的结果与其预期目标之间就可能会存在差异，这就具有风险性。

（五）切实的可操作性

企业制定战略是为了在竞争中生存和发展，它不是空想和虚幻的，而是切实的、可操作的。如此才能对企业全体员工产生号召力，激发其创造潜能和工作热情，去力争战略目标的实现。所以一个完整的战略方案首先要提出可行性的战略目标和方向，而且还要明确战略重点、方针、策略和实施步骤，并对其进行控制。

（六）相对的稳定性

企业战略是在大量的内外环境条件信息搜集、资料分析的基础上，对环境变化和企业发展做出科学的预测和决策的过程，一经决定就具有权威性和稳定性。但是环境是不断变化的，所以一个好的战略应有适度的弹性和必要的随机应变能力，而当外部环境或内部条件的变化超出原有战略的预期时，原有战略就需要做出相应的调整和平衡。

三、企业战略管理的概念

企业战略管理是由战略管理的鼻祖安索夫在 1976 年出版的《从战略规划到战略管理》一书中首先提出的。他认为，企业的战略管理是指将企业的日常业务决策与长期计划决策相结合而形成的一系列经营管理业务。战略管理大师迈克尔·波特认为，一项有效的战略管理必须具备五个关键点：独特的价值取向、为客户精心设计的价值链、清晰的取舍、互动性、持久性。而斯坦纳在 1982 年出版的《企业政策与战略》一书中则提出，企业战略管理是确定企业使命，根据企业外部环境和内部经营要素确定企业目标，保证目标的正确落实并使企业使命最终得以实现的一个动态过程。

企业战略管理的关键词不是战略而是动态管理，它是一种崭新的管理思想和管理方式。这种管理方式的特点是，指导企业全部活动的是企业战略，全部管理活动的重点是制定战略和实施战略。而制定战略和实施战略的关键都在于对企业外部环境的变化进行分析，对企业的内部条件和素质进行审核，并以此为前提确定企业的战略目标，使三者之间达成动态平衡。战略管理的任务就在于通过战略制定、战略实施和日常管理，在保持这种动态平衡的条件下，实现企业的战略目标。

由此，可以将企业战略管理定义为：企业确定其使命，根据特定的组织外部环境和内部条件设定企业的战略目标，为保证目标的正确落实和实现进行谋划，并依靠企业内部能力将这种谋划和决策付诸实施，以及在实施过程中进行控制的一个动态管理过程。

这里有三点需要加以说明：第一，企业战略管理涵盖了从阐明企业任务、目标、研究制定发展战略，直到实施战略和评估其成果等的全部过程，具有战略分析、战略制定、战略实施、战略评价、战略控制等多种功能。第二，战略管理不是静态的、一次性的管理，而是一种循环的、往复性的动态管理过程。它是依据经营者的外部环境和自身条件的状况及其变化制定战略、实施战略，并根据对实施过程与结果的评价和反馈来调整、制定新战略的过程，是不间断的管理。第三，战略管理是一项艰巨、复杂的系统工程，是贯穿全部管理的一种有意识的活动。

四、企业战略管理的特征

（一）企业战略管理需要考虑企业外部环境中的诸多因素

现今的企业都存在于一个开放的系统中，通常被不能由企业自身控制的各项因素所影响。因此，在未来竞争性的环境中，企业要使自己占据有利地位并取得竞争优势，就必须关注市场环境的变化，包括竞争者、政策、市场、公众等外部因素，以使企业的行为适应不断变化的外部环境，使企业能够长期生存和发展。

（二）企业战略管理具有全局性

企业的战略管理是以企业的全局为对象，根据企业总体发展的需要而制定的。它所管理的是企业的总体活动，所追求的是企业的总体效果。具体地说，战略管理不是强调企业某一事业部门或某一职能部门的重要性，而是通过确定企业的使命、制定企业的目标和战略来协调企业各部门的活动。

（三）企业战略管理的主体是企业的高层管理人员

战略决策涉及一个企业活动的各个方面，虽然它也需要企业中、下层管理者和全体员工的参与和支持，但企业的最高层管理人员介入战略决策是非常重要的。这不仅是由于他们能够统观企业全局，了解企业的全面情况，更重要的是，他们具有对战略实施所需资源进行分配的权力。这就需要他们有丰富的经验、敏锐的洞察力和精辟独到的见解。

（四）企业战略管理涉及企业大量资源的配置问题和信息支持

企业的资源包括人力资源、实体财产和资金，或者在企业内部进行调整，或者从企业外部来筹集。战略决策需要有充足的资源作为保证，因此，为保证战略目标的实现，对企业的资源需要进行统筹规划、合理配置。另外，企业要从其所处的环境中不断搜集、分析、传播、储存各方面的信息。没有充分、有效的信息资源，企业其他资源的运行就失去了方向，战略指导就无从谈起。

（五）企业战略管理从时间上来说具有长远性

战略管理中的战略决策是对企业未来较长时期（5年以上），就企业如何生存和发展等问题进行统筹规划。虽然这种决策以企业外部环境和内部条件的当前情况为出发点，但是这一切是为了更长远的发展，是长期发展的起步。

五、企业战略管理的作用

战略管理可以促使企业管理阶层站在整体的角度和高度看待企业存在的问题。企业是一个由若干相互联系、相互作用的局部构成的整体。整体性问题不是局部性问题之和，与局部性问题有本质区别。企业发展面临很多整体性问题，如对环境重大变化的反应问题，对资源的开发、利用与整合问题，对生产要素和经营活动的平衡问题，对各种基本关系的理顺问题。谋划好整体性问题是企业发展的重要条件。

战略管理可以促使企业将内部资源条件与外部环境因素结合起来考虑，对影响企业经营的种种重要的变化能有高度的警惕性，当一些问题发生后，不仅可以马上处理，而且还可以预防某些不利情况的发生。

战略管理可以促使企业时刻关注企业的未来，谋划企业的长期发展。企业面临的长期性问题很多，如发展目标问题、发展步骤问题、产品与技术创新问题、品牌与信誉问题、人才开发问题、文化建设问题。战略管理可以对未来问题提前想到，并提前动手解决。

战略管理可以促使企业努力寻求业务发展最具潜力的领域，不断通过多种方案的比较做出最具价值的选择。

战略管理可以促使企业倾心于资源的合理配置，通过资源结构的优化，使资源效能得以最大限度地利用和发挥，若有必要，则可决定追加新的资源投入，以推进企业整体规模的扩大和效益的提高。

战略管理可以促使企业改进决策方法，优化组织结构，把日常管理建立在系统与有序的基础上，并增强企业的协调、沟通与控制职能，不断提高管理的效率与水平。

战略管理可以促使企业增强凝聚力。通过让员工参与战略酝酿、决策与实施过程，减少改革的阻力，最大限度地激发员工的情感与智慧，从而确保战略目标的实现。

六、企业战略管理过程

战略管理是在充分占有信息基础上的一个系统的决策和实施过程，它必须遵循一定的逻辑体系，包含若干必要的环节，由此而形成一个完整的体系，如图4-1所示。

（一）战略指导思想的确立

企业的战略指导思想是在一定的社会经济条件下，在企业经营实践中不断演变而成的指

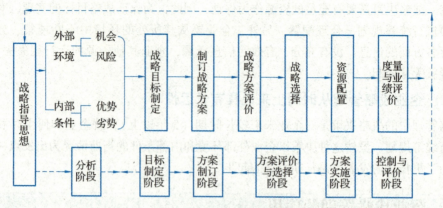

图 4-1 企业战略管理过程

导企业经营活动的一系列指导观念。它是战略研究的根本出发点，是企业开展经营活动的行动准则，决定了企业的性质和奋斗方向，指出了企业生存和发展的基本任务，以及企业应该达到的目的和行为规范。企业的战略指导思想必须顺应当时的社会经济发展水平、国家政策、法律法规，以及人与人、人与社会、人与企业、企业与社会之间的关系。

（二）外部环境和内部条件分析

战略管理必须对外部环境和内部条件进行分析，了解企业目前的状况，并在此基础上判断企业所面临的挑战与发展的机遇。外部环境分析要包括所有可能影响企业行为的现实的与潜在的外部因素，如国际、国内的政治、经济、科技、文化和社会环境等。内部条件分析要着重认识企业自身所处的相对地位，具有哪些资源及战略能力，还需要了解与企业有关的利益和相关者的利益。

（三）经营方向和战略目标的制定

企业应该根据战略指导思想，来确定企业经营的战略方向和战略目标。战略目标是对企业战略经营活动预期取得的主要成果的期望值。战略目标的设定，同时也是企业战略思想的展开和具体化，是对企业战略思想中确认的企业经营目的、社会使命的进一步阐明和界定，也是对企业在既定的战略经营领域展开战略经营活动所要达到的水平的具体规定。

1. 企业战略目标的内容

（1）市场目标。一个企业在制定战略目标时最需要考虑的因素决策是企业在市场上的相对地位，它常常反映了企业的竞争地位。企业所预期达到的市场地位应该是最优的市场份额，这就要求对顾客、目标市场、产品或服务、销售渠道等做仔细分析。

（2）创新目标。在环境变化加剧、市场竞争激烈的社会里，创新概念受到重视是必然的。在每一个企业中，基本上存在着三种创新：技术创新、制度创新和管理创新。为树立创新目标，战略制定者一方面必须预计达到市场目标所需的各项创新，另一方面必须对技术进步在企业的各个领域中引起的发展做出评价。

（3）盈利目标。作为企业生存和发展的必要条件和限制因素，利润既是对企业经营成果的检验，又是企业的风险报酬，也是整个企业乃至整个社会发展的资金来源。盈利目标的达成取决于企业的资源配置效率及利用效率，包括人力资源、生产资源、资本资源的投入—产出目标。

(4) 社会目标。现代企业日益关心并注意塑造自身良好的社会形象，既能为自己的产品或服务争得信誉，又能促进企业本身获得更多的社会认同。企业的社会目标反映企业对社会的贡献程度，如环境保护、节约能源、参与社会活动、支持社会福利事业和地区建设活动等。

2. 确定企业战略目标的步骤

(1) 调查研究。在制定企业战略目标之前，必须进行调查研究工作。对调查研究结果进一步整理，把机会与威胁、长处与短处、自身与对手、企业与环境、需要与资源、现在与未来加以对比，弄清楚它们之间的关系，才能为确定战略目标奠定可靠的基础。

(2) 拟定目标。拟定战略目标需要经历两个环节：拟定目标方向和拟定目标水平。首先，在既定的战略经营领域内，依据对外部环境、需要和资源的综合考虑，确定目标方向，然后通过对现有能力与手段等诸多条件的全面衡量，对沿着战略方向展开的活动所要达到的水平做出初步规定，形成可供决策选择的目标方案。

(3) 评价论证。战略目标拟定出来之后，就要组织多方面的专家和有关人员对提出的目标方案进行评价和论证。拟定目标的评价论证过程，也是目标方案的完善过程。要通过评价论证，找出目标方案的不足，并想方设法使之完善起来。

(4) 目标决断。在决断选定目标时，要注意从以下三个方面权衡各个目标方案：①目标方向的正确程度；②可望实现的程度；③期望效益的大小。所选定的目标，三个方面的期望值都应该尽可能大。此外，目标决断还必须掌握好决断时机。一方面要防止在机会和困难都还没有弄清楚之前就轻率决策；另一方面又不能优柔寡断，贻误时机。

3. 企业战略目标体系

战略目标不止一个，而是由若干目标组成的一个战略目标体系。从纵向上看，企业的战略目标体系可以分解成一个树形图。在企业使命和企业宗旨的基础上制定企业的总战略目标，为了保证总战略目标的实现，必须将其层层分解，规定保证性职能战略目标；也就是说，总战略目标是企业主体目标，职能性战略目标是保证性目标，如图4-2所示。

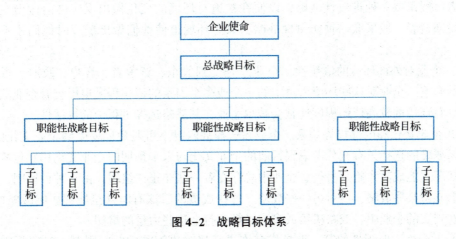

图4-2 战略目标体系

(四) 战略方案的评价与战略选择

在未来的经营领域里，可以有多种途径和方法来达到战略目标，由此形成多个可能的战略方案，对这些方案进行具体的论证，主要是技术上是否先进、经济上是否合理，从而做出综合性的评价，以此比较各个方案的优劣，选择一个比较满意的、切实可行的方案。

1. 战略方案评价的标准

日本战略学家伊丹敬之认为，优秀的战略是一种适应战略，它要求战略适应外部环境因素，包括技术、竞争者和顾客等；同时，企业战略也要适应企业的内部资源，如企业的资产、人才等；此外，企业的战略也要适应企业的组织结构。

美国战略学家斯坦纳·麦纳提出了评价战略时应该考虑的6个要素：

(1) 战略要有环境的适应性。企业所选的战略必须和外部环境及其发展趋势相适应。

(2) 战略要有目标的一致性。企业所选的战略必须能保证企业战略目标的实现。

(3) 竞争的优势性。企业所选的战略方案必须能够充分发挥企业的优势，保证企业在竞争中取得优势地位。

(4) 预期的收益性。企业要选择能够获取最大利润的战略方案。需要注意的是，这里所说的战略利润是长期利润而不是短期利润。

(5) 资源的配套性。企业战略的实现必须有一系列战略资源做保证，这些资源不仅要具备，而且要配套，暂时不具备而经过努力能够具备的资源也是可取的。

(6) 战略的风险性。未来具有不确定性，战略具有风险性，在决策时要适当对待风险。一方面，在态度上要有敢于承担风险的勇气；另一方面，在手段上要事先科学地预测风险，并制定出应变的对策，尽量避免孤注一掷。

2. 影响战略选择的因素

(1) 企业过去的战略。对大多数企业来说，过去的战略常常被当成战略选择过程的起点。

(2) 管理者对风险的态度。企业管理者对风险的态度影响着企业战略态势的选择。风险承担者一般采取一种进攻性战略，以便在被迫对环境的变化做出反应之前做出主动的反应；风险回避者一般采取一种防御性战略，只有环境迫使他们做出反应时他们才不得不这样做。

(3) 企业对外部环境的依赖性。企业总是受到股东、竞争者、客户、政府、行业协会和社会的影响。企业对这些环境力量中的一个或多个因素的依赖程度也影响着企业战略选择的过程。对环境的较高依赖程度通常会减少企业在其战略选择过程中的灵活性。

(4) 企业文化和内部权势关系。企业在选择战略时不可避免地要受到企业文化的影响。企业未来战略的选择只有充分考虑到目前的企业文化与未来预期的企业文化相互包容和相互促进的状况才能成功实施。另外，企业中总存在着一些非正式组织。由于种种原因，某些组织成员会支持某些战略，反对另一些战略。这些成员的看法有时甚至能够影响战略的选择，因此，在现实的企业中，战略决策或多或少都会打上这些力量的烙印。

(5) 时限性。时限性的第一点是指允许进行战略决策前的时间限制。时间限制的压力不仅减少了能够考虑的战略方案的数量，而且也限制了可以用于评价的方案的信息和数量。

研究表明，在时间的压力下，人们倾向于把否定的因素看得比肯定的因素更重要，因而往往做出更加具有防御性的策略。时限性的第二点是指战略规划的长短。战略规划期限越长，则外部环境的预测难度越大，影响战略选择的不确定性因素越多，使战略方案决策的复杂性大大增加。

（6）竞争者的反应。在战略态势的选择中，还必须分析和预计竞争对手对本企业不同战略方案的反应，企业必须对竞争对手的反击能力做出恰当的估计。在寡头垄断的市场结构中，或者市场上存在着一个极为强大的竞争者时，竞争者的反应对战略选择的影响更为重要。

（五）战略实施

在实践中，美国学者提出了 7-S 模型，包括结构（structure）、制度（system）、风格（style）、人员（staff）、技能（skill）、战略（strategy）、共同的价值观（shared values），如图 4-3 所示。这个模型强调在战略实施过程中，要考虑企业整个系统的状况，既要考虑企业的战略、结构和体制 3 个硬因素，又要考虑作风、人员、技能和共同的价值观 4 个软因素，只有在这 7 个因素相互很好地沟通和协调的情况下，企业战略才能够获得成功。

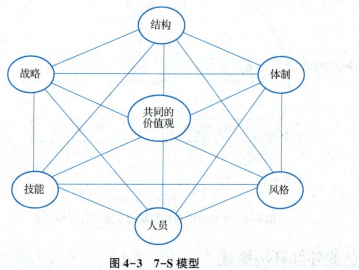

图 4-3　7-S 模型

（六）战略控制与评价

战略控制与评价是战略管理过程的一个不可忽视的重要环节，战略控制主要是指在企业经营战略的实施过程中，建立与健全控制系统是为了将每一阶段、每一层次、每一方面的战略实施结果与预期目标进行比较，以便及时发现战略差距，分析产生偏差的原因，纠正偏差，从而保证全部战略方案的完成。战略评价就是通过评价企业的经营业绩审视战略的科学性和有效性，它是战略管理的最后阶段。

战略控制与评价既有区别又有联系。要进行战略控制就必须进行战略评价，只有通过评价才能实现控制，评价本身是手段而不是目的，发现问题实现控制才是目的。战略控制着重于战略实施的过程，战略评价着重于对战略实施结果的评价。

第二节 企业外部环境分析

企业是一个开放的经济系统,它的经营在不同程度上受社会文化、政治和法律、经济、技术、自然等不可控的外部环境因素的影响,如图4-4所示。外部环境的种种变化,可能给企业两种不同性质的影响:一种是为企业的生存和发展提供新的机会;另一种可能是环境在变化过程中对企业的生存和发展造成某种威胁。企业在生存的基础上不断发展,就必须及时采取措施,积极利用外部环境在变化中提供的有利机会,同时也要积极采取对策,努力避开这种变化可能带来的威胁。因此,企业要进行战略管理,首先必须全面、客观地分析和掌握外部环境的变化,以此为基点制定企业的战略目标和实现战略目标。

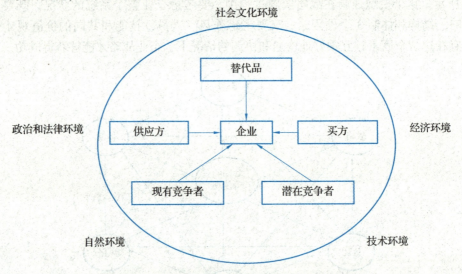

图4-4 外部环境影响和制约企业的生存和发展

一、企业外部环境概述

(一) 企业外部环境的含义

所谓企业外部环境,从系统论的观点来看,就是区别于该企业系统的其他周围系统。外部环境分析是指企业对外部环境的调查、评价和预测。其目的就是找出外部环境为企业提供的可以利用的发展机会,以及外部环境对企业发展构成的威胁,以此作为制定战略目标和战略的出发点、依据和限制条件。

(二) 企业外部环境的特点

1. 企业外部环境的复杂性

环境的复杂性不仅表现在环境因素的多少上,而且还表现在环境因素的多样化方面。也就是说,影响企业的外部环境因素不是同属某一类或几类,而是多种多样、千差万别的。

2. 企业外部环境的唯一性

每个企业面对自己唯一的外部环境条件，即使是两个同处于某一行业的竞争企业，由于它们本身的特点和眼界不同，对环境的认识和理解是不同的，所以它们也不会具有绝对相同的外部环境。环境的这种唯一性特点要求企业的外部环境分析必须要具体情况具体分析，不但要把握住企业所处环境的共性，也要抓住其个性。同时，要求企业的战略选择不能套用现成的战略模式，要突出自己的特点，形成独特的战略风格。

3. 企业外部环境的层次性与整体性

依据与企业战略的直接相关程度，企业环境从层次上可分为微观环境和宏观环境两大类。前者直接与企业战略相联系，后者通过前者发生作用。但在实际中，这些不同方面和层次是相互交错、相互影响和相互制约的，很难划分清楚。它们结合成一个极其复杂的总体而客观存在于企业周围，制约和影响企业的活动。

4. 企业外部环境的变化性

随着社会经济和技术的发展，企业外部环境始终处于一个不稳定的状态中，不断地发展、变化着。有些变化是可预测的、是逻辑渐进式的，而有些变化是不可预测的、突发性的。

（三）企业外部环境分析的作用

通过外部环境分析，可制定出有利于企业生存和发展的战略。由于企业战略是企业为适应环境条件变化而确定的长期行动目标和经营方式，所以对企业外部环境的分析是企业战略管理的前提和基础。

首先，进行外部环境分析，企业既能了解整个客观环境的发展趋势，又能调查与企业经营关系更为紧密的微观环境动向。根据这些客观外界条件所制定出的战略才能适应环境要求，具有正确性和可行性。

其次，进行外部环境研究有助于企业发现市场机会，规避环境威胁。外部环境的分析既可以帮助企业识别机会、利用机会，在不稳定的环境中谋求企业稳定发展，同时也可以帮助企业克服环境变化的不利影响，化解或消除各种威胁，采取适当的经营战略，迎接挑战。

最后，进行外部环境分析能保证企业战略在适应环境变化的同时保持相对稳定性。环境变化频繁、复杂，而企业战略必须相对稳定。建立在环境分析基础上的企业战略，包括预见性，能够使企业以小变应大变，在变中求稳定、求发展。

（四）企业外部环境分析的程序

在进行外部环境分析时，首先要明确分析的目的是什么。目的是否明确，关系到分析的方向、内容和方法。在明确分析的目的后，环境分析可按照以下程序进行：①搜集企业环境的信息；②预测环境的变化趋势；③分析企业环境的机会与威胁；④归纳环境分析的结果，编写环境分析报告书。在报告书中，说明环境分析的目的和依据，针对未来环境中可能出现的威胁或机会，结合企业的现状，提出适应未来环境变化的设想。按照这样的程序，企业外部环境分析才能真正达到其预期目的，为企业点明外部环境变化中出现的机会和可能的威胁，支持企业战略的制定和实施。

二、企业的一般环境

(一) 社会文化环境

社会文化环境包括一个国家或地区的人口状况、居民教育程度和文化水平、审美观念、价值观念等。人口状况对企业战略的制定有重大影响。例如，人口总数直接影响着市场规模；人口的地理分布影响着企业的厂址选择；人口的性别比例和年龄结构在一定程度上决定了社会需求结构，进而影响社会供给结构和企业生产；文化水平会影响居民的需求层次；价值观念会影响居民对组织目标、组织活动及组织存在的态度；审美观念则会影响人们对组织活动内容、活动方式及活动成果的态度。

(二) 政治和法律环境

政治和法律环境包括一个国家的社会制度，执政党的性质，政府的方针、政策、法令等。企业必须通过政治和法律环境研究，了解国家目前禁止企业干什么、允许企业干什么、鼓励企业干什么，从而使企业活动符合社会利益，受到政府的保护和支持。

(三) 经济环境

企业的经济环境主要由社会经济结构、经济发展水平、经济体制和宏观经济政策四个要素构成。

1. 社会经济结构

社会经济结构指国民经济中不同的经济成分、不同的产业部门，以及社会再生产各个方面在构成国民经济整体时相互的适应性、量的比例及排列关联状况。社会经济结构主要包括五个方面的内容，即产业结构、分配结构、交换结构、消费结构、技术结构，其中最重要的是产业结构。

2. 经济发展水平

经济发展水平是指一个国家经济发展的规模、速度和所达到的水准。反映一个国家经济发展水平的常用指标有国民生产总值、国民收入、人均国民收入、经济发展速度、经济增长速度。

3. 经济体制

经济体制是指国家经济组织的形式。经济体制规定了国家与企业、企业与企业、企业与各经济部门的关系，并通过一定的管理手段和方法，调控或影响社会经济流动的范围、内容和方式等。

4. 经济政策

经济政策是指国家、政党制定的一定时期国家经济发展目标实现的战略与策略，它包括综合性的全国经济发展战略和产业政策、国民收入分配政策、价格政策、物资流通政策、金融货币政策、劳动工资政策、对外贸易政策等。

(四) 技术环境

企业生产经营过程是一定的劳动者借助一定的劳动条件生产和销售一定产品的过程。不同的产品代表着不同的技术水平，对劳动者和劳动条件有着不同的技术要求。技术进步了，可能使企业产品被反映新技术的竞争产品取代，可能使生产实施和工艺方法显得落后，可能使生产作业人员的操作技能和知识结构不再符合要求。因此，企业必须关注技术环境的变化，及时采取应对措施。研究技术环境，除了要考察与所处领域的活动直接相关的技术手段的发展变化外，还应及时了解国家对科技开发的投资和支持重点、该领域技术发展动态和研究开发费用总额、技术转移和技术商品化速度、专利及其保护情况等。

（五）自然环境

自然环境主要包括地理位置、气候条件及资源状况等自然因素。例如，企业是否靠近原料产地或产品销售市场，会影响到资源获取的难易和交通运输成本等。丰富的资源特别是稀缺资源的丰富蕴藏量不仅是国家或地区发展的基础，而且为所在地区经济组织的发展提供了机会。

三、企业的行业环境

企业是在一定行业中从事经营活动的。行业环境的特点直接影响着企业的竞争能力。美国学者波特认为，影响行业内竞争结构及其强度的主要有现有企业的竞争、潜在竞争者、替代品、供应商及用户五种环境因素，如图 4-5 所示。

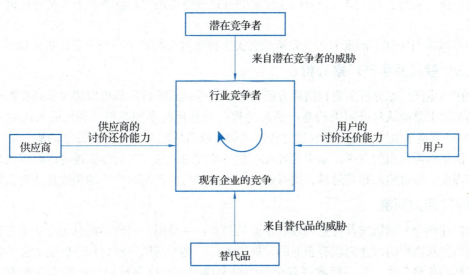

图 4-5　影响行业竞争的五种环境因素

（一）现有企业的竞争研究

企业面对的市场通常是一个竞争市场。从事同种产品的制造和销售的通常不止一家企业，多家企业生产相同的产品，必然会采取各种措施争夺用户，从而形成市场竞争。现有企业的竞争研究主要包括以下内容：竞争对手的数量，在哪些市场上活动，各自的规模、市场占有率、资金、技术力量如何，经常采取哪些竞争手段，竞争是否激烈。根据波特的观点，在判断现有企业竞争程度的发展动向时，要分析退出某一产品生产的难易程度。资产的专用性、退出成本的高低、心理因素、政府和社会的限制等可能妨碍企业退出某种产品的生产，导致本行业现有企业竞争的加剧。

（二）潜在竞争者研究

一种产品的开发成功会引来许多企业的加入。这些新进入者既可给行业注入新的活力，促进市场竞争，也会给原有厂家造成压力，威胁它们的市场地位。新厂家进入行业的难易程度通常受到以下因素的影响。

（1）规模经济。如果行业内的企业都达到了相当的规模，并通过规模经营获取了明显的成本优势，那么规模经济就会成为抵御潜在进入者的制约因素。

（2）产品差异化程度。差异化的本质是产品或服务所形成的对顾客需求的独特针对性。不同企业提供的产品并不是完全均质的，必然存在着某种程度的差异。企业的品牌、形象、独特质量和性能、产品组合、服务等，都可能成为差异化的来源，这些因素一旦获得了用户的广泛认同，甚至使用户产生了一定感情，那么新进入者要想把用户吸引过去，就需付出很大的代价。

（3）在位优势。这是指老厂家相对于新进入者而言所具有的综合优势。这种优势表现在多个方面。比如，原有企业已经拥有某种专利，从而可以限制他人生产相关产品；原有企业已经拥有一批熟练的工人和管理人员，从而具有劳动成本优势；原有企业已经建立了自己的进货渠道，从而不仅可以保证自己扩大生产的需要，甚至可以控制整个行业的原材料供应，限制新厂家的进入；原有企业已经建立的分销网络也能对新竞争者进入销售渠道形成某种障碍。

（4）政策与法律。国家的产业政策或有关法律法规也构成了一项重要的进入障碍。

（三）替代品生产厂家分析

替代品生产厂家分析主要包括两方面内容：一是确定哪些产品可以替代本企业提供的产品，这实际上是确认具有同类功能产品的过程；二是判断哪些类型的替代品可能对本企业（行业）经营造成威胁。这需要比较这些产品的功能实现能够给使用者带来的满足程度与获取这种满足所需付出的费用。如果两种可以相互替代的产品，其功能实现可以带来大致相当的满足程度，但价格却相差悬殊，则低价产品可能对高价产品的生产和销售造成很大威胁。

（四）用户研究

用户在两个方面影响着行业内现有企业的经营：一是用户对产品的总需求决定着行业的市场潜力，从而影响行业内现有企业的发展边界；二是不同用户的讨价还价能力会诱发现有企业之间的价格竞争，从而影响现有企业的获利能力。所以分析用户的能力需要考虑以下因素。

（1）购买量的大小。如果用户的购买量相对较大，是企业的主要顾客，其就拥有较强的价格谈判能力。

（2）企业产品的性质。如果企业提供的是一种无差异产品或标准产品，用户坚信可以很方便地找到其他供货渠道，其就拥有较强的价格谈判能力。

（3）用户后向一体化的可能性。后向一体化是指企业将其经营范围扩展到原材料、半成品或零部件的生产。如果用户是生产性企业，购买企业产品的目的在于再加工或与其他零部件组合，又具备自制的能力，则会经常以此为手段迫使供应者压价。

（4）企业产品在用户产品形成中的重要性。如果企业产品是用户产品的主要构成部分，或者对用户产品的质量或功能形成有重大影响，则用户可能对价格不甚敏感，这时其关注的首先是企业产品的质量及其可靠性；相反，如果企业产品在用户产品形成中没有重要影响，用户在采购时则会努力寻求价格优惠。

（五）供应商研究

企业生产所需的许多生产要素是从外部获取的。提供这些生产要素的供应商在两个方面制约着企业的经营：一是这些供应商能否根据企业的要求按时、按量、按质地提供企业所需生产要素，影响着企业生产规模的维持和扩大；二是这些供应商提供货物时所要求的价格决定着企业的生产成本，影响着企业的利润水平。所以，分析供应商的能力需要考虑以下因素。

（1）是否存在其他货源。企业如果长期仅从单一渠道进货，则其生产和发展必然在很大程度上受制于后者。

（2）供应商所处行业的集中程度。如果该行业集中度较高，由一家或少数几家集中控制，而与此对应，购买此种货物的客户数量众多、力量分散，则该行业的供应商将拥有较强的价格谈判（甚至是决定）能力。

（3）寻找替代品的可能性。如果替代品不易找到，那么供应商的价格谈判能力将是很强的。

（4）供应商前向一体化的可能性。如果供应商垄断、控制了供货渠道，有随时可以生产下游产成品的能力，则会经常以此为手段，给现有企业供货时，价格更高，其价格谈判能力将是很强的。

第三节 企业内部条件分析

一、企业的资源

企业在实施战略的过程中，必须对所属资源进行优化配置，才能充分保证战略的实现。

（一）资源的内容

1. 有形资产

有形资产是比较容易确认和评估的一类资产，一般可以从企业的财务报表上查到。但从战略的角度看有形资产的战略价值时，不仅要看到会计科目上的数目，而且要注意评价其产生竞争优势的潜力。换句话说，一种账面价值很高的实物资源，其战略价值可能并不大。实物资源的战略价值不仅与其账面价值有关，而且取决于公司的地理位置和能力，设备的先进程度和类型，以及它们能否适应产品和输入要素的变化。

2. 无形资产

无形资产是企业不可能从市场上直接获得，不能用货币直接度量，也不能直接转化为货币的那一类经营资产，主要包括公司的声望、品牌、文化、网络、技术知识、专利和商标，以及日积月累的知识和经验等。无形资产往往是企业在长期的经营实践中逐步积累起来的，虽然不能直接转化为货币，但却能给企业带来效益，因此同样具有价值。比如，在产品质量和服务对潜在的顾客利益的影响并不明显的行业，企业信誉和知名度往往是最重要的资源。此外，具有先进性、独创性和独占性特征的技术也是重要的无形资产，包括某种专利、版权和商业秘密，企业一旦掌握，就可以凭借这些无形资产去建立自己的竞争优势。

3. 人力资源

人力资源主要是指组织成员向组织提供的技能、知识，以及推理和决策能力。它是企业最重要的资源，也是一种特殊的资源，这种资源利用得好坏有两方面的影响因素：一是资源本身质量的好坏，人才的素质的好坏是决定企业经营好坏的重要因素，这和原材料、设备等资源一样，有着同样的特点；二是光有好的人才还不行，还必须有一系列外在因素，即有助于人才充分发挥其才能的机制和环境，这是其不同于一般资源的特殊性。对于人力资源，这两方面的因素必须同时具备，才能形成有效的人力资源投入。正是由于这种特殊性，企业应该更加重视人才战略，不仅要重视人才的占有，更应该重视人才才能的发挥。对于前者，企业应该加强人才开发和培训；对于后者，企业应该加强人才的使用和管理。

（二）战略与资源的关系

战略与资源的关系主要表现在以下几个方面。

（1）资源对战略的保证作用。战略与资源相适应的最基本的关系，是指企业在战略实施的过程中，应当有必要的资源保证。

（2）战略促进资源的有效利用。即使企业有充足的资源，也不是说企业就可以为所欲为。过度滥用企业资源，会使企业丧失既得利益，也会使企业丧失应该得到更多利益的机会。因此，企业采用正确的战略后，就可以使资源得到有效利用，发挥其最大效用。更有甚者，战略可以促使企业充分挖掘并发挥各种资源的潜力，特别是在人、财、物上体现出来的看不见的资源。

（3）战略可以促进资源的有效储备。由于资源是变化的，所以在企业实施战略的过程中，通过现有资源的良好组合，可以在变化中创造出新资源，从而为企业储备了资源。所谓有效储备，是使必要的资源以低成本、快速度、在适宜的时机来进行储备。

二、企业的能力

企业能力理论的出现源于对传统竞争战略管理理论不足的认识，认为企业的利润并非完全来自市场的机会、市场的发展状况和产业结构等外部因素，更重要的是来源于企业内部的资源和能力。以普拉哈拉德和加里·哈默尔为代表的企业能力理论注重对公司资源和能力的分析，强调从识别、培养、应用和提升企业内部生产经营及其过程中的独特能力出发，来制定和实施企业战略。

(一) 企业能力结构

企业具有多方面的能力，如技术能力、生产能力、销售能力，这些能力的总和构成企业经营能力体系。一般包括综合活动能力、直接活动能力和间接活动能力三个方面，见表4-1。

表 4-1 企业经营能力体系

企业经营能力体系	综合活动能力	经营政策	经营目的；经营方针；企业形象
		经营战略	经营预测；战略设想；战略选择；战略实施
		经营组织	经营者；经营机构；规章制度；企业文化
		经营计划	长期计划；中期计划；短期计划；目标管理
	直接活动能力	研究开发	R&D 投入；新产品开发情报；新产品计划；新产品设计
		市场销售	市场信息；产品市场构成；销售渠道；推销机构；物流系统；销售管理
		产品制造	生产场地；生产设备；工艺技术；生产管理；物资采购；生产组织
	间接活动能力	人事劳动管理	员工激励；绩效考评；工资津贴；人力资源开发
		财务管理	财务会计；资金筹措；资金周转；资金运用；财务信用
		行政总务管理	文书档案管理；后勤服务

(二) 企业关键能力

企业关键能力主要表现在以下几个方面。

(1) 采购与供应能力。具体包括：企业是否具备有利的供应地位，与自己的供应厂家关系是否协调，是否有足够的供应渠道保证，能否以合理的价格来获取所需的资源，等等。

(2) 生产能力与产品能力。具体包括：企业能否通过自己的产品去参加社会竞争满足环境的要求，企业的生产规模是否合理，生产设备、工艺是否能跟得上潮流，企业产品的质量、性能是否具有竞争力，产品结构是否合理，等等。

(3) 市场营销与促销能力。具体包括：企业是否具备了开发市场的强大实力，是否有一支精干的销售队伍，市场策略是否有效，等等。

(4) 财务能力。具体包括：企业的获利能力与经济效益是否处于同行业前列，企业的利润来源、分布及趋势是否合理，各项财务指标及成本状况是否正常，融资能力是否强大，等等。

(5) 人力资源能力。具体包括：企业的领导者、管理人员、技术人员等的素质是否一流，其知识水准、经验技能是否有利于企业的发展，其意识是否先进，企业的内聚力如何，等等。

(6) 技术开发能力。具体包括：企业的产品开发和技术改造力量是否具备，企业与科研单位、高校的合作是否广泛，企业的技术储备是否能在同行业中处于领先地位，等等。

(7) 管理经营能力。即企业决策能力、计划能力、组织能力、控制能力、协调能力、以及它们共同依赖的管理基础工作的能力,这些管理能力直接决定企业的人、财、物的潜力和潜在优势的充分发挥。要重点考察企业是否拥有一个运行有效、适应广泛的管理体系,企业对新鲜事物的灵敏度如何,反应是否及时、正确,企业内是否有良好的文化氛围,在企业内是否形成良好的分工与合作,能否进行有力的组织,等等。

(8)对时间、信息等无形资源的把握能力。具体包括:企业能否充分去获取、储备和应用各种信息,时间管理是否合理,等等。

三、资源的使用和控制能力

(一)战略资源的特点

具备一定的资源是企业开展经营活动的基础和前提,但资源本身并不能创造价值。这些资源能否产生竞争优势,取决于它们能否形成一种综合能力。这种能力是指在整个价值链活动中使资源不断增值的能力。战略资源必须具有以下特点。

(1)战略资源的流动方向和流动速度取决于战略规划的决定。

(2)企业中可支配的资源总量和结构具有一定的不确定性,在战略实施过程中,资源的稀缺程度、结构会发生各种变化。

(3)战略资源的可替代程度高。由于战略实施周期长,随着科学技术的进步,原来稀缺的资源可能会变得十分丰裕,也可能发生相反的变化。

(4)无形资源的影响程度难以准确地估价。例如,企业的信誉资源对企业获取公众的支持、政府的帮助会产生很大影响。正因为如此,企业的战略管理者在实施战略时,必须充分了解这些战略资源的内在特质,并做出适当的预防措施,这样方能保证战略的平稳运行。

(二)资源竞争能力的判断

资源竞争能力可以通过以下四项竞争价值来测试:

(1)这项资源是否容易被复制?一项资源的模仿成本和难度越大,它的潜在竞争价值就越大。难于复制的资源往往限制竞争,从而使资源所带来的利润具有持久性。资源可能会因为以下因素而变得难于复制:①资源本身的独特性(不动产的地理位置非常好、受到专利保护等);②它们的建立需要时日,而且难以加速建立起来(一个品牌名、对技术精湛的掌握等);③它们需要大量的建造资金。

(2)这项资源能持续多久?一项资源持续的时间越长,它的价值就越大。有些资源很快就会丧失其竞争价值,那是因为技术或行业的环境在快速地发生变化。

(3)这项资源能否真正在竞争中有上乘价值?所有的企业都必须防止盲目地相信它们的核心竞争能力或特异能力会比竞争对手更强。

(4)这项资源是否可以被竞争对手的其他资源/能力所抵消,即本企业资源的可替代性如何?一般来说,不可替代的资源对顾客来说有更大的价值,因而也就更有竞争优势。

第四节　现代企业的战略选择

一、竞争战略

（一）成本领先战略

成本领先战略是指企业通过降低自己的生产和经营成本，以低于竞争对手的产品价格，获得市场占有率，并获得同行业平均水平以上的利润的战略。

1. 成本领先战略的作用

（1）形成进入障碍。企业的生产经营成本低，便为行业的潜在进入者设置了较高的进入障碍。那些生产技术尚不成熟、经营上缺乏规模经济的企业都很难进入此行业。

（2）增强企业的讨价还价能力。企业的成本低，可以提高企业与供应者、企业与购买者的讨价还价能力，从而能够对抗强有力的供应者或购买者。

（3）降低替代品的威胁。企业的成本低，在与竞争者竞争时，仍旧可以凭借其低成本的产品和服务吸引大量顾客，降低或缓解替代品的威胁，使自己处于有利的竞争地位。

（4）保持领先的竞争地位。当企业与行业内的竞争对手进行价格战时，由于企业的成本低，可以在竞争对手毫无利润的水平上保持盈利，从而扩大市场份额，保持绝对竞争优势。

2. 成本领先战略实施的方法

（1）竞争对手成本分析法。成本领先战略寻求成本的相对优势，了解主要竞争对手的成本，使成本领先目标更具体、实施方向更明确。难点在于竞争对手的成本作为其商业秘密之一，是不易详知的。对于不同竞争对手，需区别对待。对于上市公司，可从其报表上分析得到；对于非上市公司，调查其供应、配套、用户等相关方，进行信息加工处理，间接得到。

（2）价值链分析法。顾客购买企业的产品，是看中了产品的价值，而产品的价值是由企业的一系列经营活动来赋予的。企业所有的互不相同但又相互关联的生产经营活动，便构成了创造价值的一个动态过程，即价值链。企业所创造的价值如果超过其成本，便有盈利；如果超过竞争对手的成本，便有竞争优势。价值活动分为三种类型：①直接活动，指的是直接创造竞争价值的活动，如零部件的机加工、产品设计、装配、广告等活动；②间接活动，指作用在直接活动上，使之继续进行的活动，如维修、销售管理、研究开发管理等活动；③质量保证活动，指确保其他活动质量的活动，如监督、指导、测试、检验、调试等活动。实施价值链分析法，需分析价值活动与产品价值的对应关系，以对产品价值的贡献大小来评价活动成本，对成本与价值不相符的活动进行调整。

3. 成本领先战略的风险

（1）技术的变化可能使过去用于降低成本的投资（如扩大规模、工艺革新等）与积累的经验一笔勾销。

（2）为降低成本而采用的大规模生产技术和设备过于专一化，适应性差。

（3）如果企业过分追求低成本，降低产品和服务质量，会影响顾客的需求，一旦顾客需求从注重价格转向注重产品的品牌形象，企业非但没有获得竞争优势，反而会处于劣势地位。

（4）当企业的产品或服务具有竞争优势时，竞争对手往往会采取模仿的办法，形成与企业相似的产品和成本，给企业造成困境。

（二）差别化战略

差别化战略是指提供与众不同的产品和服务，满足顾客的特殊需求，形成竞争优势的战略。企业形成这种战略主要是依靠产品和服务的特色，而不是产品和服务的成本。需要注意的是，差别化战略并不是说企业可以忽略成本，只是强调这时的战略目标不是成本问题。

1. 差别化战略的作用

（1）形成进入障碍。由于产品的特色，顾客对产品或服务具有很高的忠实程度，从而使该产品或服务具有强有力的进入障碍。潜在的进入者要与该企业竞争，则需要克服这种产品的独特性。

（2）降低顾客的敏感程度。由于差别化，顾客对该产品或服务具有某种程度的忠实性，当这种产品的价格发生变化时，顾客对价格的敏感程度不高。生产该产品的企业便可以运用差别化战略，在行业的竞争中形成一个隔离带，避免竞争者的伤害。

（3）增强讨价还价能力。差别化战略可以为企业带来较高的边际收益，降低企业的总成本，增强企业对供应者的讨价还价能力。同时，由于购买者别无其他选择，对价格的敏感程度又降低，企业可以运用这一战略削弱购买者的讨价还价能力。

（4）防止替代品的威胁。企业的产品或服务具有特色，能够赢得顾客的信任，便可以在与替代品的较量中比同类企业处于更有利的地位。

2. 差别化战略的途径

成功的差别化战略在于用竞争对手无法模仿或抗衡的方式为购买者创造价值。一般来说，有四种差别化途径来为购买者创造价值。

（1）提供能够降低购买者使用公司产品的总成本的产品属性和用户特色。主要包括：①减少购买者的废弃和原材料的浪费；②降低购买者的人工成本（减少购买所需要的时间、减少培训、降低技能要求）；③减少购买者的停工时间或闲置时间；④降低购买者的库存成本；⑤减少购买者的污染控制成本或废物处理成本；⑥降低购买者的采购和订货处理成本；⑦降低购买者的维护及修理成本；⑧降低购买者的安装、送货或融资成本；⑨降低购买者需要其他东西（能源、安全设备、安全人员、检修人员、其他工具和机械件）的必要性；⑩提高二手模型的折价价值；⑪降低购买者在产品出现意外故障情况下的更换或修理成本；⑫降低购买者需要技术人员的必要性；⑬提高购买者购买过程的效率。

（2）提高购买者能够从产品中得到的性能。主要包括：①提高可靠性、耐久性、方便和舒适性；②使公司的产品或服务比竞争对手的产品或服务更加清洁、更加安全、更加安静及需要的维修更少；③超过环境和管理方面的要求；④与竞争对手的产品或服务相比，更能满足购买者的需求和要求。

（3）能够从非经济或者无形的角度提高购买者的满意度。

（4）在能力的基础上展开竞争——通过竞争对手没有或不能克服的竞争能力来为顾客提供价值。战略制定的挑战是选择那些差别化的能力来开发。

3. 差别化战略的风险

企业在实施差别化战略时，面临几种风险：一是企业在进行差别化的过程中，需要进行广泛的研究开发、设计产品形象、选择高质量的原材料和争取顾客等工作，代价是高昂的，而购买者可能难以承受产品的价格或不愿意为具有差别化的产品支付较高的价格；二是竞争对手推出相似的产品，降低产品差别化的特色；三是竞争对手推出更有差别化的产品，使得企业的原有购买者转向了竞争对手的市场。

（三）集中化战略

集中化战略是指把经营战略的重点放在一个特定的目标市场上，为特定的地区或特定的购买者集团提供特殊的产品或服务。集中化战略与其他两个基本竞争战略不同。成本领先战略与差别化战略面向全行业，在整个行业的范围内进行活动。而集中化战略则是围绕一个特定的目标进行密集型的生产经营活动，要求能够比竞争对手提供更为有效的服务。企业一旦选择了目标市场，便可以通过产品差别化或成本领先的方法，形成集中化战略。也就是说，采用重点集中型的战略的企业，基本上就是特殊的差别化或特殊的成本领先企业。

1. 实施集中化战略的原因

实施集中化战略的原因包括以下四个方面。

（1）在相关市场内缺乏一个完善的产品系列。

（2）通往相关市场或在相关市场内的销售渠道体系不完善或不健全。

（3）现有市场潜力没有得到充分利用。

（4）竞争对手的销售缺口。

2. 集中化战略的作用

集中化战略与其他两个竞争战略一样，可以防御行业中的各种竞争力量，使企业在本行业中获得高于一般水平的收益。这种战略可以用来防御替代品的威胁，也可以针对竞争对手最薄弱的环节采取行动。

3. 集中化战略目标的选择

企业实施集中化战略的关键是选好战略目标。一般的原则是，企业要尽可能选择那些竞争对手最薄弱的目标和最不易受替代产品冲击的目标。在选择目标之前，企业必须确认：①购买群体在需求上存在的差异；②在企业的目标市场上，没有其他竞争对手试图采用集中化战略；③企业的目标市场在市场容量、成长速度、获利能力、竞争强度方面具有相对吸引力；④本企业资源实力有限，不能追求更大的目标市场。

4. 集中化战略的风险

（1）以较宽的市场为目标的竞争者采用同样的集中化战略，或者竞争对手从企业的目标市场中找到了可以再细分的市场，并以此为目标采用集中化战略，从而使原来采用集中化战略的企业失去优势。

(2) 由于技术进步、替代品的出现、价值观念的更新、消费者偏好变化等多方面的原因，目标市场与总体市场之间在产品或服务的需求上差别变小，企业原来赖以形成集中化战略的基础也就失掉了。

(3) 在较宽的范围经营的竞争对手与采取集中化战略的企业之间在成本上的差异日益扩大，抵消了企业为目标市场服务的成本优势，或者抵消了通过集中化战略而取得的产品差别化，导致集中化战略的失败。

二、成长战略

企业的一般战略主要是解决在所选定的行业或领域内如何与竞争对手展开有效竞争的问题。但仅此是不够的，随着企业规模的扩大和市场需求的变化，管理人员还必须解决企业如何进一步成长和发展的问题，比如下一步应选择哪些领域和行业、在已有的市场内如何扩大企业的市场份额、企业主要通过内部积累还是通过外部收购来寻求增长、企业在增长过程中是以本身的技术还是市场作为考虑的基点和核心等。毫无疑问，成长战略主要涉及战略的可选方向及其实现形式。

（一）集约性成长战略

集约性成长是指企业在原有生产范围内充分利用在产品和市场方面的潜力来求得成长和发展。主要有以下三种形式。

（1）市场渗透。所谓市场渗透，是指企业生产的老产品在老市场上进一步渗透，扩大销量。办法主要有三个：①尽量使老顾客增加购买数量，如增设销售网点、用作礼品等；②夺走竞争对手的顾客，这就要求自己的产品质量好、价格便宜、服务周到及广告做得好等；③争取一些潜在的新用户，如采取送样促销活动，激发他们对购买产品的兴趣。

虽然市场渗透可能给企业带来增加市场份额的机会，但能否采取这一战略不仅取决于企业的相对竞争地位，而且取决于市场的特性。

（2）市场开发。所谓市场开发，是指发展现有产品的新顾客群或新的地域市场，从而扩大产品销售量。市场开发包括进入新的细分市场，为产品开发新的用途，或者将产品推广到新的地理区域等。

能否采取市场开发战略来获得增长，不仅与所涉及的市场特征有关，而且与产品的技术特性有关。在资本密集型行业，企业往往有专业化程度很高的固定资产和有关的服务技术，但这些资产和技术很难用来转产其他产品，在这种情况下，企业的核心能力主要来源于产品，而不是市场。因此，不断通过市场开发来挖掘产品的潜力就是公司的首选方案。一些拥有技术诀窍和特殊生产配方的企业也比较适合采用市场开发战略。

（3）产品开发。所谓产品开发，是指在现有市场上通过改良现有产品或开发新产品来扩大销售量，这就要求增加产品的规格、式样，使产品具有新的功能和用途等，以满足目标顾客不断变化的要求。一般来说，技术和生产导向型企业更乐于通过产品开发来寻求增长，这些企业或者具有较强的研究和开发能力，或者市场开拓能力较弱。但无论出于何种原因，一旦产品开发获得成功，往往可以给企业带来较丰厚的利润。

然而，成功地进行产品开发并非易事，它往往伴有很高的投资风险。研究表明，对于新产品开发的失败率，消费品约为40%，工业品为20%，服务为18%。新产品开发失败的原因固然很多，如市场环境的急剧变化、新技术的出现及国际上发生重大政治事件等。但企业在整个开发过程中没有坚持正确的路线和原则也是非常重要的原因。一般地说，产品开发应遵循以下原则：一是在选择市场机会和设计产品时要充分重视市场的作用，更关心产品的市场定位，而不是强力推行某个管理和技术人员所喜欢的产品构思。二是从战略角度上看，企业应重点开发以其核心能力和技能为基础的产品，并以此构建其长期发展的技术基础。三是在产品开发过程中充分借鉴消费者、供应商、专业咨询机构和销售人员的意见。因此，企业必须注意和各方面保持密切联系，经常倾听他们的意见，并对这些意见进行归纳和分析，以发现新的市场机会。在这方面经常采取的方法有询问调查法、德尔菲法、头脑风暴法等。

（二）一体化成长战略

一体化成长战略是指企业充分利用自己在产品、技术、市场上的优势，根据物资流动的方向，使企业不断向深度和广度发展的一种战略。

1. 一体化成长战略的模式

（1）纵向一体化。即企业在两个可能的方向上去扩展其经营业务的一种战略，包括前向一体化和后向一体化。若向产品销售的方向发展，如组建自行销售产品或服务的网点，直接面向用户，或者将产品进行深度加工，提高其附加值后再销售等，称为前向一体化战略；若向原材料供应的方向发展，如自行组织生产本身所需的原材料、能源、包装器材等而不再向外采购，就称为后向一体化战略。

（2）横向一体化。即企业以兼并收购其同行业竞争对手去扩展经营业务，以促进企业实现更高程度的规模经济和迅速发展的一种战略。由于是同行业的企业，收购的结果并不改变企业原来所属的产业，但企业规模得以扩大，产品品种可能增多，产销量也将增大，盈利将增长。

2. 纵向一体化的作用

（1）一体化的经济利益。如果产量足以达到有效的规模经济，则最通常的纵向一体化战略是联合生产、销售、采购、控制和其他经济领域实现经济性。

①联合经营的经济。通过将技术上相区别的生产运作放在一起，企业可能实现高效率。

②内部控制和协调经济。如果企业是纵向一体化的，则安排、协调交货时间以及对紧急事件的反应的成本都可能降低。对生产进度表、交货时间表与维修活动的更好控制会提高原材料的更稳定的供应和畅通无阻的交货能力，这一切会提高企业的生产效率。

③信息经济。一体化经营可以减少搜集某些类型的市场信息的总成本。监控市场以及预测供给、需求、价格的固定成本可以由一体化企业的各个部分分摊，而在非一体化企业中将由各个实体承担。

④节约交易成本的经济。通过纵向一体化，企业可以节约市场交易的销售、谈判和交易成本。这主要是因为内部交易不需要任何销售力量和市场营销或采购部门，也不需要支出广告促销费用。

⑤稳定经济关系。由于上游与下游生产阶段都知道它们的采购和销售关系是稳定的，所以能够建立起彼此交往的更有效的专业化程式。同时，关系的稳定性将使上游单位可以微调

自己的产品（质量、规格方面），以使其适合下游单位的特殊要求，或者使下游单位对自身进行调节以更充分地适应上游单位的特点。这种调节可以使上下游单位的配合更为紧密，从而大大提高企业的整体效率。

（2）确保供给和需求。纵向一体化确保企业在产品供应紧缺时得到充足的供应，或者在总需求很低时能有一个产品输出渠道。但是，一体化能保证的需求量以下游需求单位所能吸收的上游单位的产量为限。很明显，下游单位这样做的能力依赖于竞争条件对下游单位的影响。如果下游单位的需求不旺，下游单位的销量也会很低，它对相应的内部供应商的产量需求也很低。因此，一体化战略只能减少企业随意终止交易的不确定性。

（3）抵消议价实力与投入成本扭曲。如果一个企业在与它的供应商或顾客做生意时，供应商或顾客有较强的议价能力，且它的投资收益超过了资本的机会成本，那么，即使整合不会带来其他益处，企业也值得整合。通过整合抵消议价实力不仅能降低供应成本（后向整合），或者提高价格（前向整合），而且企业通过消除与具有很强的实力的供应商或者顾客所做的无价值活动，会使企业的经营效率更高。

（4）歧异化能力。纵向一体化可以通过在管理层控制的范围内提供一系列额外价值来改进本企业区别于其他企业的能力。

（5）提高进入和移动壁垒。与没有纵向一体化的企业相比，整合企业通过纵向一体化可以得到某些战略优势，如较高的价格、较低的成本或较小的风险，从而提高产业的进入壁垒。没有纵向一体化的企业必须实施纵向一体化，否则就会面临劣势。如果纵向一体化产生很大的规模经济或资本需求壁垒，强迫性地纵向一体化就会增加产业中的移动壁垒。

（6）进入高回报产业。有时，通过纵向一体化，企业可以提高其总投资回报率。如果考虑一体化的生产阶段，具有可以为企业提供大于资本机会成本的投资回报结构，那么，即使一体化没有经济性，也是有利的。

（7）防止被封阻。如果竞争者是纵向一体化的企业，那么一体化就具有防御意义。竞争者的广泛一体化能够占用许多供应资源或者拥有许多称心的顾客和零售机会。在这种情况下，没有纵向一体化的企业面临着必须抢占剩余供应商和顾客的残酷局面。因此，为了防御的目的，一个企业必须纵向一体化；否则，就会面临被封阻的处境。

3. 横向一体化的作用

（1）规模经济。横向一体化通过收购同类企业达到规模扩张，这在规模经济性明显的产业中，可以使企业获取充分的规模经济，从而大大降低成本，取得竞争优势。同时，通过收购往往可以获取被收购企业的技术专利、品牌名称等无形资产。

（2）减少竞争对手。横向一体化是一种收购企业的竞争对手的增长战略。实施横向一体化，可以减少竞争对手的数量，降低产业内相互竞争的程度，为企业的进一步发展创造良好的产业环境。

（3）较容易的生产能力扩张。横向一体化是企业生产能力扩张的一种形式，这种扩张相对较为简单和迅速。横向一体化战略的成本主要包括管理问题和政府法规限制。

（三）多样化战略

1. 多样化战略的含义

美国最早研究多样化的学者戈特指出，多样化指企业产品的异质性增加。戈特强调的企业产品异质性不同于同一产品的细微差别化。把握多样化的概念，必须把握以下几个方面的问题。

（1）多样化实施主体问题，即谁进行了多样化。作为战略管理的研究对象，这里的多样化指的是企业的多样化，而不涉及地区产业结构的多样化。

（2）多样化不是产品细分化，而是跨产业的行为。戈特提到的"异质市场"，是将产品细分化归结在企业多样化之外。产品细分化也叫同一市场的细分化，在本质上是同一产品，并不是同一企业的异质产品进入了异质市场。多样化则是异质产品进入了异质市场。

（3）多样化是企业在不同产业中寻求发展的产业组合战略，在这种战略中，企业的产品或服务跨越了一个以上的产业。

2. 多样化战略的模式

（1）横向多样化。横向多样化是以现有的产品市场为中心，向水平方向扩展事业领域，也称水平多样化或专业多样化。横向多样化有三种类型。

①市场开发型，即以现有产品为基础，开发新市场。

②产品开发型，即以现有市场为主要对象，开发与现有产品同类的产品。

③产品、市场开发型，即以新开拓的市场为主要对象，开发新产品。这种战略由于是在原有的市场、产品基础上进行变革，所以产品内聚力强，开发、生产、销售技术关联度大，管理变化不大，比较适合原有产品信誉高、市场广且发展潜力还很大的大型企业。

（2）多向多样化。指通过虽然与现有的产品、市场领域有些关系，但是通过开发完全异质的产品、市场来使事业领域多样化。这种多向多样化包括以下三种类型。

①技术关系多样化。这是指以现有事业领域中的研究技术或生产技术为基础，以异质的市场为对象，开发异质产品。由于这种多样化利用了研究开发能力的相似性、原材料的共同性、设备的类似性，能够获得技术上的相乘效果，所以有利于大量生产，在产品质量、生产成本方面也有竞争力。而且，各种产品之间的用途越是不同，多样化的效果越是明显。但是，在技术多样化的情况下，一般来说销售渠道和促销方式是不同的。这对于市场营销的竞争是不利的。这种类型的多样化一般适合于技术密集度较高的行业中的大型企业。

②市场营销关系多样化。这是以现有市场领域的营销活动为基础，打入不同的产品市场。市场营销关系多样化利用共同的销售渠道、共同的顾客、共同的促销方法、共同的企业形象和知名度，因而具有销售相乘的效果。但是，由于没有生产技术、设备和原材料等方面的相乘效果，不易适应企业的变化，也不易应付全体产品同时老化的风险。这种类型的多样化适合于技术密集度不高、市场营销能力较强的企业。

③资源多样化。这是指以现有事业所拥有的物质基础为基础，打入异质产品、市场领域，求得资源的充分利用。

（3）复合多样化。这是从与现有的事业领域没有明显关系的产品、市场中寻求成长机会的策略，即企业所开拓的新事业与原有的产品、市场毫无相关之处，所需要的技术、经营方法、销售渠道等必须重新取得。复合多样化可以划分为四种类型。

①资金关系多样化。这是指一般关系的资金往来单位随着融资或增资的发展，上升为协作单位。

②人才关系多样化。当发现企业内部具有专利或特殊人才时，就利用这种专利或技术向

新的事业发展。

③信用关系多样化。这是指接受金融机构的委托，重建由于资本亏本濒临破产的企业或其他经营不力的企业。

④联合多样化。这是指为了从现在的事业领域中撤退或者为了发展为大型事业，采用资本联合的方式进行多样化经营。

3. 多样化战略的作用

多样化战略的作用包括以下几个方面。

（1）协同效应。协同效应是指两个事物有机结合在一起，发挥出超过两个事物简单总和的联合效果。企业采用多样化战略后，新老产品、新旧业务、生产管理与市场营销的各个领域，如果具有内在联系，存在着资源共享性，互相就能起促进作用。企业的协同效果表现在以下几个方面。

①管理上的协同效应。即生产的产品或经营的业务，在经营决策的基准上大致相同，对管理的方法或手段的安排比较一致。企业经营产品之间在管理上是否具有共享性是决定企业多样化战略成功与否的重要因素。如果企业新的业务领域与原有业务领域在经营管理上有很大区别，一方面，企业管理人员要花费大量的时间和精力去熟悉新产品、新业务；另一方面，企业决策者和管理人员往往习惯于将原有的一套经营经验和方法，不自觉地运用到新产品、新业务上，从而造成决策失误的可能性增大。

②市场营销上的协同效应。在不同的产品有共同的销售渠道和销售顾客时，往往会产生协同效应。老产品带动新产品的销售，新产品反过来又能为老产品开拓市场，从而增加销售总额。同时，由于面对共同的市场，企业不需要为新产品增加额外的销售费用，从而使企业单位营销成本降低。

③生产上的协同效应。如果新老产品在生产技术、生产设备、原材料及零部件的利用上具有类似性，那么，产品再生产上就会获取协同效应。

④技术上的协同效应。这里的技术主要指设计与开发技术。企业在实行多样化经营时，可以充分利用贯穿于这些产品之间的核心技术，从而大大减少新产品的研究开发费用，并提高新产品成功的概率。

（2）分散风险。企业经营得好坏不仅取决于企业管理者，还受宏观经济的影响。因此，多样化经营的一个非常重要的战略利益就是通过减少企业利润的波动来达到分散经营风险的目的。以此为目的而实行的多样化战略，应确立使企业风险最小、收益最大的产品组合。一般来说，企业应选择在价格波动上是负相关的产品组合，这样最有利于分散风险。而高度相关的产品组合，不利于分散经营风险。这种高度相关包括：所有产品都处于产品生命周期的同一阶段；所有产品都是风险产品或滞销产品；所有产品都存在对某种资源的严重依赖等。

（3）增强市场力量。实施多样化经营战略的企业拥有更强大的市场力量，可以通过以下三个机制来增强市场力量。

①掠夺性价格。实施多样化经营战略的企业可以凭借其在规模及不同业务领域经营的优势，在单一业务领域实行低价竞争，从而取得竞争优势。企业可以将价格定在竞争对手的成本以下，而通过其他业务领域来支持这一定价行动的损失，从而在这一时期挤垮竞争对手或迫使其退出此行业，为企业在此行业的长期发展创造良好的环境。

②互利销售。企业通过多样化经营可以实现互利销售，从而扩大企业市场份额。互利销售指企业可以与其主要客户签订长期合同，互相提供所需产品，以实现相互利益的最大化。

③相互制约。当一个多样化经营的企业与另一个多样化经营的企业竞争时，这两个企业可能会在多个市场上进行竞争，而这众多市场接触会减弱相互竞争的强度。如果一个企业在一个市场上采取进攻行动（如降价行动），很可能招致另一个企业在其他市场上的报复行动。因此，通过这种制约，企业可以在一个竞争相对缓和的环境中生存。

(4) 形成内部资本与人力资源市场的收益。企业在外部资本市场上筹集资金是要花费较高成本的，同时，还涉及资格审定等问题。因此，实行多样化战略的企业可以通过建立内部银行在其企业内部建立资本市场，通过资金在不同业务领域之间的流动来实现各业务领域的资金需求。

多样化经营的企业同样可以通过内部人力资源市场来促进人才的流动并节省费用。企业在外部市场上的招聘费用包括广告费、付给猎头公司的费用、为选择和面试应聘者所花费的时间成本等。而在内部人才市场上选择不仅可以节省费用，还可以更充分地掌握应聘者的信息，做出其是否胜任的正确决策。

(5) 有利于企业的继续成长。当企业面临一个已经成熟的甚至是衰退的行业时，急需在此行业中投入以获取增长是不明智的，为寻求企业的进一步成长，企业必须进入一个新行业。

4. 多样化战略的缺陷

多样化战略的缺陷包括以下几个方面。

(1) 管理冲突。由于企业在不同的业务领域经营，企业的管理与协调工作就大大复杂化了。因为不同的企业在管理方式、经营文化上都有很大差别，而在不同的领域内同时经营就又可能造成经营理念上的冲突，使管理效率大大降低。多样化经营企业内部管理的复杂化还表现在对不同业务单位的业绩评价、集权与分权的界定、不同业务间的协作等方面。

(2) 新业务领域的进入壁垒。多样化战略与纵向一体化战略同样需要克服产业进入壁垒，这就必须付出成本，如额外的促销费用等。同时，在一个企业完全陌生的新的产业环境中经营，往往会冒较大的风险。企业在刚刚进入一个产业时，不具备在此产业中的经营经验，缺乏必要的人才、技术等资源，因此很难在此产业中立足并取得竞争优势。

(3) 分散企业资源。企业的资源是有限的，这些资源包括资金、人才、设备、土地等有形资源，以及商誉、品牌、专有技术、管理能力、销售渠道等无形资源。实行多样化经营必然要分散企业的资源，从而对企业原有业务产生不利影响。如果企业在原有业务领域并未真正获得竞争优势就迫不及待地进入新的业务领域，就很容易使企业在新旧产业内同时陷入困境，造成经营上的失败。

本章思考题

1. 什么是企业经营战略？企业经营战略分为哪些类型？
2. 试述企业产品战略和竞争战略的含义及内容。
3. 试举出你所熟悉的某一企业成功战略模式。

第五章 人力资源管理

第一节 人力资源管理概述

一、人力资源的概念及构成

（一）人力资源的内涵

所谓人力资源，是指能够推动整个经济和社会发展的劳动者的能力，即处在劳动年龄之内的已直接投入建设和尚未投入建设的人口的能力。

人力的最基本方面包括体力和智力，如果从现实的应用形态来看，则包括体质、智力、知识和技能四个方面。

这里有必要将人口资源、人力资源、劳动力资源和人才资源相区别。人口资源是指一个国家或地区的以人口总数来表示的资源，它是其他几种资源的基础。劳动力资源是指一个国家或地区中具有劳动能力并愿意从事劳动以换取劳动报酬，并在法定的劳动年龄范围之内的人力资源。人才资源是指在一个国家或地区劳动力资源中具有某种突出能力、高智商、高素质、高技能的那部分人力资源。四者之间的数量和质量关系可用金字塔模型表示（图5-1）。

图5-1 人力资源的金字塔模型

（二）人力资源的构成

关于人力资源的构成，可以从数量和质量两方面来描述。

1. 人力资源数量

人力资源数量是对人在量上的规定，是指一个国家或地区拥有的有劳动能力的人口资源，亦即劳动力人口的数量，具体反映着由就业、求业和失业人口所组成的现实人力资源。劳动力人口数量的统计与不同国家对"劳动适龄人口"或"劳动年龄人口"的界定有关。

需要注意的是，在劳动适龄人口内部，存在着一些丧失劳动能力的病残人口；在劳动年龄人口之外，也存在着一批具有劳动能力、正在从事社会劳动的人口。因此，在计量人力资源数量时，应当对上述两种情况加以考虑，以对劳动适龄人口数量加以修正。

综上所述，一个国家或地区的人力资源数量由以下八个部分构成。

（1）处于劳动年龄、正在从事社会劳动的人口，它构成人力资源数量的主体，即"适龄就业人口"。

（2）尚未达到劳动年龄，已经从事社会劳动的人口，即"未成年劳动者"或"未成年就业人口"。

（3）已经超过劳动年龄，继续从事社会劳动的人口，即"老年劳动者"或"老年就业人口"。

（4）处于劳动年龄之内，具有劳动能力并要求参加社会劳动的人口，即"求业人口"或"待业人口"，与前几部分一起构成"经济活动人口"。

（5）处于劳动年龄之内，正在从事学习的人口，即"就学人口"。

（6）处于劳动年龄之内，正在从事家务劳动的人口，即"家务劳动人口"。

（7）处于劳动年龄之内，正在军队服役的人口，即"服役人口"。

（8）处于劳动年龄之内的其他人口。

这八部分的人口构成关系如图5-2所示。

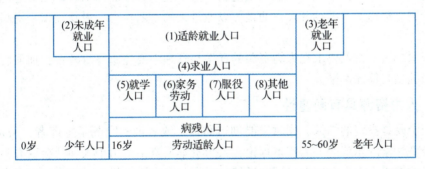

图 5-2　人口构成关系

2. 人力资源质量

人力资源质量是人力资源在质上的规定，具体反映在构成人力资源总量的劳动力人口的整体素质上，即指人力资源所具有的体质、智力、知识和技能水平以及劳动者的劳动态度，一般体现在劳动者的体质、文化、专业技术水平及劳动积极性上。

影响人力资源质量的因素主要有三个方面：①遗传和其他先天因素；②营养因素；③教育方面的因素。

一个国家或地区人力资源丰富程度不仅要用其数量计量，而且要用质量来评价。与人力资源的数量相比，其质量方面更为重要。人力资源的数量反映了可以控制物质资源的人数，而人力资源的质量则反映了可以具体控制哪种类型、哪种复杂程度、多大数量的物质资源的人员特征。随着社会生产的发展，现代的科学技术对人力资源的质量提出了更高的要求。人力资源质量的重要性还体现在其内部的替代性方面。

一般来说，人力资源的质量对数量的替代性较强，而数量对质量的替代作用较差，有时

现代企业管理

甚至不能替代。人力资源开发的目的在于提高人力资源的质量,为社会经济的发展发挥更大的作用。一个国家或地区的人力资源在一定的时间内是相对稳定的。

二、人力资源的特征

人力资源是进行社会生产最基本、最重要的资源,与其他资源相比较,它具有如下特点。

(一) 人力资源具有能动性

人力资源的能动性体现在三个方面:①自我强化。个人通过接受教育或主动学习,使得自己的素质(如知识、技能、意志、体魄等)得到提高。②选择职业。在人力资源市场中具有择业的自主权,即每个人均可按自己的爱好与特长自由地选择职业。③积极劳动。人在劳动过程中,会产生爱岗敬业精神,能够积极主动地利用自己的知识与能力、思想与思维、意识与品格,有效地利用自然资源、资本资源和信息资源为社会和经济的发展创造性地工作。

(二) 人力资源具有可再生性

人力资源的有形磨损是指人自身的疲劳和衰老,这是一种不可避免、无法抗拒的损耗;人力资源的无形磨损是指个人的知识和技能由于科学技术的发展而出现的相对老化。后者的磨损不同于物质资源不可继续开发,而是可以通过人的不断学习、更新知识、提高技能而持续开发。

人力资源的这一特点要求在人力资源的开发与管理中要注重终身教育,加强后期培训与开发,不断提高其德才水平。

(三) 人力资源具有两重性

人力资源既是投资的结果,同时又能创造财富,或者说,它既是生产者,又是消费者。根据美国经济学家舒尔茨的人力资本理论,人力资本投资主要由个人和社会双方,对人力资源进行教育的投资、卫生健康的投资和迁移的投资,人力资本投资的程度决定了人力资源质量的高低。由于人的知识是后天获得的,为了提高知识与技能,必须接受教育和培训,必须投入时间和财富,投入的财富构成人力资本的直接成本(投资)的一部分。人力资本的直接成本(投资)的另一部分是对卫生健康和迁移的投资。另外,人力资源由于投入了大量的时间接受教育用来提高知识和技能,而失去了许多就业机会和收入,这构成了人力资本的间接成本(即机会成本)。从生产与消费的角度来看,人力资本投资是一种消费行为,并且这种消费行为是必需的,先于人力资本收益,没有这种先期的投资,就不可能有后期的收益。另一方面,人力资源与一般资本一样具有投入产出的规律,并具有高增值性。研究证明,对人力资源的投资无论是对社会还是对个人所带来的收益要远远大于对其他资源投资所产生的收益。

(四) 人力资源具有时效性

人力资源的时效性指人力资源的形成、开发和利用都要受时间限制,且在能够从事劳动的不同年龄段(青年、壮年、老年),其劳动能力也不尽相同。此外,随着时间推移,科技不断发展，人的知识和技能相对老化而导致劳动能力相对降低。

（五）人力资源具有社会性

人受到其所在的民族（团体）的文化特征、价值取向的影响，因而在人与人交往、生产经营中，可能会因彼此行为准则不同而发生矛盾。人力资源的社会性特点要求人力资源管理中注重团队建设和民族精神，强调协调和整合。

三、人力资源管理的概念与发展

（一）人力资源管理的概念

人力资源作为最主要的资源，必须进行科学而有效的开发和管理，才可能最大限度地造福社会、造福人类。我们可以从以下两个方面去理解人力资源管理的含义。

1. 对人力资源外在要素——量的管理

社会化大生产要求人力与物力按比例合理配置，在生产过程中人力与物力投入在价值量上的比例是客观存在的。对人力资源进行量的管理，就是根据人力和物力及其变化，对人力进行恰当的培训、组织和协调，使二者经常保持最佳比例和有机的结合，使人和物都充分发挥出最佳效应。

2. 对人力资源内在要素——质的管理

质的管理指对人的心理和行为的管理。就人的个体而言，主观能动性是积极性和创造性的基础，而人的思想或心理活动和行为都是其主观能动性的表现。就人的群体而言，每一具体的主观能动性，并不一定都能形成最佳的群体效应。只有群体在思想观念上一致、在感情上融洽、在行动上协作，才能使群体的功能等于或大于个体功能的总和。

（二）人力资源管理的发展

人力资源管理经历传统人事管理、人力资源管理和战略性人力资源管理三个阶段。

在传统人事管理阶段，企业的人事管理职能主要是制度的执行，即按照国家劳动人事政策和上级主管部门发布的劳动人事管理规定、制度对职工进行管理，人事部门基本上没有对制度的制定调整权，难以根据实际情况对管理政策和制度进行及时调整，人事部门的地位不突出，趋同于一般的行政管理部门。

人力资源管理阶段可以看作人事管理向战略性人力资源管理的过渡阶段。处于这一阶段的人事管理部门有一定的管理自主权，可以根据企业的现状制定相应的人事管理制度并加以调整。该阶段的人事管理与传统的人事管理已经有了较大的不同，职务分析、人员测评、绩效评估等技术在实践中得以应用，薪资福利制度的设计灵活多样，科学的人事管理在整个企业管理中的作用和地位也日益凸显出来。企业高层管理者开始认识到，"管人"的人事管理部门与"管钱"的财务会计部门一样，是现代企业中必不可少的职能部门。为了与传统的人事管理相区别，很多企业把"人事部"更名为"人力资源管理部"。

在战略性人力资源管理阶段，人力资源管理职能与以前的人事管理相比有了"质"的飞跃，人力资源管理开始进入企业决策层，人力资源管理的规划和策略与企业的经营战略相契合。"人"作为一种资源，甚至作为核心资源，被纳入企业管理决策当中，这不仅使人力

现代企业管理

资源管理的优势得以充分发挥，更给企业的整个管理注入生机和活力，"以人为本"的管理思想开始得以体现。该阶段的人力资源管理职能包含了前两个阶段的管理职能，即形成了完整统一的人力资源管理体系。

从人力资源管理的三个阶段来看，我国企业的人力资源管理多数处于第二阶段，部分企业仍然停留在传统的人事管理阶段，少数企业进入战略性人力资源管理阶段。

四、人力资源管理的内容

在市场经济中，激烈的竞争迫使企业不断提高管理水平以求得生存和发展。自 2001 年我国加入世界贸易组织后，全球化的竞争让我国企业更加体会到了市场的无情。在改革开放中摸索了 40 多年，我国企业实行的从计划经济时期沿袭下来的人事管理办法已经无法适应时代的需要，当优秀的人才先后离开投奔那些"更有发展前途"的企业时，当企业与企业之间的人力资源劳动效率产生鲜明对比时，我国企业终于感受到因人力资源不足所带来的落差。

在这种背景下，战略性人力资源管理受到了企业界的欢迎，企业家希望借此能够给企业提供永恒的发展动力。图 5-3 从战略性人力资源管理的角度展示了人力资源管理的主要内容。

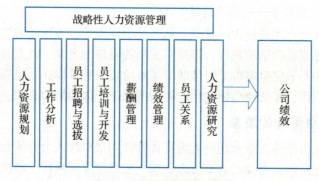

图 5-3　人力资源管理活动

第二节　人力资源规划

一、人力资源规划概述

（一）人力资源规划的概念

人力资源规划是根据组织的战略目标，科学预测组织在未来环境变化中人力资源的供给与需求状况，制定必要的人力资源获取、利用、保持和开发策略，确保组织对人力资源在数量上和质量上的需求，使组织和个人获得长远利益。

从这个定义我们可以看出：①人力资源规划是以组织的战略目标为依据。②组织战略目标的变化必将引起组织内外人力资源供需的变化，人力资源规划就是要对人力资源供需状况进行分析预测，以确保组织在近期、中期和长期对人力资源的需求。③一个组织应制定必要的人力资源的措施，以确保组织对人力资源需求的如期实现。④人力资源规划要使组织和个体都得到长期的利益。

（二）人力资源规划的内容

人力资源规划包括两个层次，即总体规划与各项业务计划。人力资源总体规划是有关计划期内人力资源开发利用的总目标、总政策、实施步骤及总预算的安排。人力资源规划各项业务计划包括人员补充计划、人员使用计划、人员接替与提升计划、教育培训计划、评估与激励计划、劳动关系计划、退休解聘计划等。这些业务计划是总体规划的展开和具体化，见表5-1。

表5-1 人力资源规划及其各项业务计划

计划类别	目标	政策	预算
总规划	绩效、人力资源总量、素质、员工满意度	扩大、收缩、改革、稳定	总预算：×××万元
人员补充计划	类型、数量对人力资源结构及绩效的改善等	人员标准、人员来源、起点待遇等	招聘、选拔费用：××万元
人员使用计划	部门编制、人力资源结构优化、绩效改善、职务轮换	任职条件、职务轮换、范围及时间	按使用规模、类别及人员状况决定工资、福利
人员接替与提升计划	后备人员数量保持、改善人员结构、提高绩效目标	选拔标准、资格、试用期、提升比例、未提升人员安置	职务变化引起的工资变化
教育培训计划	素质与绩效改善、培训类型与数量、提供新人员、转变员工劳动态度	培训时间的保证、培训效果的保证	教育培训总投入、脱产损失
评估与激励计划	离职率降低、士气提高、绩效改善	激励重点、工资政策、奖励政策、反馈	增加工资、奖金额
劳动关系计划	减少非期望离职率、雇佣关系改善、减少员工投诉与不满	参与管理、加强沟通	法律诉讼费
退休解聘计划	减少编制、劳务成本降低、生产率提高	退休政策、解聘程序等	安置费、人员重置费

（三）人力资源规划的过程

人力资源规划可分为六个步骤，如图5-4所示。

第一步：提供基本的人力资源信息，这一阶段是后面各阶段的基础，因此十分关键。

第二步：进行人力资源全部需求的预测，即利用合适的技术和信息估计在某一目标时间内企业或组织所需要人员的数量。

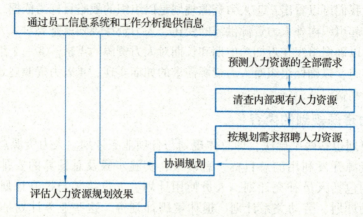

图 5-4 人力资源规划制定的步骤

第三步：在全体员工和管理者的密切配合下，清查和记录企业或组织内部现有的人力资源情况。

第四步：确定招聘的人员数，即把全部需要的人员数减去内部可提供的人员数，其差值就是需要向社会招聘的人员数。

第五步：把人力资源规划和企业的其他规划相协调。

第六步：对人力资源规划的实施结果进行评估，用评估的结果去指导下一次人力资源规划。

人力资源规划的每一个步骤都依赖于第一步，即通过员工信息系统和工作分析提供的信息。

二、人力资源需求预测

（一）人力资源需求预测的含义

预测就是根据过去和现在的已知因素，运用人们的知识、经验和科学方法，对未来进行预先估计，并推测事物未来发展趋势的活动过程。人力资源预测包括需求预测和供给预测。

人力资源需求预测是指企业为实现既定目标而对未来所需员工的数量、质量和种类进行的估算。在进行人力资源需求预测时，首先要预测企业的产品或服务需求。然后将这一预测转换为为满足产品或服务需求而产生的对员工的实际需求。

（二）人力资源需求预测方法

1. 德尔菲法

德尔菲法又称专家意见法，主要是依据专家的知识、经验和分析判断能力，对人力资源的需求情况进行预测。

用该方法进行预测时，首先要组成专家小组，人数一般在 20 人左右，各位专家只与专门人员联系，然后按照一定的程序进行预测。预测程序主要包括以下几步。

（1）提出所要预测的对象以及有关要求，必要时附上有关这一问题的背景资料给各位专家。

(2) 各位专家根据所掌握的资料和经验提出自己的预测意见，并说明主要是使用哪些资料提出预测值的，这些意见要以书面的形式反馈给专门的组织人员。

(3) 将各位专家的第一次预测值和说明列成一张表格，并再次分发给各位专家，以便他们将自己的意见和他人意见进行比较，修改自己的意见和判断。

(4) 将所有专家的修改意见列在一张修正表格内，分发给各位专家做第二次或多次修改，最后综合各位专家的意见便可获得可靠的预测值。

2. 工作负荷法

工作负荷法是指按照历史数据，先计算出某一特定工作每单位时间（如每天）的每人工作负荷（如产量），再根据未来的生产量目标预算出要完成的工作量，然后根据前一标准折算出所要的人力资源数。

【例5-1】某工厂新设一车间，其中有四类工作，现拟预测未来3年操作所需的最低人力数。

解：第一步：根据现有资料得知这四类工作所需的标准任务时间为：0.5、2.0、1.5、1.0 小时/件。

第二步：估计未来3年每一类工作的工作量（产量），见表5-2。

表5-2　某工厂新设车间的工作量估计　　　　　　　　　　　　单位：件

	第一年	第二年	第三年
工作1	12 000	12 000	10 000
工作2	95 000	100 000	120 000
工作3	29 000	34 000	38 000
工作4	8 000	6 000	5 000

第三步：折算为所需工作时数，见表5-3。

表5-3　某工厂新设车间的工作时数估计　　　　　　　　　　　单位：小时

	第一年	第二年	第三年
工作1	6 000	6 000	5 000
工作2	190 000	200 000	240 000
工作3	43 500	51 000	57 000
工作4	8 000	6 000	5 000

3. 趋势分析法

趋势分析法需要确定企业中哪一种因素与劳动力数量的构成关系最大，然后找出过去这一因素随雇员人数的变化趋势，由此推断出将来的变化趋势，进而得出未来所需劳动力的数量。趋势分析法的前提是企业发展比较稳定，而且预测者拥有过去一段时间的历史数据资料。

趋势分析法以时间或产量等单个因素作为自变量，劳动力数量为因变量，并且假设一段时间内人力的增减趋势保持不变，一切内外影响因素均保持不变。这是比较简单的方法。预测者必须拥有过去一段时间的历史数据资料，然后用最小平方法求得趋势线，将这趋势线延长，就可预测未来的数值。

三、人力资源供给预测

（一）人力资源供给预测的含义

人力资源供给预测是预测在某一未来时期，企业或组织内部所能供应的（或经培训可能补充的）及外部劳动力市场所提供的具有一定数量、质量和结构的人员，以满足企业为达成目标而产生的人员需求。

（二）人力资源供给预测的方法

人力资源供给包括内部与外部供给两个方面。一般来说，首先要进行内部人力资源供给的预测，以确定对外部人力资源的需求。对于内部人力资源，不仅要研究现有人员的情况，更要预测在将来某一时刻，经过升迁、内部流动、离职后，企业或组织内还存在多少人力资源可供利用。

人力资源内部供给预测方法主要有现状核查法、管理人员替代法和马尔可夫模型等。

1. 现状核查法

现状核查法是对企业现有人力资源的质量、数量、结构及在各职位上的分布状态进行核查，以掌握企业拥有的人力资源具体情况，为企业人力资源决策提供依据。

2. 管理人员替代法

管理人员替代法是一种主要针对企业或组织管理人员供给预测的简单而有效的方法，它记录各个管理人员的工作绩效、晋升可能性和所需要的培训等内容，由此来确定每个关键职位的接替人选，评价接替人选目前的工作情况是否达到提升的要求，确定其职业发展需要，并使个人的职业目标与组织的目标相吻合。

3. 马尔可夫模型

马尔可夫模型是用来预测等时间间隔点上（一般为一年）各类人员分布状况的一种动态预测技术，这是从统计学中借鉴过来的一种定量预测方法。它的基本思想是找出过去人力资源流动的比例，以此来预测未来人力资源供给的情况。

使用马尔可夫模型进行人力资源供给预测的关键是确定出人员转移率矩阵，而在实际预测时，由于受各种因素的影响，人员转移率是很难准确确定出来的，往往都是一种大致的估计，因此会影响到预测结果的准确性。

四、人力资源供求平衡的调整

人力资源供给与需求的关系有供需平衡、供不应求、供过于求、结构失衡（某类人员供不应求，某类人员供过于求）。

人力资源供需平衡就是企业通过增员、减员和人员结构调整等措施，使企业人力资源从供需不等达到供需相等的状态。人力资源供需平衡的决策如图5-5所示。

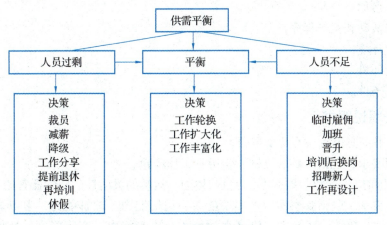

图 5-5　人力资源供需平衡

第三节　工作分析

一、工作分析的概念与基本术语

(一) 工作分析的概念

工作分析是对企业中某个特定工作职务的目的、任务或职责、权力、隶属关系、工作条件、任职资格等相关信息进行收集与分析,以便对该职务的工作做出明确的规定,并确定完成该工作所需要的行为、条件、人员的过程。它是人力资源管理中必不可少的环节。工作分析的结果是形成工作描述与任职说明。

(二) 工作分析的基本术语

工作要素:工作中不能再分解的最小动作单位。
任务:为了实现某种目的所从事的一系列活动。
责任:个体在工作岗位上需要完成的主要任务或大部分任务。
职位:根据组织目标为个人规定的一组任务及相应的责任。
职务:一组重要责任相似或相同的职位。

二、工作分析的内容

工作分析的目的是确定职务所需承担的任务、职责和责任,以保证企业管理者科学、合理地分配各项工作,做到人事匹配。概括起来,工作分析的内容包括工作描述和任职说明书两个部分。

(一) 工作描述

工作描述主要包括以下内容。

(1) 工作名称。
(2) 工作活动和工作程序。
(3) 物理环境。
(4) 社会环境。
(5) 聘用条件。

(二) 任职说明书

任职说明书主要包括以下几个方面。

(1) 一般要求，包括年龄、性别、学历、工作经验。

(2) 生理要求，包括健康状况、力量与体力、运动的灵活性、感觉器官的灵敏度。

(3) 心理要求，包括观察能力、集中能力、记忆能力、理解能力、学习能力、解决问题能力、创造性、数学计算能力、语言表达能力、决策能力、交际能力、性格、气质、兴趣、爱好、态度、事业心、合作性、领导能力等。

三、工作分析的程序

工作分析的程序就是对工作进行全方位评价的过程，一般分为准备阶段、调查阶段、分析阶段、完成阶段。这四个阶段关系密切、相互联系、相互影响，如图5-6所示。

图 5-6　工作分析的程序

(一) 准备阶段

(1) 组织由工作分析专家、岗位在职人员、上级主管参加的工作小组。

(2) 研究调查和分析对象的样本，同时考虑样本的代表性。

(3) 利用现有文件与资料（如岗位责任制、工作日记等）对工作的主要任务、主要责任、工作流程进行分析总结。

(4) 把各项工作分解为若干工作元素和环节，确定基本难度。

(5) 提出原任职说明书主要条款存在的不清楚、模棱两可的问题，或对新岗位任职说明书提出拟解决主要问题。

(二) 调查阶段

调查阶段是工作分析的第二个阶段，主要任务是对整个工作过程、工作环境、工作内容和工作人员等主要方面做全面调查。

(三) 分析阶段

(1) 仔细审核、整理获得的各种信息。

(2) 创造性地分析、发现有关工作和工作人员的关键成分。

(3) 归纳、总结出工作分析的必需材料和要素。

（四）完成阶段

完成阶段的任务就是根据工作分析规范和信息编制职务描述书与任职说明书。

四、工作分析的方法

工作分析内容确定之后，应该选择适当的工作分析方法。工作分析方法有问卷法、面谈法、现场观察法和关键事件记录法等。在实践中，各种方法各有特点，工作分析人员可以根据所分析岗位上工作的性质、目的选择适当的方法，也可以将几种方法结合起来使用。

（一）问卷法

通过精心设计的工作分析问卷可以获得大量的信息。问卷调查要求在岗人员和管理人员分别对各种工作行为、工作特征和工作人员特征的重要性和频次做出描述或打分评级，然后对结果进行统计与分析。

问卷调查法比较规范化、数据化，但是它的设计比较费工夫，且由于它属于"背靠背"的方法，不易了解被调查者的工作态度与工作动作等较深层次的内容。

（二）面谈法

工作分析专家和任职者面对面地谈话，主要围绕以下内容。

(1) 工作目标。组织为什么要设立这一工作，根据什么确定对此工作的报酬。

(2) 工作内容。任职者在组织中有多大的作用，其行动对组织产生的后果有多大。

(3) 工作的性质与范围，这是面谈的核心。该工作在组织中的关系，其上下属职能关系，所需的一般技术知识、管理知识、人际关系知识、需要解决的问题的性质以及自主权。

(4) 所负的责任。涉及组织、战略决策、执行等方面。

面谈需要专门的技巧，工作分析专家一般都要接受专门的训练。另外，这种方法耗时很多，因此成本很高。面谈时应注意以下几点：

(1) 尊重被调查者，接待要热情，态度要诚恳，用语要适当。

(2) 营造一种良好的气氛，使被调查者感到轻松愉快。

(3) 调查者对被调查者应启发、引导，对重大问题应尽量避免发表个人的观点与看法。

（三）现场观察法

现场观察法是指在工作现场运用感觉器官或其他工具，观察员工的工作过程、行为、内容、特点、性质、工具、环境等，并用文字或图表形式记录下来，然后进行分析与归纳总结。

1. 现场观察法的使用原则

(1) 观察人员的工作应相对稳定，即在一定的时间内，工作内容、工作程序、对工作人员的要求不会发生明显的变化。

(2) 适用于大量标准化的、周期较短的、以体力活动为主的工作，不适用于脑力活动为主的工作。

(3) 要注意作为样本的工作行为的代表性，有时，有些行为在观察过程中可能未表现出来。

(4) 观察人员尽可能不要引起被观察者的注意，不应干扰被观察者的工作。

(5) 观察前要有详细的观察提纲和行为标准。

2. 现场观察法的观察提纲（表 5-4）

表 5-4　工作分析观察提纲（部分）

被观察者姓名：　　　　　　　　　　　　　日期：
观察者姓名：　　　　　　　　　　　　　　观察时间：
工作类型：　　　　　　　　　　　　　　　工作部分：
地点：
观察内容：
1. 什么时候开始正式工作？＿＿＿＿＿
2. 上午工作多少小时？＿＿＿＿＿
3. 上午休息几次？＿＿＿＿＿
4. 第一次休息时间从＿＿＿＿＿到＿＿＿＿＿。
5. 第二次休息时间从＿＿＿＿＿到＿＿＿＿＿。
6. 上午完成产品多少件？＿＿＿＿＿
7. 平均多长时间完成一件产品？＿＿＿＿＿
8. 与同事交谈几次？＿＿＿＿＿
9. 每次交谈约多长时间？＿＿＿＿＿
10. 室内温度＿＿＿＿＿℃。
11. 上午喝了几次水？＿＿＿＿＿
12. 什么时候开始午休？＿＿＿＿＿
13. 出了多少次品？＿＿＿＿＿
14. 搬了多少次原材料？＿＿＿＿＿
15. 工作地噪声＿＿＿＿＿分贝。

（四）关键事件记录法

关键事件是指使工作成功或失败的行为特征或事件。关键事件记录包括以下几个方面：①导致事件发生的原因和背景；②员工特别有效或多余的行为；③关键行为的后果；④员工自己能否支配或控制上述后果。

例如，一项有关销售的关键事件记录，总结了销售工作的 12 种行为。

(1) 对用户、订货和市场信息善于探索、追求。

(2) 善于提前做出工作计划。

(3) 善于与销售部门的管理人员交流信息。

(4) 对用户和上级都忠诚老实，讲信用。

(5) 能够说到做到。

(6) 坚持为用户服务，了解和满足用户的要求。

(7) 向用户宣传企业的其他产品。

(8) 不断掌握新的销售技术和方法。

(9) 在新的销售途径方面有创新精神。
(10) 保护公司的形象。
(11) 结清账目。
(12) 工作态度积极主动。

第四节　员工招聘

一、招聘概述

(一) 招聘的概念

现代人力资源管理中的招聘是指为了实现企业目标和完成任务，由人力资源管理部门和其他部门按照科学的方法，运用先进的手段，选拔岗位所需要的人力资源的一个过程。

招聘的任务就是依据科学的方法，按照一定的程序，根据企业当前和未来的需要，进行选拔人才和调整人才。

(二) 招聘的原因

招聘的原因包括：①新的企业或组织成立；②企业或组织发展了，规模扩大；③现有的岗位空缺；④现有岗位上的人员不称职；⑤突发的雇员离职造成的缺员补充；⑥岗位原有人员晋升，形成空缺；⑦机构调整时的人员流动；⑧为使企业的管理风格、经营理念更具活力，而必须从外面招聘新的人员。

(三) 招聘的意义

在当前企业的竞争就是人才竞争的背景下，作为人才输入环节的招聘的重要性不言而喻。招聘的意义可以概括为以下几个方面。

(1) 关系到企业的生存和发展。招聘的结果表现为企业是否获得所需要的优秀人才，而人才是企业生存发展的第一要素，只有拥有高素质的人才，企业才能繁荣昌盛，才能在竞争中立于不败之地。这一点在服务性企业中表现得特别明显。

(2) 一个好的招聘可以确保员工素质的优良。招聘工作是人力资源系统的输入环节，其质量的高低直接影响着企业人才输入和引进的质量，是人力资源管理的第一关口。

(3) 影响企业的人员流动率。一个有效的招聘系统将使企业获得胜任工作并对所从事的工作感到满意的人才，从而减少企业的人员流动。否则，将会使企业中存在大量不称职的员工或产生很高的人员流动率，从而使企业经营活动遭受损失。

(4) 直接影响人力资源管理的费用。有效的招聘工作能使企业招聘活动的开支既经济又有效，而且由于招聘到的员工能胜任工作，又能减少培训与能力开发的支出。

(5) 影响企业的外部形象。一次成功的招聘活动就是企业的一次成功的公关活动，就是对企业形象的绝好宣传。

（四）招聘的原则

人员招聘与配置是确保企业或组织生存与发展的一项重要的人力资源管理职能。如图 5-7 所示，在进行人员招聘时，企业或组织应遵循择优原则、公平原则、科学原则和效率原则等四个基本原则。

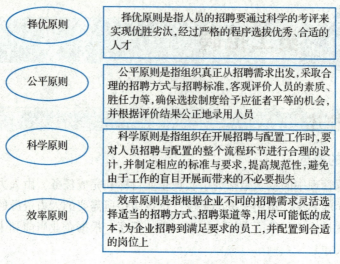

图 5-7 员工招聘原则

（五）招聘的程序

员工招聘包括制订招聘计划、发布招聘信息、应聘者提出申请、接待和甄别应聘人员、发出录用通知书、评价招聘效果。

1. 制订招聘计划

招聘计划应在人力资源计划基础上产生，具体内容包括：确定本次招聘的目的，描述应聘职务和人员的标准和条件，明确招聘对象的来源，确定传播招聘信息的方式，确定招聘组织人员，确定参与面试人员，确定招聘的时间和新员工进入组织的时间，确定招聘经费预算等。

2. 发布招聘信息

发布招聘信息是指利用各种传播工具发布岗位信息，鼓励和吸引人员参加应聘。在发布招聘信息时应注意以下几点。

（1）信息发布的范围。信息发布的范围取决于招聘对象的范围，发布信息的面越广，接收到该信息的人就越多，应聘者就越多，招聘到合适人选的概率就大；但费用支出相应也会增加。

（2）信息发布的时间。在条件允许、时间允许的情况下，招聘信息应尽早发布，以缩短招聘进程，同时也有利于使更多的人获取信息，从而增加应聘者。

（3）招聘对象的层次性。组织要招聘的特定对象往往集中于社会的某个层次，因而要根据应聘职务的要求和特点，向特定层次的人员发布招聘信息，比如招聘计算机方面的专业人才，可以在有关计算机专业杂志上发布招聘信息。

3. 应聘者提出申请

此阶段是从应聘者角度来说的。应聘者在获取招聘信息后，向招聘组织提出应聘申请。应聘申请通常有两种方式：一是通过信函向招聘单位提出申请；二是直接填写招聘组织应聘申请表（网上填写提交或到招聘组织填写提交，申请表范样见表5-5）。无论哪种方式，应聘者应提供以下个人资料。

(1) 应聘申请表，且必须说明应聘的职位。
(2) 个人简历，着重说明学历、工作经验、技能、成果、个人品格等信息。
(3) 各种学历的证明，包括获得的奖励、证明（复印件）。
(4) 身份证（复印件）。

4. 接待和甄别应聘人员

此阶段实质是对职务申请人的选拔过程，具体包括如下环节：审查申请表—初筛—与初筛者面谈、测验—第二次筛选—选中者与主管经理或高级行政管理人员面谈—确定最后合格人选——通知合格入选者健康检查。

此阶段一定要客观与公正，尽量减少面谈中各种主观因素的干扰。

5. 发出录用通知书

此阶段是招聘单位与入选者正式签订劳动合同并向其发出上班试工通知的过程。录用通知中通常应写明入选者开始上班的时间、地点与向谁报到。

6. 评价招聘效果

这是招聘活动的最后阶段，主要对本次招聘活动进行总结和评价，并将有关资料整理归档。评价指标包括招聘成本的核算和对录用人员评估。这两类指标分别从招聘的成本和质量来衡量招聘效果，若在招聘费用支出低的情况下，能招聘到高质量的人才，则表明本次招聘效果好。

表5-5　××××公司应聘申请表

应聘职位：

姓名		性别		出生年月		政治面貌		照片
学历		毕业院校				专业		
职称		现从事的专业/工作						
现工作单位				联系电话				
通讯地址				邮编				
家庭地址				身份证号码				
掌握何种外语				程度如何有无证书				
技能与特长				技能等级				
个人兴趣			身高	米	体重	千克	健康状况	

续表5-5

个人简历									
欲离开原单位的主要原因					现在的工资				
欲加入本单位的主要原因									
收入期望		元/年	可开始工作的日期						
晋升期望（职位、时间）									
培训期望（内容、日期、时间）									
其他期望									
家庭成员情况									
备 注									

自愿保证：本人保证表内所填写内容真实，如有虚假，愿受解职处分。

申请人签名：　　　　日期：

以上所述是一般的员工招聘程序，组织宜根据实际情况对其中的某些环节进行简化，以提高招聘效率和效果。

二、招聘与录用的过程

（一）招聘流程模型分析

雇员的聘用过程大都可以分为循序渐进的几个阶段，在每一个阶段都要采取适当的行动。这些阶段和连带的相应行动也可以说是招聘工作的组成部分。图5-8所示的模型归纳了这些招聘工作的组成部分以及各步骤的一般结果。

图5-8　招聘流程模型

从招聘工作的模型中可以看出,配备员工的工作从求职者和某一组织之间的互动开始。在对外招聘过程中,求职者寻找可以为之工作的组织以及该组织中的就业机会;组织则为填补眼前或者即将出现的空位寻找求职者。所以在工作中求职者和招聘组织就是整个招聘过程的局中人,互相影响制约,直到整个过程结束。

人员招聘与录用工作过程具体包括:招聘、选拔与测试、录用与评估等方面。

一般情况下,组织占据了强势地位。如果招聘地区的失业率偏高,招聘的组织往往会盯住标准不放。有的时候,求职者具有一定的优势,在招聘过程中可以向组织要价。另外,求职者和组织都有许多可供选择的对象,双方在招聘工作中的地位比较对等,此情况也常存在。

征召活动是所有招聘工作的起始阶段。此时,组织和求职者都想借助征召活动识别对方,吸引对方。双方都通过一定的信息渠道交换信息,处于一种相互磨合的阶段。

在经过一系列的面试、测验之后,招聘行动进入准雇用阶段。此时一般进行的是雇用合同的签订、适应性培训等。招聘活动以人员进入编制为结束阶段,整个过程一般不超过50天。

(二) 招聘过程

雇员聘用的基本程序包括招聘决策、招聘信息发布、招聘测试、评估、人事决策几个步骤。

1. 招聘决策阶段

招聘决策是指企业中最高管理层关于重要工作岗位的招聘和大量工作岗位的招聘的决定过程。个别不重要的工作岗位招聘,不需要经过最高管理层的决定。招聘决策的好坏直接影响以后招聘的步骤。招聘的决策关系到企业的人才流动计划,而且还是以后工作的发端,不允许有重大的失误和疏漏。大量的或重要的员工招聘一般均由最高管理层决定。招聘工作会给现职员工带来一种压力:一是新进员工会带来新的竞争;二是招聘的岗位为员工带来了新的挑战,这就有利于对雇员的激励。

招聘决策一般遵循以下原则。

(1) 可招可不招时尽量不招;可少可多时尽量少招。招聘来的人一定要充分发挥其作用,企业是创造效益的集合体,贯彻招聘中的少而精原则才是核心。

(2) 招聘决策时一定要树立"宁缺毋滥"的观念。也就是说,一个岗位宁可暂时空缺,也不要让不适合的人占据。只有贯彻公平竞争原则,才能吸引真正的人才,才能起到激励作用。

2. 招聘信息发布阶段

一旦决定招聘人员,就应该迅速发布招聘信息。发布招聘信息就是向可能应聘的人群传递企业将要招聘的信息。这直接关系到招聘的质量,应引起有关方面的充分重视。

一般来说,发布招聘信息的面越广,接收到该信息的人就越多,应聘的人也越多,这样可能招聘到合适人选的概率就越大。在条件许可的情况下,招聘信息应该尽量早地向人们发布,这样有利于缩短招聘进程,而且有利于使更多的人获取信息,增加应聘人数。

为使专业的人员得到最直接的信息提示,减少中间的渠道,招聘信息发布时,要根据招聘岗位的特点，向特定层次的人员发布招聘信息。在一些专业期刊上发布招聘信息往往可以很快得到反馈。

3. 招聘测试阶段

招聘测试是指在招聘过程中，运用各种科学方法和经验方法对应聘者加以客观鉴定的各种方法的总称。应聘者个体之间的差异可以通过各种方法加以区别，这为招聘测试奠定了基础。

4. 评估阶段

此阶段是对招聘中的各环节进行跟踪监督，以期达到预期的标准。一般这种评估可以分为数量监测、质量评估、效率衡量三个方面。

判断招聘数量的一个明显的方法就是看职位空缺是否得到满足，雇用率是否真正符合招聘计划的设计。衡量招聘质量是按照企业的长、短期经营指标来分别确定的。在短期计划中，企业可根据求职人员的数量和实际雇用人数的比例来认定招聘质量的状况。在长期计划中，企业可根据接受雇用的求职人的转换率来判断招聘的质量。当存在很多影响转换率和工作绩效的因素时，对质量的评估效果往往不理想。

衡量招聘效率的一个重要指标是费用水平。招聘的费用开支可用多种方式进行分析，人均聘用成本是其中重要的一种。

5. 人事决策阶段

人事决策概念比较空泛，广义上可以指有关人力资源开发与管理各方面的决策。主要包括：岗位定员决策、岗位定额决策、工资报酬决策、职务分类决策、员工培训决策、劳动保护决策、人事任免决策等。

但通常人事决策所指的即为一种——人事任免决策，也就是指决定让什么人从事哪一项工作。

最后环节通常也是最重要的一环。如果以上几个步骤都准确无误，但是最终人事决策错了，企业依然招聘不到理想的员工。一个正规的人事决策的做出往往遵循下列程序：对比招聘决策指标→参考测试的结果→初步确定人选→程序分析、移交、管理。

三、招聘模式

内部招聘渠道最主要的是职位公告和职位投标、职位技术档案以及雇员推荐三种。

外部招聘的渠道可谓多种多样，企业应根据具体情况做出灵活的选择。比较重要的有随机求职者和被推荐者、招聘广告、就业机构、校园招聘、网络招聘等。

四、招聘与录用评价

招聘活动对企业来说实际上只存在两个方面的影响：一是对招聘成本的影响；二是应聘者对空缺职位的适应性，即被录用员工的未来工作绩效。因此，招聘与录用效果的评价也是围绕着这两个方面来进行的。

（一）成本评估

招聘成本评估是指对招聘中的费用进行调查、核实，并对照预算进行评价的过程。招聘成本评估是鉴定招聘效率的一个重要指标。如果成本低，录用人员质量高，就意味着招聘效率高；反之，则意味着招聘效率低。从另一个角度来看，成本低，录用人数多，就意味着招聘效率高；反之，则意味着招聘效率低。

招聘工作结束之后，要对招聘工作进行核算。招聘核算是对招聘的经费使用情况进行度量、审计、计算、记录等的总称。在招聘过程中发生的各种费用，我们可以称之为招聘成本。对招聘核算的过程，实际上也就是对招聘成本的核算过程。

1. 招聘成本

招聘成本是为吸引和确定企业所需内外人力资源而发生的费用，主要包括招聘人员的直接劳务费用、直接业务费用（如招聘洽谈会议费、差旅费、代理费、广告费、宣传材料费、办公费、水电费等）、间接费用（如行政管理费、临时场地及设备使用费）等。因此，招聘成本的计算公式如下：

$$招聘成本 = 直接劳务费 + 直接业务费 + 间接管理费 + 预付费用$$

2. 选拔成本

选拔成本由对应聘人员进行鉴别选择，以做出决定录用或不录用这些人员时所支付的费用构成。一般情况下，主要包括以下几个方面。

（1）初步口头面谈，进行人员初选。
（2）填写申请表，并汇总候选人员资料。
（3）进行各种书面或口语测试，评定成绩。
（4）进行各种调查和比较分析，提出评论意见。
（5）根据候选人员资料、考核成绩、调查分析评论意见，召开负责人会议讨论决策录用方案。
（6）最后的口头面谈，与候选人讨论录用后职位。
（7）获取有关证明材料，通知候选人体检。
（8）在体检后通知候选人录取与否。

3. 录用成本

录用成本是指经过招募选择后，把合适的人员录用到某一企事业单位中所发生的费用。录用成本包括录取手续费、调动补偿费、搬迁费和旅途补助费等由录用引起的有关费用。这些费用一般都是直接费用。被录用者职务越高，录用成本也就越高。从企业内部录用职工仅是工作调动，一般不会再发生录用成本。

4. 安置成本

安置成本是为安置已录取员工到具体的工作岗位上时所发生的费用。安置成本由为安排新员工的工作所必须发生的各种行政管理费用、为新员工提供工作所需要的装备条件，以及录用部门因安置人员所损失的时间成本而发生的费用构成。被录用者职务的高低对安置成本的高低有一定的影响。

5. 适应性培训成本

适应性培训成本是企业对上岗前的新员工在企业文化、规章制度、基本知识、基本技能等基本方面进行培训所发生的费用。适应性培训成本由培训和受培训者的工资、培训和受培训者离岗的人工损失费用、培训管理费用、资料费用和培训设备折旧费用等组成。

（二）录用人员评估

录用人员评估是指根据招聘计划对录用人员的质量和数量进行评价的过程。

判断招聘数量的一个明显的方法就是看职位空缺是否得到满足，雇用率是否真正符合招聘计划的设计。

衡量招聘质量是按照企业的长、短期经营指标来分别确定的。在短期计划中，企业可根据求职人员的数量和实际雇用人数的比例来认定招聘质量。在长期计划中，企业可根据接受雇用的求职者的转换率来判断招聘的质量。主要指标如下：

（1）录用比。

$$录用比 = 录用人数/应聘人数 \times 100\%$$

（2）招聘完成比。

$$招聘完成比 = 录用人数/计划招聘人数 \times 100\%$$

（3）应聘比。

$$应聘比 = 应聘人数/计划招聘人数$$

如果录用比小，相对来说，录用者的素质较高；反之，则较低。

如果招聘完成比等于或大于100%，则说明在数量上全面或超额完成招聘计划。

如果应聘比较大，说明发布招聘信息效果较好，同时说明录用人员可能素质较高。

除了运用录用比和应聘比这两个数据来反映录用人员的质量，也可以根据招聘的要求或工作分析中的要求对录用人员进行等级排列来确定其质量。

第五节 绩效考核和薪酬管理

一、绩效考核

（一）绩效与绩效考核

现代企业的利益主体是多元化的，企业的持续发展依赖于多方面利益相关者的协调和均衡，无论哪一个利益主体都不是企业存在的唯一原因。利益相关者包括：①投资者和股东；②生产所需要原材料的供应商；③管理者和雇员；④社区和政府；⑤有购买货物或服务意向的顾客。

一个有效而成功的组织不应仅为一部分利益相关者的利益服务，而要在顾客、股东和雇员这三个关键的利益相关者之间取得平衡，只有符合利益相关者利益的行为才称得上是"绩效"。因此，绩效是指人们所做的同组织目标相关的、可观测的、具有可评议要素的行为，这些行为对个人或组织效率具有积极或消极的作用。

绩效考核就是收集、分析、评价和传递有关某一个人在其工作上的工作行为和工作结果方面的信息情况的过程。绩效考核是评价每一个员工工作结果及其对组织贡献大小的一种管理手段，每一个组织都在进行着绩效考核。

利用目标管理将组织目标分解到个人，从而绩效考核也落实到个人。一个员工的个人绩效的好坏不足以对组织绩效产生严重的影响，但绩效考核是以组织绩效为中心展开的。近年来比较流行的做法是将组织目标逐层分解到岗位，并确定相关岗位的关键绩效指标，然后以此为依据对员工个人进行绩效考核。

（二）影响员工绩效的因素

影响员工绩效的因素有很多，图5-9反映了绩效形成的过程和影响因素。

员工的工作结果是个人特征和个人行为的最终体现，员工只有具有某些个人的特征，采取正确的行为，其工作才能达到预期结果。组织目标和环境对员工绩效也有影响。组织目标对员工工作行为起着导向和激励作用，同时也决定了组织采用什么样的指标对员工进行考核。组织环境虽然只是影响员工绩效的外部环境，但对于员工工作业绩的实现起着不容忽视的作用，如生产设备、技术、工艺流程、市场环境，甚至政府经济政策等都可能对员工绩效产生影响。在绩效诊断过程中，管理者首先要审视是否是外部环境对员工实现绩效目标有阻碍作用，并首先排除这些阻碍；否则，不但不能改善绩效，还会影响绩效管理体系的公平性，进一步影响员工的工作积极性。

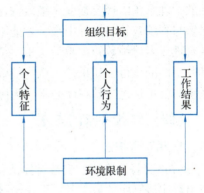

图5-9 绩效形成过程和影响因素

（三）有效绩效考核体系的标准

绩效考核体系的有效性可以通过以下五个标准衡量。

1. 目标一致性

有效的绩效管理系统首先应该是与组织的目标、战略联系在一起的。绩效管理系统的考核内容、考核标准必须随组织目标和战略的变化而变化，以保证绩效管理系统的有效性。

2. 明确性

组织要通过明确的绩效标准让员工清楚地知道组织对员工的预期是什么，以及如何才能达到绩效目标。明确具体的绩效标准可以使绩效考核更加客观公正。绩效标准越明确，对员工的指导和规范作用就越大，就越有助于员工的工作活动与组织目标要求相一致。为此，绩效标准应该尽量用量化的方式表示，对于难以量化的应该尽量量化。

3. 效度

绩效管理系统的效度是指绩效管理系统对于与绩效有关的所有方面进行评价的程度。有效的绩效管理系统应该能够衡量出工作绩效的各个方面，即绩效评价指标应该包括与工作绩效有关的各个方面；同时，与绩效无关的内容不应该列入评价范围之内，因为对与绩效无关的方面进行评价会对员工的行为产生误导作用。

4. 信度

信度是指绩效管理系统对于员工绩效评价的一致性程度。信度包括两方面含义：一是指评价人之间的一致性程度，即不同的评价人对于同一员工的绩效的评价结果应该是一致的或相似的；二是指再测信度，即不同时间对同一员工的绩效的评价结果应该是一致的或者相似的。

5. 公平与可接受性

绩效管理系统是否有效，最终取决于组织以及组织成员（包括评价人和被评价人）对绩效管理系统的接受程度。绩效沟通、绩效反馈、绩效辅导发挥作用的前提是组织成员都积极参与到绩效管理过程中来，才能不断地改善绩效，实现组织目标；否则，员工就会拒绝绩效管理或者对绩效管理敷衍了事。绩效管理系统的可接受性在很大程度上取决于组织成员对其公平性的认可，如果员工认为绩效管理系统是公平的，他们就愿意接受该系统。绩效管理系统的公平性意味着程序公平、人际公平、结果公平三个方面。

（四）绩效考核的方法

1. 相对考核法

（1）交替排序法。交替排序法就是考核者首先在被考核的员工中找出最优者，然后再找出对比最鲜明的最劣者；下一步接着找出次优者、次劣者；如此循环由易渐难，绩效中等者较为接近，必须仔细辨别直到全部排完为止。

（2）因素排序法。将考评内容抽象为若干个因素，对各因素分别进行排序，然后将考核者各因素得分相加，再进行排序。

（3）配对比较法。配对比较法要求考核者（或管理者）将每一个员工与工作群体中的其他员工逐一比较，按照配对比较中被评价为较优的总次数来确定等级名次。

（4）强制分布法。强制分布法是按照事物"两头小，中间大"的分布规律，先确定好各等级在总数中所占的比例。

2. 绝对考核法

（1）关键事件法。记录与员工工作成败密切相关的关键行为，用被考核者所获得的关键行为总分数来评价工作绩效的方法。

（2）图表评价尺度法。图表评价尺度法是一种最常用的绩效管理方法，该方法首先挑选出对企业成功有利的一些特征，并对其进行界定或分级，确定评价尺度，对照图表评价尺度，从中圈出与被评价者所具有的特性程度最为相符的分数。其主要步骤如下：①选择绩效评价要素；②限定不同绩效等级的评价标准和分数；③直接由上级根据图表对员工进行评价。

（3）行为锚定等级评价法。通过建立与不同绩效水平相联系的行为锚定来对绩效维度加以具体界定。在同一个绩效维度中存在着一系列的行为事例，每一种行为事例分别表示某一维度中的一种特定绩效水平。

（4）评语法。评语法是考核者撰写一段评语对被考核者进行评价的方法。这种方法集中倾向在员工工作中的突出行为，而不是日常的业绩。

（五）绩效考核的实施与执行

1. 绩效考核结果的处理

绩效考核结果的处理就是通过对考核实施所获得的数据进行汇总、分类，利用数理统计方法进行加工、整理，以及得出考核结果的过程。

2. 绩效信息的反馈

通常采用面谈方式向员工反馈绩效信息。在面谈中管理者需要把握以下的原则。

（1）对事不对人，根据绩效考核的结果数据进行基础谈话。

（2）反馈要具体，不要泛泛的、抽象的一般性考核来支持结论，援引数据，列举实例，让员工心服。

（3）不仅找出员工的绩效缺陷，更重要的是诊断出原因。

（4）要保持双向沟通。

（5）落实改进的行动计划。

3. 绩效考核系统的效果评价

绩效考核工作是一项复杂的工作，在实际工作中会出现许多误差。首先是方法，其次是考评者的主观因素。具体来说表现在以下方面：缺乏客观性、晕轮效应、过高或者过低评价、集中趋势、近期行为偏见、个人偏见等。

二、薪酬管理

管理者必须在工作与奖励之间建立恰当的联系，有效的奖励可以引导员工努力工作。员工最关心的莫过于自己的报酬，如果优秀的人才觉得自己的所得不如自己的付出，或者不如其他同类企业相同职位的工资，就很有可能心生不满，对工作不认真，甚至做出离职的决定，这对企业来说是一个重大的损失。因此，员工的薪酬管理如何才能更有效，也是企业人力资源竞争力的一个方面。

（一）薪酬的有关术语

1. 薪酬

薪酬是指员工向其所在组织提供劳动或劳务而获得所在组织给予的直接货币和间接货币形式的回报。它主要包括工资、奖金、津贴与补贴、股权、福利等具体形式。支付方式有以工资、奖金、红利等为表现的直接货币报酬和以保险、休假等为表现的间接货币报酬。其实质体现了市场的公平交易，是员工向组织让渡其劳动或劳务使用权的价格表现。

2. 工资

工资是组织付给员工为其完成工作任务的基本现金报酬。它是薪酬系统最基本的部分。基本工资一般反映了工作的价值，而不反映同一工作的员工差异。工资可分为固定工资、计时工资和计件工资三种。

（1）固定工资。指企业按周、月、季、年的固定日期支付给员工相对固定数量的现金报酬。

(2) 计时工资。指企业根据员工工作时间（一般以小时为单位）支付给员工较为稳定比例的现金报酬。

(3) 计件工资。指企业根据员工完成任务的数量支付给员工较为稳定比例的现金报酬。

3. 奖金

奖金是指组织由于员工超额劳动或有杰出的表现和贡献而支付给员工工资以外的报酬。奖金与绩效直接挂钩，是对员工的一种额外奖励。

4. 佣金

佣金是指由于员工完成某项任务而获得的一定比例的（常常以金钱作为基数单位）现金报酬。

5. 福利

福利是指组织为其员工所提供的除工资、奖金以外的一切补充性报酬，它往往不以货币形式直接支付，而以实物或服务形式支付。

（二）薪酬系统的组成

薪酬系统由直接薪酬和间接薪酬所组成。直接薪酬可分为工资和奖金，间接薪酬是指福利，具体如图5-10所示。

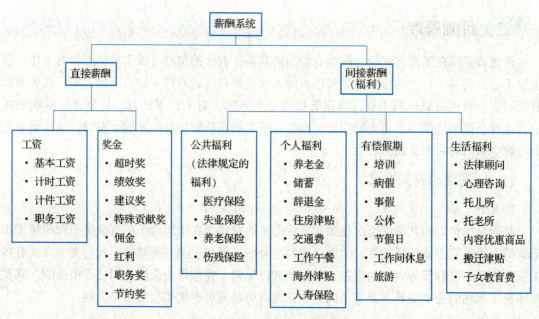

图 5-10　薪酬系统的组成结构

（三）薪酬系统的功能

1. 维持和保障功能

对员工而言，薪酬系统具有维持和保障功能。劳动是员工脑力和体力的支出，员工作为组织劳动力要素的供应者，组织只有给予足够的补偿，才能使其不断投入新的劳动力。这种补偿既包括员工消费必要的能够实现劳动力正常再生产的生活资料，也包括员工知识更新所需要支付的学习、培训、进修等方面的费用。

2. 激励功能

薪酬系统的激励功能与人力资源管理的总功能是一致的，即能够吸引企业所需的人力资源，激发他们强烈的工作动机，鼓励他们创造优秀的业绩，并愿意持久地为本企业努力工作。

（四）薪酬管理

1. 薪酬管理的概念和内容

薪酬管理是指组织通过与员工互动、了解员工需要，建立一套完善、系统、科学、高效的薪酬制度体系，以达到吸引、留住和激励员工，进而达到组织获利、提高组织竞争力目的的一系列管理活动。

薪酬管理主要包括以下三个环节的内容。

（1）确定薪酬管理目标。薪酬管理目标根据组织战略确定，具体包括：①建立稳定的员工队伍，吸引高素质人才；②激发员工的工作热情，创造高绩效；③努力实现组织目标和员工个人发展目标的协调。

（2）制定薪酬政策。薪酬政策指管理者对薪酬管理运行的目标、任务和手段的选择和组合，是组织在员工薪酬上所采取的方针政策。组织薪酬政策主要包括以下内容。

①薪酬成本投入政策。根据组织发展的需要，采取扩张/紧缩劳动力成本策略，或者采取扩张/紧缩哪类劳动力成本策略。

②选择合理的薪酬制度。根据组织的实际情况，采取稳定员工收入的策略，还是激励员工绩效的策略。前者多实行等级或岗位工资制度，后者常采用绩效工资制度。

③确定组织的薪酬水平及薪酬结构。采取高额薪酬、均等化薪酬策略，或者低额化薪酬策略。前者要加大高级员工比例，提高其薪资水平；后者要缩减高薪人员比例，降低员工薪资水平。具体的选择要综合考虑三个因素：该水平薪酬是否能够留住组织优秀人才；组织对该水平薪酬的支付能力；该水平薪酬是否符合组织的发展目标。所谓薪酬结构，指组织员工之间的各种薪酬比例及其构成，主要包括：组织薪酬成本在不同员工之间分配；职务和岗位工资率的确定；员工基本、辅助和浮动工资的比例以及基本工资和奖励工资的调整等。报酬多了会使不称职员工不努力工作，少了会使高素质的人才外流，因此，给予员工最大激励和公平付薪是薪酬管理的原则。

（3）薪酬的控制与调整。薪酬的控制与调整通过制定薪酬计划实现，薪酬计划是组织薪酬政策的具体化。所谓薪酬计划，是组织预计要实施的员工薪酬支付水平、支付结构及薪酬管理重点等。

2. 薪酬管理的设计原则

企业薪酬制度的确立与实施对调动企业员工的积极性、创造性有着极大的促进作用。而要做到这一点，在进行薪酬制度设计时，必须体现以下原则。

（1）战略导向原则。企业的薪酬体系构建要与企业发展战略有机地结合起来，使企业的薪酬体系成为实现企业发展战略的重要杠杆之一。在企业不同的生命周期阶段，因为外部市场环境的变化和企业自身优劣势的转变，企业会制定不同的发展战略，企业战略的调整必然导致薪酬体系的调整或重建。

（2）公平原则。企业员工对薪酬分配的公平感，也就是对薪酬发放是否公正的判断与认识，是企业管理者在设计薪酬制度和进行薪酬管理时需要首先考虑的因素。

薪酬的公平性可以分为三个层次：

①外部的公平性。指同一行业、同一地区或同等规模的不同企业中，类似职务的薪酬应当基本相同。这是因为对任职者的知识、技能与经验的要求相似，他们的各自贡献也应相似。

②内部公平性。指同一企业中不同职务所获薪酬应与各自的贡献成正比例。只要比值基本一致，便是公平的。

③个人公平性。这涉及同一企业中占据相同岗位的人所获薪酬间的比较。

为了保证企业薪酬制度的公平性，管理者要注意下列几点：一是企业的薪酬制度要有明确一致的原则做指导，并有统一的、可以说明的规范做依据。二是薪酬制度要有民主性和透明性。当一般员工能够了解和监督薪酬政策与制度的制定和管理，并有一定参与和发言权时，猜疑与误解便易于消释，不公平感也就显著降低。三是领导要为员工创造机会均等、公平竞争的条件，并引导员工把注意力从结果均等转到机会均等上来。如果机会不均等，单纯的收入与贡献比相等，并不能代表公平。

（3）竞争性原则。竞争性原则是指在社会上和人才市场中，企业的薪酬标准要有吸引力，这样才能战胜其他企业，招聘到所需人才。究竟应将本企业摆在市场价格范围的哪一段，当然要视本企业财力、所需人才获得性的高低等具体条件而定。企业要有竞争力，薪酬水平至少不应低于人才市场平均水准。

（4）激励性原则。激励是薪酬最关键的功能。薪酬设计的激励性原则包括两层含义：一是要求企业尽可能地满足员工的实际需要，因为不同的员工需求各异，同样的激励在不同的时期和不同的环境中对同一员工起到的激励作用也不同。二是薪酬系统在各岗位或职务的薪酬标准上要设定合理的差距，要与员工的能力、绩效、岗位的责任标准等结合起来。由于员工之间存在着个人能力、职位和岗位职能之间的差别，在设计薪酬系统时可以考虑不同员工群体之间的差异而采用不同的薪酬模式，如面向中高层管理人员的年薪制、面向销售员工的底薪加奖金提成的模式。

（5）经济性原则。企业满足薪酬设计的激励性和竞争性原则的通常做法是提高薪酬标准，但是这样做往往提高了企业的人工成本。所以，企业的管理者在薪酬设计时考虑的因素不应仅是薪酬系统的吸引力，还应当考虑企业的财务承受能力。对企业来说，薪酬标准不是越高越好，合理的薪酬制度应该是在有限的资源和资金内寻求一种最有效的薪酬和福利组合，以确保在最低的成本下保持本企业在人才市场的竞争力和员工的高满意度。

（6）合法性原则。企业必须严格遵守和执行国家和地方的与薪酬有关的法律法规，如关于最低工资的规定、禁止使用童工等的相关规定，这是任何一个企业在设计薪酬系统时所必须遵循的原则。

3. 薪酬设计的程序

薪酬设计的程序如图5-11所示。

（1）制定薪酬的原则和策略。企业薪酬策略是企业人力资源策略的重要组成部分，需要根据企业的使命、愿景和核心价值观等制定员工的薪酬原则和策略。薪酬策略作为薪酬设计的纲领要对以下内容做出明确规定：对员工本性的认识，对员工总体价值的认识，对管理骨干、专业技术人才和营销人才的价值估计等核心价值观，企业基本工资制度和分配原则，企业工资分配政策和策略。

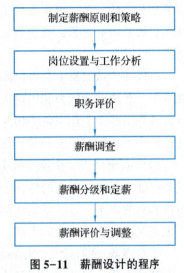

图5-11 薪酬设计的程序

（2）岗位设置与工作分析。岗位设置要分析研究的内容：通过对工作内容、责任者、工作岗位、工作时间、怎样操作以及为何要这样做等进行分析，然后将该职务的任务要求和责任、权力等方面进行书面描述。工作分析主要从两方面入手：一是工作描述，即对职务的名称、职责、工作程序、工作条件和环境等方面进行一般性说明；二是对工作者的要求，即通过职务描述，进一步说明担负某一职务工作的员工所必须具备的资格条件。

（3）职务评价。

①职务评价的目的：比较企业内部各个职务的相对重要性，得出职务等级序列；为进行薪酬调查建立统一的职务评估标准。

②职务评价的主要步骤：确定评价的目的；确定评价的方案，明确职务评价的战略导向，选取标杆职务，使用单一职务评价方案或多种方案。

③职务评价的方法：职务评价的方法分为量化评价法和非量化评价法两大类。非量化评价方法有两种：排序法和分类法；量化评价方法有三种：计点法、因素比较法和海氏评价法。

排序法是由评价人员对各个岗位的重要性做出判断，并根据工作岗位相对价值的大小按升值或降值来确定岗位等级的一种评价方法。其主要优点是在理论上和计算上简单，容易操作，省事省时；但是其主观性强，评价结果有时差异很大。

分类法也称分级法，是事先建立一连串的工作等级，在给出工作等级定义之后比较工作，把岗位确定到各个等级中去，直到安排在最合乎逻辑之处。其优点是简单易行，省时易理解，比排序法更为精确、客观；缺点是不能很清楚地定义等级，给主观判断岗位等级留下相当大的余地，导致许多争论。

计点法是先确定影响所有岗位的共同因素，并将这些因素分级、定义、配点，以建立评价标准；然后，依据评价标准对所有岗位进行评价，并汇总每一岗位的总点数；最后，将岗位评价点数转换成货币数量,即岗位工资率或工资标准。这种职务评估方法将付酬因素进行分解,评估结果比较客观可靠,在一定程度上避免了评价人员的主观随意性;但是设定付酬因素和权重较为复杂。

因素比较法是先决定职务评价的因素和关键岗位,再用评价因素和关键岗位制成关键岗位分级表,对于其他岗位,依据此表为尺度决定其等级。其优点是把各种不同岗位中相同的因素相互比较,然后再将各种工资求和,使各种岗位获得转化为公平的岗位评价,减少了主观性,较系统和完善,可靠性比较高;缺点是因素定义比较含糊,选用范围广泛,且不够精确。

海氏评价法实质上是将付酬的有关因素进一步抽象为具有普遍适用性的三大因素——智能水平、解决问题能力和风险责任,相应设计了三套标准性价量表;然后将所得分值加以综合,计算出各个工作岗位的相对价值;最后根据评估得分确定各个岗位的等级排序。这种方法比较客观准确,较为科学,是目前国内外企业使用最为广泛的一种评估方法。

(4) 薪酬调查。企业要吸引和留住员工,不但要保证企业工资制度的内在公平性,而且要保证企业工资制度的外在公平性。因此,要开展市场薪酬调查,了解和掌握本地区、本行业的薪酬水平,及时制定和调整本企业对应工作的薪酬水平和企业的薪酬结构,以确保企业工资制度外在公平性的实现。

①薪酬调查的目的:帮助制定新参加工作人员的起点薪酬标准;帮助查找企业内部工资不合理的岗位;帮助了解同行业企业调薪时间、水平、范围等;了解当地工资水平并与本企业比较;了解工资动态与发展潮流。

②薪酬调查的主要内容:了解企业所在行业的工资水平;了解本企业的工资水平;调查工资结构。

③薪酬调查的方法:问卷调查法;面谈调查法;文献收集法;电话调查法。

④薪酬调查的实施步骤:确定调查目的;确定调查范围;选择调查方式;整理和分析调查数据。

(5) 薪酬分级和定薪。薪酬分级与定薪在职务评价后进行,企业根据确定的薪资结构线,将众多类型的职务薪资归并组合成若干等级,形成一个薪资等级系列,从而确定企业内每一职务具体的薪资范围,保证员工个人薪酬的公平性。

(6) 薪酬评价与调整。根据薪酬调查、职务评价与绩效考核的标准,制定相应的工资标准、与工作绩效相关的薪酬标准、管理人员与普通员工的奖励标准和奖励形式等,以达到激励员工的目的。为保证薪酬制度的适用性,应随着市场环境、组织战略的变化,相应调整薪酬结构。

第六节　人力资源开发与员工培训

一、人力资源开发

人力资源开发是指发现、发展和充分利用人的创造力，进而提高企业劳动生产率和经济效益的活动。人力资源开发成功与否直接影响到企业总目标的实现。

（一）人力资源开发的基本途径

人力资源开发的基本途径是从劳动生产力函数引申出来的。劳动生产力函数的表达式为

$$F_0 = f(N, Q, M, B)$$

式中，F_0 是指企业的劳动生产力；N 是指企业内人员数量；Q 是指企业内人员素质水平；M 是指企业激励程度；B 是指企业协调状况；f 是指劳动生产力函数。

人力资源开发的目标在于最大限度地提高 F_0。从这个函数可以导出人力资源开发的四个基本途径。

1. 人力投入

人力投入是指选择适量并满足需要的人力资源，加入到企业的生产经营活动中去。

劳动生产力与人力投入数量的关系如图 5-12 所示。在曲线 $abcd$ 的 ab 段，随着人力投入的增加，企业劳动生产力呈上升趋势；在 bc 段，企业的劳动生产力达到最高水平；在 cd 段，企业的劳动生产力开始下降，主要原因是人力投入越多，管理成本越高，组织的灵活性下降。最佳的人力数量区域与行业有关。

投入适量人力，以达到最佳规模经

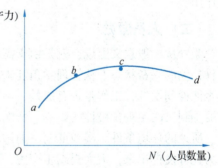

图 5-12　劳动生产力与人力投入数量

济效益，是人力资源开发的第一个途径，但其前提是必须有事可做，不能无目的地投入。另外，还必须有相应的资金保证，使人均技术装备水平达到一定程度。各企业要根据自身条件及特点来选择适量的人力。

2. 人力配置

人力配置是将投入的人力安排到企业中最需要又最能发挥其才干的岗位上，以保持生产系统的协调。

系统的生产力不是每个人生产力的简单相加，在很大程度上取决于劳动力的结合状况，即协调状况。一个劳动者在不同的生产领域中有不同的边际产出。合理配置人力就是调整和优化企业的劳动力组合，使生产经营各环节人力均衡、人岗匹配，有利于每个人作用的充分发挥。这是人力资源开发极其重要的途径之一。

3. 人力发展

人力发展是指通过教育培训，提高劳动者素质。早在 20 世纪 60 年代，美国经济学家舒尔茨就曾做过统计：美国 1900~1957 年物质资本投资增加 4.5 倍，产生的利润为 3.5 倍；教育投资增加 8.5 倍，产生的利润达 17.5 倍。可见，人力投资效益大大高于物质方面投资的效益。

教育经济学的研究成果也表明：与文盲相比，一个具有小学文化程度的劳动者可提高劳动生产率 43%；中学文化程度的可提高 108%；大专以上文化程度的可提高 300%。

可见，人力发展是最有效的人力资源开发的途径。从宏观上，国家应大力发展教育，提高全民族素质。从微观上，企业应重视员工培训，舍得智力投资，有了高素质的员工，就有了强大的竞争力，有了发展的基础。

4. 人员激励

人员激励是指激发人的热情，调动人的积极性，使其潜在的能力充分发挥起来。企业激励水平越高，员工积极性越高，企业的劳动生产力也就越高。劳动生产力开始随激励水平的提高迅速上升，但到一定程度后会逐渐减缓增长，直到趋于某一水平，这是因为人的精力有限。应当说明的是，劳动者素质越高，激励效果越好。对一个文化程度很低的劳动者来说，激励的极限是以体力为限；而知识和技能较高的劳动者，当积极性充分调动起来时，可以发明创造，激励效果非常之大。由此可见，人员激励也是人力资源开发的重要途径之一。

以上人力资源开发的四条途径虽然性质不同，但紧密相连，缺一不可。从这几个方面入手，就能保证企业内的人员数量合理，配置优化，整体素质提高，最大限度地发挥人力资源的作用。

（二）人员激励

激励从一般意义上说，就是由于需要、愿望、兴趣、情感等内外刺激的作用，使人处于一种持续的兴奋状态。从管理学角度来说，就是激励热情、调动人的积极性。人的潜在能力是否能得到发挥，工作是否有成效，不仅取决于其使用配置的客观情况是否合理，更重要的是要受到人的主观积极性的影响。影响个人工作成效的因素主要有个人的能力、个人的积极性、所处的环境条件。实践证明，通过科学的激励方法提高人的主观积极性，能把人的潜在能力充分发挥出来，大大提高生产力。

1. 现代激励理论

半个多世纪以来，西方管理学家、心理学家和社会学家在动机激发模式的基础上，从不同的角度研究了怎样激励人的问题，提出了许多激励理论。这些理论大致可以分为三类：内容型激励理论、过程型激励理论和行为改造型激励理论。

（1）内容型激励理论。该理论着重研究激发动机的因素，认为人的劳动行为是有动机的，而动机的产生是为了满足人的某种需要。人的需要包括自然需要和社会需要两个方面。人的自然需要靠外在的物质生活资料去满足，人的社会需要则要通过社会或他人对自己的评价和从工作成就中去满足。因此，适当的物质和精神激励可以激发人的劳动动机，促使人通过劳动来满足各方面的需要。由于该理论的内容是围绕如何满足需要进行研究的，所以又称为需要理论。内容型激励理论主要包括马斯洛的"需要层次理论"、赫茨伯格的"双因素理论"和麦克利兰的"成就激励理论"等。

（2）过程型激励理论。该理论着重研究从动机的产生到具体采取行为的心理过程，试图弄清人们对付出劳动、功效要求和奖酬价值的认识，以达到激励的目的。其观点是：当人们有需要又有实现目标的可能时，其积极性才能高，激励水平取决于期望值和效价的乘积；人的工作动机不仅受其所得绝对奖酬的影响，而且受相对奖酬的影响。这类理论主要有弗鲁姆的"期望理论"和亚当斯的"公平理论"等。

（3）行为改造型激励理论。该理论以操作性条件反射论为基础，着眼于行为的结果，认为当行为的结果有利于个人时，行为会重复出现；反之，行为则会削弱或消退。其研究的目的是改造和修正行为。这类理论主要包括斯金纳的"强化论"、罗斯和安德鲁斯的"归因论"等。

学习和借鉴上述理论，对于领会激励的深刻内涵，形成人员激励的机制，正确运用科学的激励方法，做好人员激励工作，具有重大的现实意义。

2. 激励的途径和手段

在管理实践中，激励的手段主要有物质激励和精神激励两种。

（1）物质激励。常用的物质激励方式主要是工资、奖金和福利等。

在我国目前的经济和生活水平状况下，物质激励仍然是最基本、也是最有效的激励手段。然而，采用物质激励方式，并不一定能达到激励的效果。科学、公正、合理的工资和奖金分配制度、福利制度等是达到有效激励的基础，这就要求人力资源管理部门制定公平、合理、客观的劳动成果评价标准，在真正体现按劳分配的基础上，激发员工的积极性和竞争意识，取得良好的激励效果。

（2）精神激励。精神激励的主要形式包括表彰与批评、吸引员工参与管理和满足员工的成就感等。精神激励的内容十分丰富，常用的有以下几种。

①目标激励：把员工个人的目标与组织的目标协调一致，通过目标激励可以使员工的自身利益与组织的集体利益相吻合，也可以使员工看到自身的价值，获得一种满足感。

②荣誉激励：对员工的成绩公开承认，并授予象征荣誉的奖品、光荣称号等，可以满足员工的自尊需要及成就感，达到激励的目的。

③培训激励：通过培训可以提高员工达到目标的能力，使员工感到组织对他的重视，既满足了员工求知的需要，又调动了工作积极性。

④晋升激励：通过提升员工到更重要的岗位上，给员工以希望，满足自我实现的需要。

⑤参与激励：通过制度和措施，使员工在企业的重大决策和管理事务中发挥作用，培养员工的参与意识，激发他们的工作动机。

⑥环境激励：创造一个良好的环境，即优美的工作和生活的物质环境、良好的上下级关系和融洽的同事之间的关系，从而使员工心情舒畅、精神饱满地工作。

采用物质激励和精神激励时必须注意：二者必须有机地结合起来，在不同的历史阶段、不同的环境条件下，采取恰当的"激励组合"；二者都以激发员工的工作积极性为目的，就要通过人事考核、绩效考核等科学的方法，客观评价员工的行为表现和工作成果，才能收到实效。

二、员工培训

(一) 员工培训的含义

1. 培训的概念

培训是企业向新员工或现有员工传授其完成本职工作所必需的相关知识、技能、价值观、行为规范的过程,是企业安排的对本企业员工所进行的有计划、有步骤的培养和训练。

2. 培训的类型

(1) 职前培训。

①一般性培训。主要内容包括:企业历史、传统与基本方针、企业理念、价值观、本行业的现状与企业的地位、企业的制度与组织结构、产品知识、制造与销售、公务礼仪、行为规范等。

②专业性培训。主要内容包括:就业规则、薪酬与晋升制度、劳动合同、安全、卫生、福利与社会保险、技术、业务、会计等各种管理方法训练。

(2) 在职培训。

①管理人员培训。主要内容包括:观察、知觉力、分析判断力、反思、记忆力、推理、创新力、口头文字表达能力、管理基础知识、管理实务、案例分析、情商、人际交往、团队精神等。

②专业性培训。主要内容包括:行政人事培训、财务会计、生产技术、生产管理、采购、质量管理、安全卫生、计算机等。

3. 培训的使命

人力资源资源管理学家斯坦认为培训的使命是:①引导新员工;②改善绩效;③提升员工价值;④开发高层领导技能。

培训的使命应着眼于:学会认知;学会做事;学会共同工作和生活;促进个人发展。总之,培训是不会使其会、不知使其知、不能使其能。

(二) 员工培训的意义

员工培训的意义主要表现在以下几方面。

(1) 培训是满足企业长远发展的战略需求。
(2) 培训是满足职位要求,改进现有职位业绩的需要。
(3) 培训是员工职业生涯发展的需要。
(4) 培训是改变员工对工作与组织态度的重要方式。
(5) 培训有利于员工更新知识,适应新技术、新工艺的要求。
(6) 培训是企业吸引员工、留住员工、激励员工的重要手段。

(三) 培训角色的变化

1. 企业中参与培训的角色

企业中参与培训的角色有最高管理者、人力资源部、业务部门(一线经理)和员工。一线经理起关键作用(教师、教练、帮助者),人力资源部起主导作用,中层管理者负责保证培训与经营需要相结合。

2. 不同角色在培训中的作用（表5-6）

表5-6 培训角色分配

培训活动	最高管理层	业务部门	人力资源部	员工
确定培训需要和目的	部分参与	负责	参与	参与
决定培训标准	—	参与	负责	—
选择培训师	—	参与	负责	—
确定培训教材	—	参与	负责	—
计划培训项目	部分参与	参与	负责	—
实施培训项目	—	偶尔负责	主要负责	参与
评价培训项目	部分参与	参与	负责	参与
确定培训预算	负责	参与	参与	—
培训反馈与运用	参与	负责	参与	参与

（四）培训管理的三个重要环节

培训的程序一般分三个阶段：需求分析阶段、培训实施阶段和培训评估阶段。

三、员工培训系统模型

有效的培训系统是员工培训的重要保障。精心设计员工培训系统是非常重要的。员工的培训系统包括培训需求的确定、培训目标的设置、培训方法、培训的实施、培训成果的转化及培训评价和反馈等几个环节，如图5-13所示。

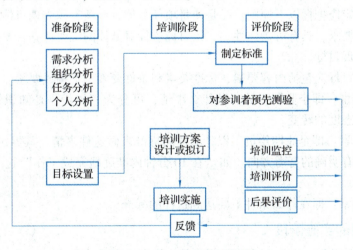

图5-13 员工培训系统模型

（一）培训的准备阶段

在员工培训的准备阶段，必须做好两方面的工作：一是培训需求分析；二是培训目标确定。

1. 培训需求分析

培训需求分析对是否需要进行培训来说是非常重要的，它包括组织分析、任务分析与个人分析三项内容。培训需求分析是确定是否需要培训的一个过程。图 5-14 表明培训需求分析的原因及其所产生的结果。

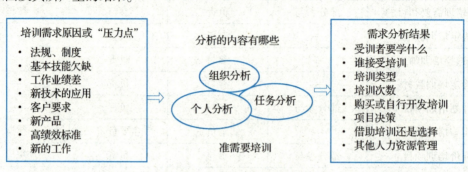

图 5-14　培训需求分析过程

2. 培训目标确定

培训目标是指培训活动的目的和预期成果。目标可以针对每一培训阶段设置，也可以面向整个培训计划来设定。培训是建立在培训需求分析的基础上的。

培训目标确定的作用表现在，它能结合受训者、管理者、企业各方面的需要，满足受训者方面的需要；帮助受训者理解其为什么需要培训；协调培训的目标与企业目标的一致，使培训目标服从企业目标；也可使培训结果的评价有一个基准；有助于明确培训成果的类型；还能指导培训政策及其实施过程；为培训的组织者确立了必须完成的任务。

培训目标一般包括三方面的内容：一是说明员工应该做什么；二是阐明可被接受的绩效水平；三是受训者完成指定学习成果的条件。

培训目标确定应把握以下原则：一是使每项任务均有一项工作表现目标，让受训者了解受训后所达到的要求，具有可操作性；二是目标应针对具体的工作任务，要明确；三是目标应符合企业的发展目标。

具体的培训目标应包括内容要素、标准要素和条件要素三个构成要素。

（1）内容要素：即企业期望员工做什么事情，可分为三类：一是知识的传授；二是技能的培养；三是态度的转变。

（2）标准要素：即企业期望员工以什么样的标准来做这件事情。其界定必须清楚明确，使员工在培训时有明确的努力方向。如"在10分钟内准确地完成工作"比"迅速地完成工作"更具体明确。

（3）条件要素：即在什么条件下要达到这样的标准。

（二）培训的实施阶段

在培训的实施阶段，企业要完成两项工作：培训方案设计和培训实施。

1. 培训方案设计

（1）培训经费的预算。

①确定培训经费的来源：企业承担或企业与员工分担。

②确定培训经费的分配与使用。

③进行培训成本—收益计算。

④制定培训预算计划。

⑤培训费用的控制。

（2）选择培训供应商。

选择培训供应商应考虑的因素：

①该公司在设计和传递培训项目方面的经验。

②该公司的人员构成及对员工的任职资格要求。

③曾经开发过的培训项目或拥有的客户。

④为其客户提供的参考资料。

⑤能证明其培训项目有效的证据。

⑥该公司对本行业和本企业的了解程度。

⑦培训项目的开发时间。

⑧公司在业内的声誉。

⑨咨询合同中提出的服务、材料和收费等事宜。

（3）其他内容。

选择设计适当的培训项目；确定培训对象；培训项目的负责人，包含组织的负责人和具体培训的负责人；培训的方式与方法；培训地点的选择；根据既定目标，具体确定培训形式、学制、课程设置方案、课程大纲、教科书与参考教材、培训教师、教学方法、考核方法、辅助器材设施等。

2. 培训的实施

（1）选择和准备培训场所。

（2）课程描述。

（3）课程计划。

（4）选择培训教师。

（5）选择培训教材。

（6）确定培训时间。

（三）培训的评价阶段

1. 培训效果评估标准

目前，国内外运用得最为广泛的培训评估方法，是由柯克帕特里克在1959年提出的培训效果评估模型。至今，它仍是培训经理人经常使用的经典培训评估模型。柯克帕特里克将培训效果分为四个递进的层次——反应、知识、行为、效果。

（1）反应层：受训人员对培训的印象与满意度。

（2）学习层：受训者对培训内容的掌握程度。

（3）行为层：受训者在接受培训以后的工作行为的变化。

（4）结果层：受训者或企业的绩效改善情况。

2. 培训效益的分析

培训效益可用以下指标分析：

培训投资回报率＝项目净利润/项目成本

培训投资收益率＝项目收益/项目成本

3. 评估报告的撰写

评估报告的基本结构如下：

（1）导言（主要说明评估的实施背景，即被评估项目的概况）。

（2）概述评估实施的过程。

（3）阐明评估的结果。

（4）解释、评论评估结果并提供参考意见。

（5）附录。

（6）报告摘要。

本章思考题

1. 简述人力资源管理的管理观。
2. 人力资源管理的职能及人力资源管理活动的内容是什么？
3. 现代人力资源管理与传统劳动人事管理的区别是什么？
4. 工作分析的内容是什么？
5. 现代培训与传统培训的区别是什么？
6. 简述薪酬结构管理的一般原理。

财务管理

第一节 财务管理概述

一、财务管理的含义

企业财务是指企业在生产经营过程中客观存在的资金运动及其所体现的经济利益关系。财务管理是利用价值形式对企业生产经营过程进行的管理，是组织财务活动、处理财务关系的一项综合性管理工作。

（一）财务活动

企业的财务活动是指以现金收支为主的企业资金收付活动的总称，包括资金的筹集、投放、使用、收回及分配等一系列行为。企业财务活动一般包括以下四个方面。

1. 筹资活动

在一定量资金的支撑下，企业的建立和经营活动才得以开展。企业进行经营活动的基本条件便是筹集必要的资金。由于各企业性质和组织形式会有所不同，企业的筹资渠道和筹资方式也存在一定的差异，一般常用的方式有以下两种：一是筹集主权资金，包括吸收直接投资、发行股票、企业内部留存收益等方式；二是筹集债务资金，包括银行借款、发行债券等方式。企业资金的流入是企业筹集资金的具体表现，企业资金的流出表现为企业偿还借款本金、支付利息、股利及付出各种筹资费用。这种因资金筹集而产生的资金收付活动，就是由筹资活动引起的财务活动。

2. 投资活动

企业投资分为广义和狭义两种投资形式。其中，广义投资又分为对内投资和对外投资。对内投资指的是企业将资金投放于企业内部的过程，如购置流动资产、固定资产、无形资产等投资行为；对外投资是指企业将资金投放于企业外部的过程，如购买其他企业的股票、债券或对其他企业进行的直接投资。狭义投资则仅指对外的证券投资。广义的投资与狭义的投资共同之处在于都需要企业支付资金，都以获取投资报酬为目的。当企业投资变现时，则会产生资金的收入。这种资金的收付，就是由投资活动引起的财务活动。

3. 资金营运活动

企业在日常生产经营活动过程中，会发生一系列的资金收付行为。首先，企业需要从外部采购材料或商品，用于生产和销售活动，另外还需要支付工资及其他营业费用；其次，在将商品或产品售出后，企业取得收入，从而达到资金的回收；最后，在资金不能满足企业经营需要时，则需要筹集所需资金，一般采取的方式为短期借款。营运资金是指为满足企业日常经营活动的需要而垫支的资金。因企业日常经营而引起的财务活动，也称为资金营运活动。资金的营运活动涉及以下三个方面的资金运动：供应阶段、生产阶段和销售阶段。

4. 分配活动

企业通过投资和资金营运活动在取得相应收入的同时实现了资金的增值。在补偿了成本、缴纳了税金后，企业取得的各种收入还要依据有关法律对剩余利润进行分配。进行分配时要注意两种资金分配报酬的不同之处：权益资金的报酬是按照税后利润来进行分配的；负债资金的报酬是按照税前利润来进行分配的。从广义上来说，分配是一种对企业各种收入进行分割和分派的行为活动；从狭义上来说，分配则仅指对企业净利润的分配。

上述四个方面的财务活动不是相互割裂、互不相关的，而是相互联系、相互依存的。正是这些相互联系而又有一定区别的几个方面构成了一个完整的企业财务活动。

（二）财务关系

企业的财务关系是指企业在组织财务活动过程中与有关各方所发生的经济利益关系。与企业各方面有着广泛的财务关系的是企业资金的投放，分别在投资活动、资金营运活动、筹资活动和资金分配活动中有所体现。财务关系主要包括以下几个方面。

（1）企业与投资者之间的财务关系，主要是指投资者向企业投入资金，企业以投资报酬的方式向投资者支付报酬而形成的经济关系。企业在接受投资者的投资之后，将其用于企业的生产经营活动，并按投资者的出资比例对产生的利润进行分配，形成一种经营权和所有权的关系。

（2）企业与债权人之间的财务关系，主要是指企业向债权人借入资金，并按合同规定进行还本付息形成的经济关系。

（3）企业与被投资单位之间的财务关系，主要是指企业通过购买股票或直接投资的方式，向其他企业注资而形成的经济关系。

（4）企业与债务人之间的财务关系，主要是指企业将其资金以购买债券、商业信用等形式出借给其他单位所形成的经济关系。

（5）企业与供货商、企业与客户之间的财务关系，主要是指企业在购买供货商的商品或劳务，以及向客户销售商品或提供服务的过程中所形成的经济关系。

（6）企业与政府之间的财务关系，政府通过向企业收缴各种税款的方式而与企业发生的经济关系。

（7）企业内部各单位之间的财务关系，是指企业在实行内部经济核算制度下，企业在生产经营过程中，内部各单位之间由于互相提供产品或劳务而形成的经济关系。

（8）企业与职工之间的财务关系，主要是指企业向职工支付劳动报酬而形成的经济利益关系。

二、财务管理的原则

在正确组织财务活动和处理财务关系的前提之下，进行企业财务管理需要遵循以下几条原则。

（一）收益与风险均衡原则

在市场经济条件下，不可避免的是财务活动会遇到各种各样的风险。从理财主体角度进行分析，主要包括市场风险和企业特别风险。市场风险是所有企业必须共同面临的风险，而企业特别风险是个别企业需面对的风险，即企业因生产经营和举债经营的不确定性，而使得企业对预期财务成果具有一定的不确定性。风险与收益相伴，要取得收益，不可避免地就要面对一定的风险。如何达到收益与风险均衡是企业必须面对的问题，这就要求企业对每一项具体的财务活动进行收益性和安全性的分析，按照收益与风险均衡原则，趋利避害，力争做到以较低的风险获取较高的收益。

（二）利益关系协调原则

企业在组织实施财务管理过程中，应做好债权人和债务人、所有者和经营者、企业和个人、投资者和受资者之间的各种利益关系的协调与兼顾。

（三）资金时间价值原则

在资金筹集、运用和分配时遵循货币时间价值原则能够有效地提高财务管理水平，是做好融资、投资、分配决策的有效保证。财务管理中必须考虑的重要因素是货币时间价值，它是以商品经济的高度发展和借贷关系的普遍存在为存在基础，且是一个客观存在的经济范畴。运用货币时间价值原则需要将企业投资项目未来的成本和收益通过现值来表示，如果未来收益的现值大于成本现值，并且未来风险投资收益高于无风险投资收益，则该项目可以实施，否则予以拒绝。

（四）战略管理原则

战略管理是为实现财务目标而进行的长远规划和控制的过程，包括以下四个环节：制定战略目标、确定战略规划、实施战略部署和业绩评价。战略管理原则要求企业应从财务目标的角度出发，在对经济周期、经济政策、税收政策、同行业竞争对手等财务环境进行充分分析研究的基础上，结合企业的实际情况制定出长远规划，掌握企业的发展方向，并能积极开展具体的运营活动。

（五）财务收支平衡原则

在财务管理工作中，收支平衡是其必须遵循的原则。如果企业资金出现收不抵支，则可能会导致资金链的中断或停滞。如果一定时期的收支总额是平衡的，但是收支不同步，出现先支出后收入的情况，也可能会影响资金的顺利周转。企业想要做到收支平衡，首先要做到增收节支。其次，企业要积极运用短期投资和筹资行为来调剂资金的短缺。一旦发现企业资金发生短缺，则应通过办理借款、发行短期债券等方式进行融资；当企业资金宽裕时，可以选择合适的项目进行短期投资。

三、财务管理的基本环节

财务管理的环节是指财务管理的一般工作步骤和程序。财务管理的环节是否严密、科学和完善，将直接关系到企业管理工作的成功与否。实践表明，一个健全的财务管理系统至少应包括以下五个基本环节：财务预测、财务决策、财务预算、财务控制、财务分析。这五个环节相互配合，联系紧密，最终形成周而复始的财务管理循环。

（一）财务预测

财务预测是根据企业财务活动的已有资料，结合企业现实条件及管理要求，对企业未来一段时间内的财务活动和财务成果进行科学预计和测算的过程。财务预测是为企业财务决策、财务预算、财务控制、财务分析提供较为可靠的依据。比如可以通过对财务收支发展变化的预测，估算企业融资规模、结构和经营目标；通过对各项定额和标准的测定，为编制预算提供服务。财务预测工作一般应遵循以下步骤：①明确预测对象和目的；②收集和整理相关资料；③确定预测方法，建立预测模型；④确定并提供预测结果。

（二）财务决策

财务决策是指在财务目标的总体要求下，财务人员运用专门的决策方法从众多备选方案中选出最佳方案的过程。在现代企业财务管理系统中，财务决策为核心环节，对企业未来的发展方向起决定作用，也关系到企业的兴衰成败。财务决策一般应遵循以下工作步骤：①确定决策目标；②提出备选方案；③选择最优方案。

（三）财务预算

财务预算是指运用先进的技术手段和方法，对预算目标进行综合平衡，最终编制出主要计划指标的过程。财务预算必须以财务决策确立的方案和财务预测提供的信息作为基础进行编制，是对财务预测和财务决策所确定的经营目标进一步的系统化、具体化，也是控制、分析财务收支的基本依据。财务预算一般应遵循以下工作步骤：①分析财务环境，确定预算指标；②协调财务能力，组织综合平衡；③选择预算方法，编制财务预算。

（四）财务控制

财务控制是财务管理机构及人员以财务制度或预算指标为依据，采用特定的技术手段和方法，对各项财务收支进行日常的计算、审核和调节，将其控制在制度和预算规定的范围之内，发现偏差，及时进行纠正，以保证企业财务目标实现的过程。财务控制一般应遵循以下工作步骤：①分解指标，落实责任；②计算误差，实时调控；③考核业绩，奖优罚劣。

（五）财务分析

财务分析是以会计核算资料为依据，对企业财务活动的过程和结果进行分析研究，评价预算完成情况，分析影响预算执行的因素及变化趋势的过程。通过财务分析，企业可以掌握各项财务预算和财务指标的完成情况，检查国家有关方针、政策及财经制度、法规的执行情况，以不断改善财务预测和财务预算工作，提高财务管理水平。财务分析一般应遵循以下步骤：①收集资料，掌握信息；②计算对比，做出评价；③分析原因，明确责任；④提出措施，改进工作。

四、财务管理的目标

企业财务管理的目标是财务管理活动所期望实现的结果，也是对财务管理活动进行评价的基本标准。利益主体不同，因而其对财务管理目标的追求也会不同，比如出资者与经营者之间、所有者与债权人之间所追求的目标都不尽相同。财务管理的目标不同，因此财务管理运行机制也应有所区别。财务管理的目标总体上有以下几种。

（一）利润最大化

利润最大化是指通过合理经营，采用最优的财务决策，在考虑资金时间价值、投入产出和风险价值的情况下，使企业的总价值达到最高。此原则也是企业财务管理人员在进行管理过程中决策和管理的根本。企业财务管理以利润最大化作为目标，具有一定的合理性，即对企业经济效益的提高具有促进作用，但同时也存在以下几点问题。

(1) 没有考虑利润的时间价值。
(2) 没有考虑所取得的利润与投入资本的关系。
(3) 没有科学地考虑获取利润的风险因素。
(4) 企业在追求利润时容易产生短期行为，不利于企业的长远发展。

（二）每股盈余最大化

这种观点综合考察了企业的净利润和股东投入的资本。以每股盈余最大化作为企业财务管理的目标，可以回避追求"利润最大化"存在的缺点，但也存在以下几个问题。

(1) 没有考虑风险因素。
(2) 没有考虑每股盈余的时间价值。
(3) 带有短期行为倾向，不利于长远发展。

（三）股东财富最大化

股东财富最大化目标是指通过财务上的合理经营，使企业股东的财富达到最大。股东财富的多少是由其所持有的股票价格决定的，即股票价格最高时，股东财富也最大。与利润最大化目标相比，股东财富最大化具有以下几个优点。

(1) 股东财富最大化目标便于计量、考核和奖惩。
(2) 股东财富最大化目标能够克服企业在追求利润上的短期行为。
(3) 股东财富最大化目标能够科学地考虑风险因素。

但是，股东财富最大化目标也存在以下问题。

(1) 适用范围小，只适合上市公司。
(2) 考虑问题的范围窄，主要考虑股东的利益，忽视了股东以外的企业其他关系人的利益。
(3) 对收益的计量存在困难。

（四）企业价值最大化

企业价值最大化目标是指通过企业财务上的合理经营，采用最优的财务政策，充分考虑资金的时间价值和风险与报酬的关系，使企业的整体价值达到最大。企业价值最大化目标具有以下几个优点。

(1) 企业价值最大化目标考虑问题更加全面，并且注重在企业发展中考虑各方利益关系。

（2）企业价值最大化目标科学地考虑了风险和报酬的关系。

（3）企业价值最大化目标考虑了取得报酬的时间，并能用时间价值原理进行计量。

（4）企业价值最大化目标能够克服企业在追求利润上的短期行为。

（5）有利于社会资源的合理配置。

企业进行财务管理活动，就是要对报酬与风险之间的得失进行正确比较，力争实现二者之间的最佳平衡，从而使企业价值最大化。所以，企业价值最大化目标体现了企业对经济效益的更深层次的认识，也成为现代财务管理的最优目标。

第二节 资金时间价值

一、资金时间价值的概念

在不同的时间节点上，一定量的货币资金具有不同的价值。年初的 1 万元在加以运用之后，其年终价值要高于 1 万元。例如，甲企业拟购买一台设备，如果采用现付方式，设备价款为 40 万元，如延期至 5 年后付款，则设备价款为 52 万元。假设 5 年期银行存款年利率为 10%，试比较现付同延期付款，哪个对企业有利？假定该企业目前已经筹集到 40 万元资金，但是采用延期付款方式，将已筹集到的资金存入银行，按单利计算，五年后的本利和为：$40×(1+10\%×5)=60$ 万元，通过比较可知，企业能够得到 8 万元（60 万元减去 52 万元）的利益。由此可见，延期付款比现付对企业更为有利。这也说明，今年年初的 40 万元，5 年以后，其价值就为 60 万元。随着时间的推移，周转使用中的资金价值将会增值。

由此可以看出，资金在周转使用过程中，由于时间因素而产生的差额价值，即资金在生产经营过程中带来的价值增值额，称为资金时间价值。

资金时间价值既可以用绝对数来表示，也可以用相对数来表示，即以利息额或利息率来表示。但是在实际工作中，通常以利息率进行计量。利息率实际就是社会资金利润率。根据社会资金利润率来确定各种形式的利息率（贷款利率、债券利率等）的水平。但是，一般的利息率既包括资金时间价值，也包括风险价值和通货膨胀因素。在利润平均化规律作用下，资金时间价值一般被认为是在没有风险和没有通货膨胀条件下的社会平均利润率。

二、资金时间价值的意义

（一）资金时间价值是进行筹资决策、评价筹资效益的重要依据

筹资是企业资本运动的起点。在企业筹资活动中，资金时间价值是对筹资决策、筹资效益进行评价的重要依据。第一，在选择筹资时机时，要考虑资金时间价值。一般来说，筹资时间和投资时间需要紧密衔接，即筹集资本之后需要尽快进行资本的投放，才能使所筹集资本及时地运作，从而避免资本的闲置浪费。但是在实际操作过程中，受到多方面因素的影响，筹资时间和投资时间并不完全一致，因此企业必须树立资金时间价值观念，对各项因素进行综合考虑，尽可能保持筹资时间与投资时间的一致。第二，举债期限的选择要考虑资金

时间价值。举债期限选择一般遵循以下原则：长期占用的资本用长期资金解决，短期占用的资本用短期资金解决。如果没有资金时间价值观念的话，可能发生短期占用的资本用长期资金来解决的情况，就会闲置浪费资金，增加了企业的筹资成本，加重了企业的财务负担。第三，时间价值是对资本成本及资本结构进行决策的重要基础。企业要取得和使用资金必须要付出一定的代价，即存在资本成本。资金时间价值和风险价值的统一是资本成本的一个重要属性，即资金时间价值是资本成本的重要组成部分。在进行资本结构决策时，必须要考虑建立在资金时间价值基础上的资本成本。因此，没有资金时间价值观念，就无法正确确定资本成本，也不能做出正确的资本结构决策。

（二）资金时间价值是进行投资决策、评价投资效益的重要依据

首先，利用资金时间价值原理，能动态地对各种投资方案在不同时期的投资成本、投资报酬进行比较，避免了只是进行静态的简单比较，从而可以提高投资决策的正确性。目前进行投资决策时采用的主要方法基本都考虑了资金时间价值。其次，树立资金时间价值观念，投资者会有意识地加强投资经营管理，从而可以降低投资成本。最后，树立资金时间价值观念，投资项目建设期将大大缩短，争取早日投产，为项目获取更大的效益。

（三）资金时间价值是考核经营成果的重要依据

资金时间价值是在不考虑风险及通货膨胀的情况下社会平均利润率。企业资金的利润率必须要不小于资金时间价值，即资金时间价值是企业资金利润率的最低水平，必须满足资金出让者对资金投入收益的最低要求。一般情况下，企业资金收支不会同时发生，为了对经营的最终成果进行正确评价，必须要利用资金时间价值原理，将发生在不同时间点上的资金收支进行比较，从而得出正确的经营效益。

三、资金时间价值的计算

根据资金时间价值理论，可以将某一时点的资金金额折算成其他时点的金额，以便于比较分析不同时点的资金量。

为方便起见，本节在对资金时间价值的计算方法进行介绍时，将有关变量用以下字母表示：

F——终值（本利和）；

P——现值（本金）；

A——年金；

i——利率（折现率）；

n——计息期数。

i 和 n 应相互配合，如 i 为年利率，n 应为年数；如 i 为月利率，n 应为月份数。

（一）单利的计算

单利是指只按本金计算利息，不对应付而未付的利息计算利息。例如，某人将 1 000 元钱存入银行，存款年利率为 5%，一年后本利和为 1 050 元。若存款期限为 3 年，则每一年利息都是 50 元（1 000×5%），则 3 年后的本利和为 1 150 元。目前我国银行存贷款业务一般都按单利计算利息。

1. 单利终值的计算

终值是指一定数额的资金在经过一段时期后所得到的价值，即资金在其运动终点的价值，在商业上也称作"本利和"。如前例中的 1 150 元（1 000+1 000×5%×3），就是按单利计算的 3 年期存款的终值。单利终值的计算公式为

$$F = P + P \times i \times n = P \times (1 + i \times n)$$

式中，$(1+i \times n)$ 为单利终值系数。

【例 6-1】某人持有一张带息票据，票据面额为 5 000 元，票面利率为 6%，出票日期为 8 月 12 日，到期日为 11 月 10 日，共 90 天，则该持有者到期后可得到本利和为多少？

$$F = 5\,000 \times (1 + 6\% \times 90/360) = 5\,000 \times 1.015 = 5\,075 \text{（元）}$$

2. 单利现值的计算

现值是指将未来某一时点上的一定数额的资金折合成现在的价值，即资金在其运动起点上的价值，在商业上也称为"本金"。单利现值的计算公式为

$$P = F \times \frac{1}{1 + i \times n}$$

式中，$\frac{1}{1+i \times n}$ 为单利现值系数。

可见，单利现值的计算同单利终值的计算是可逆的。由终值计算现值的过程称为折现。

【例 6-2】某人想在 3 年后购买一套公寓，价值为 1 500 000 元，则在利率为 6%、单利计算的条件下，此人现在应存入银行多少金额？

$$P = 1\,500\,000 \times \frac{1}{1 + 6\% \times 3} \approx 1\,271\,186 \text{（元）}$$

（二）复利的计算

复利是指在计算利息时，要把上一期的利息并入本金中一起计算利息，即"利滚利"。如某人将 1 000 元钱存入银行，存款利率为 5%，若存款期限为 3 年。依据复利计算，则第 1 年的利息为 50 元（1 000×5%），第 2 年利息为 52.5 元（1 050×5%），第 3 年利息为 55.125 元（1 102.5×5%）。在一般情况下，资金的时间价值按复利计算。

1. 复利终值的计算（已知现值 P，求终值 F）

复利终值是指一定量的本金按复利计算若干期后的本利和。

【例 6-3】某企业将 80 000 元现金存入银行，存款利率为 5%，如果存款期为 1 年，按照复利计算，则到期后的本利和为

$$F = P + P \times (1+i) = 80\,000 \times (1+5\%) = 84\,000 \text{（元）}$$

假设该企业不提取现金，将 84 000 元继续存入银行，则到第二年的本利和为：

$$F = [P \times (1+i)] \times (1+i) = P \times (1+i)^2 = 80\,000 \times (1+5\%)^2 = 88\,200 \text{（元）}$$

若该企业将所得本利和继续存入银行，则第三年的本利和为

$$F = \{[P \times (1+i)] \times (1+i)\} \times (1+i) = P \times (1+i)^3$$
$$= 80\,000 \times (1+5\%)^3 = 92\,610 \text{（元）}$$

同理，第 n 年的本利和为

$$F = P \times (1+i)^n$$

上式就是复利终值的计算公式，其中 $(1+i)^n$ 一般称作复利终值系数，用符号（F/P，

i，n）表示。例如，（F/P，5%，3）表示利率为5%，第3期的复利终值系数。因此，复利终值的计算公式也可写作

$$F = P \times (F/P, i, n)$$

为了便于计算，复利终值系数可以通过查阅"1元复利终值系数表"获得。"1元复利终值系数表"的第一行是利率 i，第一列是计息期数 n，则 $(1+i)^n$ 的值在其纵横交叉处。通过该表可查出，（F/P，5%，3）= 1.157 6，即在利率为5%的情况下，现在的1元和3年后的1.157 6元是等值的。

【例6-4】某企业将250 000元存入银行，存款利率为6%，则按复利计算，5年后本利和为多少？

$$F = 250\ 000 \times (F/P, 6\%, 5) = 250\ 000 \times 1.338\ 2 = 334\ 550 （元）$$

2. 复利现值的计算（已知终值 F，求现值 P）

复利现值是指在未来某一时点的资金按复利计算的现在的价值，也可以说，为取得将来某一时点上一定量的本利和现在所需要的本金。

复利现值的计算公式为

$$P = F \times \frac{1}{(1+i)^n}$$

式中，$\frac{1}{(1+i)^n}$ 一般称作复利现值系数，用符号（P/F，i，n）表示。例如，（P/F，5%，3），表示利率为5%，第3期的复利现值系数。因此，复利现值的计算公式也可以写作

$$P = F \times (P/F, i, n)$$

为了便于计算，复利现值系数可以通过查阅"1元复利现值系数表"获得。该表的使用方法与"1元复利终值系数表"相同。

【例6-5】某企业欲投资某项目，预计5年后可获得收益6 000 000元。假定年利率（折现率）为10%，则这笔收益的现值为多少？

$$P = 6\ 000\ 000 \times (P/F, 10\%, 5) = 6\ 000\ 000 \times 0.620\ 9 = 3\ 725\ 400 （元）$$

（三）年金的计算

年金是指定期或不定期的时间内相等金额的现金流入或流出。在年金问题中，系列等额收付的间隔期只要满足相等的条件即可，因此间隔期完全可以不是一年。

年金有多种形式，根据第一次收到或付出资金的时间不同和延续的时间长短，一般可分为普通年金、即付年金、永续年金和递延年金。

1. 普通年金的计算

普通年金也称后付年金，即在每期期末收到或付出的年金。

（1）普通年金终值的计算（已知年金 A，求年金终值 F）。普通年金终值是指其最后一次收到或支付时的本利和，它是每次收到或支付的复利终值之和。

如果年金相当于零存整取储蓄存款的零存数，那么年金终值就是零存整取的整取数。普通年金终值的计算公式可根据复利终值的计算方法计算得出

$$F = A + A \times (1+i) + A \times (1+i)^2 + A \times (1+i)^3 + \cdots + A \times (1+i)^n \qquad (1)$$

等式两边同乘（$1+i$），则有

$$F \times (1+i) = A \times (1+i) + A \times (1+i)^2 + A \times (1+i)^3 + \cdots + A \times (1+i)^n \qquad (2)$$

式（2）－式（1）

$$F\times(1+i)-F=A\times(1+i)^n-A$$
$$F\times i=A\times[(1+i)^n-1]$$

即

$$F=A\times\frac{(1+i)^n-1}{i} \quad (3)$$

式（3）就是普通年金终值的计算公式。式中的分式 $\frac{(1+i)^n-1}{i}$ 称作年金终值系数，记为 $(F/A,i,n)$，可通过直接查阅"1元年金终值系数表"求得有关数值。因此，普通年金终值的计算公式也可写作

$$FA\times(F/A,i,n)$$

即

普通年金终值＝年金×年金终值系数

【例6-6】假定某企业计划在5年建设期内每年年末向银行借款2 000万元，借款年利率为10%，则该项目在竣工时应付的本息总额为多少？

$$F=2\,000\times(F/A,10\%,5)=2\,000\times6.105\,1=12\,210.2（万元）$$

（2）年偿债基金的计算（已知年金终值F，求年金A）。偿债基金是指为了在约定的未来某一时点清偿某笔债务或积聚一定数额的资金而必须分次等额形成的存款准备金。偿债基金的计算实际上是年金终值的逆运算，其计算公式为

$$A=F\times\frac{i}{(1+i)^n-1}$$

式中的分式 $\frac{i}{(1+i)^n-1}$ 称作偿债基金系数，记作 $(A/F,i,n)$，可直接查阅"偿债基金系数表"获得有关数值。因此，年偿债基金的计算公式也可写作

$$A=F\times(A/F,i,n)$$

即

年偿债基金＝年金终值×偿债基金系数

年偿债基金的计算公式还可通过年金终值系数的倒数推算出来，即

$$A=F/(F/A,i,n)$$

即

年偿债基金＝年金终值/年金终值系数

【例6-7】某企业有一笔5年后到期的债务，该债务本息共计1 200万元。该企业打算从现在起每年等额存入银行一笔款项。假定银行存款利率为8%，则每年应存入多少金额？

$$A=1\,200/(F/A,8\%,5)=1\,200/5.866\,6\approx204.55（万元）$$

（3）普通年金现值的计算（已知年金A，求年金现值P）。普通年金现值是指为在每期期末取得相等金额的款项，现在需要投入的金额。

普通年金现值的计算公式为

$$P=A\times(1+i)^{-1}+A\times(1+i)^{-2}+A\times(1+i)^{-3}+\cdots+A\times(1+i)^{-(n-1)}+A\times(1+i)^{-n}$$

根据上式整理可得到

$$P = A \times \frac{1-(1+i)^{-n}}{i}$$

式中的分式 $\frac{1-(1+i)^{-n}}{i}$ 称作年金现值系数，记为 $(P/A, i, n)$，可通过直接查阅"1元年金现值系数表"求得有关数值。上式也可写作

$$P = A \times (P/A, i, n)$$

即

普通年金现值＝年金×年金现值系数

【例6-8】某企业租入办公楼，租期3年，每年年末支付租金960 000元。假定年利率为9%，则该企业3年内应支付的租金总额的现值为多少？

$$P = 960\ 000 \times (P/A, 9\%, 3) = 960\ 000 \times 2.531\ 3 = 2\ 430\ 048\ (元)$$

（4）年资本回收额的计算（已知年金现值 P，求年金 A）。年资本回收额是指在给定的年限内等额回收初始投入资本或清偿所欠债务的金额。年资本回收额的计算是年金现值的逆运算。其计算公式为

$$A = P \times \frac{i}{1-(1+i)^{-n}}$$

式中的分式 $\frac{i}{1-(1+i)^{-n}}$ 称作资本回收系数，记为 $(A/P, i, n)$，可通过直接查阅"资本回收系数表"或利用年金现值系数的倒数求得。因此，上式也可写作

$$A = P \times (A/P, i, n)$$

即

年资本回收额＝年金现值×资本回收系数

或

$$A = P / (P/A, i, n)$$

即

年资本回收额＝年金现值/年金现值系数

【例6-9】假设某企业计划以10%的利率借款3 000万元，投资于某个寿命为10年的项目，则每年至少应收回多少钱才是可行的？

$$A = 3\ 000 / (P/A, 10\%, 10) = 3\ 000 / 6.144\ 6 \approx 488.23\ (万元)$$

即每年至少要收回488.23万元，才能还清贷款本利。

2. 即付年金的计算

即付年金也称先付年金，即在每期期初收到或付出的年金。它与普通年金的区别仅在于收付款时间的不同。

（1）即付年金终值的计算。n 期即付年金与 n 期普通年金的收付款次数相同，但由于其收付款时间不同（普通年金是在每期期末收到或付出相等的金额），n 期即付年金终值比 n 期普通年金的终值多计算一期利息。因此，在 n 期普通年金终值的基础上乘以 $(1+i)$ 就是 n 期即付年金的终值。或者，在普通年金终值系数的基础上，期数加1，系数减1便可得对应的即付年金的终值。计算公式为

$$F = A \times (F/A, i, n) \times (1+i)$$

即

$$即付年金终值=年金×普通年金终值系数×(1+i)$$

或

$$F=A×[(F/A, i, n+1)-1]$$

即

$$即付年金终值=年金×即付年金终值系数$$

【例6-10】某公司决定连续3年于每年年初存入200万元作为住房基金,银行存款利率为8%,则该公司在第3年年末能一次取出的本利和为多少?

$$F=200×(F/A, 8\%, 3)×(1+8\%)=200×3.246\ 4×1.08≈701.22(万元)$$

或

$$F=200×[(F/A, 8\%, 3+1)-1]=200×(4.506\ 1-1)=701.22(万元)$$

(2) 即付年金现值的计算。同理,n期即付年金现值比n期普通年金现值多计算一期利息。因此,在n期普通年金现值的基础上乘以$(1+i)$就是n期即付年金的现值。或者在普通年金现值系数的基础上,期数减1,系数加1便可得对应的即付年金的现值。计算公式为

$$P=A×(P/A, i, n)×(1+i)$$

即

$$即付年金现值=年金×普通年金现值系数×(1+i)$$

或

$$P=A×[(P/A, i, n-1)+1]$$

即

$$即付年金现值=年金×即付年金现值系数$$

【例6-11】某人购房,现有两种付款方式可供选择:一是现在一次付清,房款为100万元;二是分期付款,于每年年初付款24万元,付款期为5年。假定银行利率为9%,此人应选择哪一种付款方式?

$$P=24×(P/A, 9\%, 6)×(1+9\%)=24×4.485\ 9×1.09≈117.35(万元)$$

因为100<117.35,所以应选择一次付款方式。

3. 永续年金的计算

永续年金,即无限期等额收入或付出的年金,可视为普通年金的一种特殊形式,即期限趋于无穷的普通年金。存本取息可视为永续年金的例子。此外,也可将利率较高、持续期限较长的年金视同永续年金计算。

由于永续年金持续期无限,没有终止的时间,因此没有终值,只有现值。通过普通年金现值计算可推导出永续年金现值的计算为

$$P=A×\frac{1-(1+i)^{-n}}{i}$$

当$n→∞$时,$(1+i)^{-n}$的极限为零,故上式可写成

$$P≈A/i$$

【例6-12】某学校拟建立一项永久性的奖学金,每年计划颁发20 000元的奖金。若银行存款利率为8%,现在应存入多少钱?

$$P=\frac{20\ 000}{8\%}=250\ 000(元)$$

4. 递延年金的计算

递延年金，即第一次收到或付出发生在第二期或第二期以后的年金。即第一次收付款与第一期无关，而是隔若干期后才开始发生的系列等额收付款项。凡不是从第一期开始的年金都是递延年金。

(1) 递延年金终值的计算。递延年金是普通年金的又一种特殊形式。递延年金终值只与 A 的个数有关，与递延期无关，因此递延年金终值的计算与普通年金计算一样，只是要注意期数。

【例 6-13】某投资者拟购买一处房产，开发商提出了三个付款方案：方案一是现在起 15 年内每年年末支付 10 万元；方案二是现在起 15 年内每年年初支付 9.5 万元；方案三是前 5 年不支付，第六年起到第 15 年每年末支付 18 万元。

假设按银行贷款利率 10% 复利计息，若采用终值方式比较，问哪一种付款方式对购买者有利？

方案一：$F = 10 \times (F/A, 10\%, 15) = 10 \times 31.772 = 317.72$（万元）

方案二：$F = 9.5 \times [(F/A, 10\%, 16) - 1] = 9.5 \times (35.95 - 1) \approx 332.03$（万元）

方案三：$F = 18 \times (F/A, 10\%, 10) = 18 \times 15.937 \approx 286.87$（万元）

从上述计算可得出，采用第三种付款方案对购买者有利。

(2) 递延年金现值的计算。递延年金现值的计算方法有三种：

方法 1：$P = A \times [(P/A, i, m+n) - (P/A, i, m)]$

方法 2：$P = A \times [(P/A, i, n) \times (P/F, i, m)]$

方法 3：$P = A \times [(F/A, i, n) \times (P/F, i, m+n)]$

式中，m 表示递延期；n 表示连续实际发生的期数。

上述方法中，方法 1 是假设递延期中也进行收付，先求出 ($m+n$) 期的年金现值，然后扣除实际并未收付的递延期 m 的年金现值，即可得出最终结果。方法 2 是把递延年金视为普通年金，求出递延期末的现值，然后再将此现值调整到第一期期初。方法 3 是先求出递延年金的终值，再将其折算为现值。

三种方法第一次发生均在 ($m+1$) 期期末。如递延期 $m=2$，第一次发生在第三期期末 ($m+1=2+1=3$)。

【例 6-14】某人向银行贷款的年利率为 8%，协议规定前 3 年不用还本付息，但从第 4 年至第 10 年每年年末偿还本息 40 000 元，问这笔贷款的现值为多少？

递延年金的支付形式，前三期没有发生支付，即递延期 $m=3$。第一次支付在第四期期末 ($m+1$)，连续支付 7 次，即 $n=7$。$m+n=3+7=10$。

$P = 40\,000 \times [(P/A, 8\%, 10) - (P/A, 8\%, 3)] = 40\,000 \times (6.710\,1 - 2.577\,1) = 165\,320$（元）

或

$P = 40\,000 \times [(P/A, 8\%, 7) \times (P/F, 8\%, 3)] = 40\,000 \times 5.206\,4 \times 0.793\,8 \approx 165\,314$（元）

或

$P = 40\,000 \times [(F/A, 8\%, 7) \times (P/F, 8\%, 10)] = 40\,000 \times 8.922\,8 \times 0.463\,2 \approx 165\,322$（元）

三种计算方法产生的尾差系小数点后数字四舍五入所致。

第三节 筹资和投资管理

一、筹资管理

企业筹资是指企业为了满足投资和用资的需要,通过一定的渠道,采取适当的方式,获取资金的一种行为。企业自主经营要求企业享有筹资的自主权,企业要生产发展需要充分利用社会的资金潜力。横向经济联合将会引起资金的横向流动,社会闲散资金逐步成为企业筹资的可靠来源。企业在进行资金筹集时,首先要对筹资的具体动机有所了解,依据筹资的基本要求,合理选择筹资的渠道与方式。

(一)企业筹资的动机

企业筹资的基本目的是企业自身的维持与发展。特定的动机驱动企业的具体筹资活动。筹资动机对筹资行为和结果具有直接的影响。筹资动机有些时候是单一的,而有些时候则是多个动机的结合,归纳起来主要有以下三类。

1. 扩张筹资动机

扩张筹资动机是企业因扩大生产经营规模或追加对外投资的需要而产生的筹资动机。一般来说,具有良好的企业发展前景、处于成长时期的企业通常会产生此种类型的筹资动机。

2. 偿债筹资动机

偿债筹资动机是企业为了偿还某些债务而形成的筹资动机,即借新债还旧债。偿债筹资动机一般有两种情形:一是调整性偿债筹资,即企业虽然有能力偿还到期的旧债,但为了对原有的资本结构进行调整,仍然举债,目的是使资本结构更加合理。二是恶化性偿债筹资,即企业现有的支付能力不能偿付到期债务,而被迫举债还债,这种情况表明了企业的财务状况已经恶化。这种筹资动机的结果不能扩大企业资产总额和筹资总额,只是会改变企业的债务结构。

3. 混合筹资动机

企业因同时需要长期资金和现金而形成的筹资动机,称为混合筹资动机。通过混合筹资动机进行筹资,既能够扩大企业的资产规模,又能够偿还部分旧债。

(二)企业筹资的基本原则

企业筹资是一项重要而复杂的工作,为了有效地筹集企业所需资金,必须遵循以下基本原则。

1. 规模适当原则

在企业发展的不同时期对资金需求量会有所不同,企业财务人员要对生产经营状况进行认真分析研究,采用一定的方法,对资金的需求量进行预测,确定合理的筹资规模。

2. 筹措及时原则

企业财务人员在筹集资金时,对资金时间价值原理和计算方法必须熟知,以便于能够根据对资金需求的具体情况,合理安排筹资时间,适时获取所需资金。

3. 来源合理原则

不同来源的资金对企业的收益和成本会产生不同影响，因此企业进行资金来源选择时，要认真研究资金来源渠道和资金市场的情况，合理选择资金来源。

4. 方式经济原则

企业在进行筹资时，不仅需要确定筹资数量、筹资时间、资金来源，还必须认真研究各种筹资方式。企业筹集资金需要承担一定的风险，也需要付出一定的代价，使用不同的筹资方式，资金成本会不同。为此，就需要认真分析和对比各种筹资方式，选择较为经济、可行的筹资方式进行筹资，从而能够降低成本、减少风险。

（三）企业筹资的渠道和方式

筹集资金的渠道是指企业取得资金的来源。企业的资金来源主要有接受投入资金、借入资金、企业内部积累和结算资金。

筹集资金的主要方式是指企业获取资金的具体形式，比如借入资金，有银行贷款和发行债券两种具体的筹资方式。因此，筹资的各种渠道与方式之间既有联系，又有区别。企业进行筹资时，需要将各种筹资渠道和方式有机结合，做出合理的选择，从而能够满足企业筹资需要，提高投资的效果。

二、投资管理

（一）企业投资的概念和类型

企业投资是指企业将资金投入生产经营过程，期望能够从中获取收益的一种行为。在市场经济条件下，企业作为独立的经济实体，总是通过投资来对其经营规模和经营范围不断地扩大，不断地寻找新的收入及利润来源，并在投资中分散企业经营风险。因此，投资活动在企业的生产经营活动过程中占有非常重要的地位。

按照不同的标准，企业的投资可以被划分为直接投资与间接投资、短期投资与长期投资、对内投资与对外投资等不同类型。直接投资是将资金投放于生产经营性资产，以便取得投资利润的投资。在一般的工业企业中，直接投资所占比重较大。间接投资又称有价证券投资，是将资金投放于证券等金融资产，以便获取股利或利息收入的投资活动。短期投资又称流动资产投资，是指能够在一年或者一年以内的营业周期里对资本进行回收的投资，主要是针对现金、应收账款、存货、短期有价证券等的投资。长期投资是指在大于一年的营业周期里才能收回资本的投资活动，主要是对厂房、机器设备等固定资产的投资，也包括对无形资产和长期有价证券的投资。对内投资又称内部投资，是指将资金投放于企业内部，用于购置各种生产经营用的资产的投资活动。对外投资是指企业通过多种方式对企业外的其他单位的投资活动。

为了谋取利润，提高企业价值，企业投资显得尤为重要。企业投资活动受到经济、政治、文化、法律、市场、技术等各种因素的影响，是一个复杂的、充满风险的管理过程。

（二）投资管理的基本要求

首先，认真进行市场调研，敏锐捕捉投资机会。企业投资活动是从捕捉投资机会，确定投资方向开始的。

其次，搜集和整理资料，认真对投资项目的可行性进行分析。要进行投资项目可行性分析必须以搜集和整理资料为前提，可行性分析也是进行投资决策的关键环节。

再次，进行投资决策，编制资本预算。根据经济学理论知识，当投资项目的边际收益等于边际成本时，其投资收益达到最大，投资规模达到最佳。一旦最佳投资项目被选定后，就需要开始编制资本预算，通过对项目财务进行评估，对选定投资方案分年度的用款额度和项目各年需要投入的资本总量进行科学预测，以此为依据进行资本的筹措，保证项目顺利进行，早日产生投资收益。

最后，监督投资预算的执行，对企业的投资风险进行适当控制。企业在进行投资时，一方面要考虑投资收益，另一方面也要考虑投资风险情况，只有在收益和风险达到最佳平衡状态时，才能够增加企业的价值，实现企业财务管理的目标。

（三）影响投资的因素

1. 现金流量

现金流量是影响企业投资的首要因素。在投资决策分析中，通常把投资方案的全部资金支出称为现金流出量，把项目建成后全部可收回的资金称为现金流入量。

2. 货币的时间价值

等量货币在不同时间上的价值具有差异，所以在进行投资决策分析时，货币的时间价值是必须要考虑的问题。

3. 投资风险及风险价值

所有的投资活动都需要承担一定的风险。而对于有风险的投资活动，在进行决策时既要考虑货币的时间价值，又要分析投资方案中相关因素对决策方案经济效果的影响程度，还要进一步考虑投资的风险价值。

4. 资金成本

资金成本是指在企业筹集和使用资金过程中的各项支出及应付的利息和费用。在投资过程中，评价投资项目可行性的最主要的经济指标即资金成本。

5. 通货膨胀

在投资过程中，有无通货膨胀对企业的投资方案会产生重大影响。在没有通货膨胀的条件下，决策者可以使用货币对投资项目的投入和产出综合成现金流量进行计量。但在有通货膨胀的情况下，企业的收益会因通货膨胀率的不同而发生变化，另外，在评价投资方案时应该确定通货膨胀对使用贴现率的影响。

（四）长期投资管理

长期投资是指投资期限超过一年，不准备随时变现的投资活动。一般可分为内部长期投资和外部长期投资两种。

1. 内部长期投资

内部长期投资是指对企业内部的各种长期经营性资产的投资活动，包括对固定资产、无形资产及其他资产的投资。在进行固定资产投资决策时，需要充分地考虑风险因素。

2. 外部长期投资

外部长期投资是指企业为了获取未来收益或满足某些特定用途，以其货币资金、实物资产或无形资产等形式，投资于外部单位的经营活动。在市场经济条件下，投资的收益与风险并存。因此，企业在进行投资时，必须要掌握一定的投资原则，包括收益性原则、安全性原则、合法性原则和合理性原则等。

（五）流动资产管理

1. 流动资产的特点

流动资产是指企业可以在一年或一年以内的营业周期内变现或运用的资产，其价值表现就是流动资金，包括现金、银行存款、短期投资、应收及预付款项、应收票据、存货等。流动资产具有三个主要特点。

（1）流动性大，周转期短。

（2）流动资产在不断周转循环中，存在着资金分布并存性和资金运动的继起性。

（3）随着资产的周转循环，流动资产不断改变其价值形态。

2. 流动资产管理的原则

（1）以市场为中心，服务于生产和流通的市场经济原则。

（2）加强经济核算，提高经济效益。

（3）科学化管理，提高流动资产管理水平。

（4）贯彻责权利相结合，建立经营管理责任制。

3. 流动资产管理的内容

（1）现金管理。现金管理包括三方面的内容：编制现金预算；建立最佳的现金余额；加强现金预算控制和检查。

（2）短期投资管理。短期投资的种类主要包括对国库券、短期融资券、可转让存单、银行承兑汇票、公司股票和债券等进行的投资。

（3）应收账款管理。应收账款指企业通过对外销售产品、提供劳务产生的收益，被购货单位或接受单位占用尚未收回的资金。应收账款一般具有增加销售、扩大市场份额、减少库存积压等作用。应收账款管理主要包括以下内容：加强对信用条件的调查掌握；确定合适的信用方式和信用期间；加强应收账款的催收；监督应收账款回笼；必要时可以采用法律手段回收应收账款。

（4）存货管理。存货是指企业在生产经营过程中为销售或耗用而储备的物资。存货管理要求合理地处置存货数量、存货时间、存货结构和存货空间之间的关系。

第四节 成本费用管理

一、成本费用管理的意义

对企业生产经营过程中生产经营费用的发生和产品成本的形成所进行的预测、计划、控制、分析和考核等一系列管理工作称为成本费用管理。

（一）加强成本费用管理是企业增加生产的必要手段

生产经营过程中物化劳动和活劳动的耗费体现在成本费用上，所以加强成本费用管理变得尤为重要。在节约了物化劳动和活劳动的耗费前提下，企业便可以用同样的耗费，生产出更多的产品来满足社会需要。

(二) 加强成本费用管理是企业增加利润的根本手段

企业生产的最主要目标是提高经济效益，获取最大的利润。在产品的质量、价格相同的前提条件下，成本费用越低利润就会越多。因此，提高企业利润的根本措施有以下几个方面：加强成本费用管理，采取各种有效管理措施控制费用开支，降低产品成本。

(三) 加强成本费用管理是提高企业竞争能力的重要手段

企业的生存和发展与企业的竞争能力息息相关。加强成本费用管理，是提高企业竞争能力的重要手段。提高产品质量和降低产品的价格是增强企业的竞争能力的有效手段。同时，在降低产品价格的基础和前提下，就必须要做到降低成本费用。

(四) 加强成本费用管理是全面提高企业工作质量的重要途径

成本费用是企业综合性的经济指标。成本费用直接或间接地反映了企业经营管理中各方面工作的业绩，为了促使企业加强经济核算、提高管理水平，需加强成本费用的管理。

二、成本费用的分类

在企业生产经营过程中，成本费用以多种多样的表现形式体现，科学合理的分类便可加强其管理。

(一) 按成本费用的经济用途分类

以工业企业为例，成本费用按经济用途可以划分为生产成本和期间费用两大类。生产成本和期间费用按照企业的特点还可以进一步划分为若干项目，称为成本费用项目。

1. 生产成本

生产成本即制造成本，主要是指与企业生产产品直接相关的费用。它一般包括直接材料、直接人工、其他直接支出、制造费用四个成本项目。

(1) 直接材料是指企业生产经营过程中实际消耗的原材料、辅助材料、备品配件、外购半成品、燃料、动力、包装物及其他直接材料。

(2) 直接人工是指企业直接从事产品生产人员的工资、奖金、津贴和补贴。

(3) 其他直接支出是指直接从事产品生产人员的职工福利费等。

(4) 制造费用是指企业各个生产单位（分厂、车间）为组织和管理生产所发生的各种费用。

2. 期间费用

期间费用是指在企业生产经营过程中发生的，与企业的生产活动没有直接联系，属于某一时期耗费的费用。在工业企业当中，期间费用包括管理费用、财务费用和销售费用三类。

(1) 管理费用是指企业行政管理部门为管理和组织企业的生产经营活动而发生的各项费用。

(2) 财务费用是指企业为筹集资金而发生的各项费用。

(3) 销售费用是指企业在销售产品、自制半成品和提供劳务等过程中发生的各项费用及专设销售机构的各项经费。

(二) 按成本费用与产品产量之间的关系分类

按照成本费用与产品产量之间的关系，可以将其分为变动成本费用、固定成本费用和混合成本费用三类。

变动成本费用是指随着产品产量增减变动而按比例变动的成本费用；固定成本费用是指不随产品产量的变动而变动的成本费用；混合成本费用是指同时具有变动成本费用和固定成本费用性质的费用。

三、成本费用管理的要求

首先，正确划分各种费用支出的界限，保证成本计算的正确性。一定时期内一定数量的产品成本承担的并非是企业在生产经营过程中发生的全部成本费用。对各种费用支出的界限进行分析及划分，对产品成本确定有利，也有利于收入与费用的合理配比。

其次，加强成本费用管理的基础工作。成本核算与控制是成本费用管理的前提，主要有以下几个方面：做好各项定额、预算的制订和修订工作；建立和健全各项原始记录；加强计量检测工作；完善内部结算价格等。同时，要在此基础上，建立和健全一整套成本费用的管理制度，从而使成本费用管理工作有章可循。

最后，实行全面成本费用管理。成本费用可以综合反映企业整个生产经营过程中的资金耗费情况，只有在实行全面成本费用管理的前提下，才能达到降低成本费用、增加企业盈利的目的。

第五节 收入和利润管理

一、收入管理

（一）收入的含义及构成

收入是指企业在生产经营活动中，由于销售产品或提供劳务等经营业务所取得的收入。收入是对一定时期企业生产经营成果进行衡量的重要标志，是企业实现利润的主要源泉。

企业收入的两大部分是主营业务收入和其他业务收入。在工业企业中，主要经济活动所取得的收入是主营业务收入，这是企业的一项基本业务收入，在企业的营业收入中占有重要地位。主营业务收入包括对商品、产品和自制半成品进行销售及通过提供工业性劳务所取得的收入。其他业务收入是企业基本业务以外不进行独立核算的其他业务或附营业务所取得的收入。

为了说明企业财务管理的重点，将营业收入划分为主营业务收入和其他业务收入，企业可以分清主次、有重点地实施管理。为了扩大产品销售量、提高财务成果、优化财务状况，一定程度上，抓好收入管理具有重要的意义。

（二）收入的管理

1. 收入预测

收入预测是指企业对本企业的商品在一定的时间和空间内可以实现的营业收入进行科学的预计和测算。其方法既有定性预测方法，如主观判断、经验分析、逻辑推理等，还有利用数学方法进行的定量预测方法，如简单平均法、移动平均法、加权平均法、回归分析法和模型预测法等。

2. 收入计划

收入计划是在收入预测的基础上，对未来一定时期的营业收入进行的规划。企业的营业收入计划由基本业务收入计划和其他业务收入计划两个部分组成。编制营业收入计划主要用来确定计划期内营业收入，同时确定销售预算、生产预算、现金收支预算等其他方面，最终达到以此来控制企业整个生产经营过程的目的。

3. 收入的日常管理

收入的日常管理包括以下方面的内容：及时签订销售合同，并按合同组织生产活动；加强对产品的保管，及时组织发运；做好结算工作，及时回收货款，加快资金周转；做好售后服务工作，及时对市场信息进行反馈，努力提高企业信誉，增强企业的市场竞争力；及时对营业收入进行分析、考核、评价。

二、利润管理

（一）利润形成

利润是一定期间内企业生产经营的综合成果，是企业纳税的基础，也是财务预测的重要内容。

企业的利润总额包括营业利润、投资净收益和营业外收支净额三个部分。在这里，我们以工业企业为例说明其具体内容。

$$利润总额=营业利润+投资净收益+营业外收支净额$$

1. 营业利润

它是营业收入扣除成本、费用和各项流转税及附加税费后的数额，即

$$营业利润=产品销售利润+其他业务利润-管理费用-财务费用$$

式中

$$产品销售利润=产品销售收入-产品销售成本-产品销售费用-产品销售税金及附加$$
$$其他业务利润=其他业务收入-其他业务支出$$

2. 投资净收益

它是指投资收益扣除投资损失后的数额。其计算公式为

$$投资净收益=投资收益-投资损失$$

3. 营业外收支净额

它是营业外收入减去营业外支出的差额。其计算公式为

$$营业外收支净额=营业外收入-营业外支出$$

（二）利润分配

利润总额减去缴纳的所得税后，即为企业的净利润，也就是可供分配的利润。

1. 利润分配的内容及顺序

（1）支付被没收的财物损失及各项税收滞纳金和罚款。

（2）弥补以前年度的亏损，即弥补超过国家规定税前利润抵补期限，应以税后利润弥补的亏损。

（3）提取法定盈余公积金，即按税后利润扣除前两项后的10%提取。盈余公积金已达

到注册资本的50%时，可不再提取。盈余公积金可用于弥补亏损或用于转增资本金，但转增资本金时，以转增后留存企业的法定盈余公积金不少于注册资本的25%为限。

（4）向投资者分配利润。企业以前年度未分配的利润，可以并入本年度向投资者分配。股份制公司在提取法定盈余公积金后，按照下列顺序分配公司利润。

（1）支付优先股股利。

（2）提取任意盈余公积金。按照公司章程或股东大会决议提取和使用。

（3）支付普通股股利。当无利润时，不得分配股利，但在用盈余公积金弥补亏损以后，经股东大会特别决议，可按照不超过股票面值6%的比率用盈余公积金分配股利。在分配股利后，企业法定盈余公积金不得低于注册资金的25%。

2. 股利支付方式及支付程序

（1）股利支付方式。

①现金股利：企业直接用现金的方式将股利支付给投资者。

②财产股利：企业用现金以外的资产对投资者支付股利。

③股票股利：企业利用额外发行股票的方式将股利支付给投资者。

④负债股利：企业利用债券、应付票据的方式将股利支付给投资者。

（2）股利支付程序。

①股利宣告日：企业董事会公告股利支付情况的日期。

②股权登记日：有权领取股利的股东资格登记截止日期。

③除息日：领取股利的权利与股票相互分离的日期。

④股利支付：向股东发放股利的日期。

3. 股利分配政策

企业采用不同的股利分配政策会产生不同的影响，在分配时，在关系到投资者的切身利益的同时也会对企业的理财目标产生一定影响。法律因素、企业因素和股东因素这三个方面决定了企业股利分配政策的制定。在进行股利分配的实务中，企业一般常用的股利分配政策包括以下几种。

（1）剩余股利政策。当企业的投资机会较好时，企业根据最佳资本结构，对投资所需的权益资本进行测算，先从盈余中留用，然后将剩余的盈余作为股利予以分配。

（2）固定股利或稳定增长股利政策。将每年发放的股利固定在某一水平上，并在较长时期内不发生改变，只有当企业认为未来盈余水平将会显著地、不可逆转地增长时，才会对每年股利的发放额进行提高。

（3）固定股利支付率政策。由企业确定一个股利占盈余的比例，在较长时期内按此比例分配股利的政策。

（4）低正常股利加额外股利政策。一般情况下，企业每年只支付固定的、数额较低的股利；只有在盈余较多的年份，才会向股东发放额外股利。

（三）利润管理的主要内容

利润是企业经营成果的综合表现。想要抓住企业生产经营管理的"牛鼻子"就需要抓住利润管理。在进行利润管理时，既要制定目标利润，也要不断寻求利润增加的途径。

1. 目标利润的制订

目标利润是在一定时期内，要求企业必须实现的利润水平。常用的目标利润确定方法有以下几种。

(1) 基期利润调整法。即在上年实现利润的基础上，依据计划期有关因素的变化及其趋势进行调整计算的方法。其计算公式为

预期目标利润=上年实际利润×（1±有关因素影响的调整比率）

(2) 量、本、利分析法。它是利用销售量、成本与利润之间的相互关系对计划期各指标变化趋势进行分析研究，进而确定目标利润的一种方法，其计算公式为

$$目标利润产销量=\frac{固定成本+目标利润}{单位售价-单位变动成本}$$

$$目标利润销售额=\frac{固定成本+目标利润}{1-\frac{单位成本}{单位售价}}$$

在实际测算时，制定目标利润时可依据上述公式，要综合考虑销售数量、单位售价、单位变动成本、固定成本及产品结构等因素变化对利润的影响方向与影响程度等。

2. 企业增加利润的主要途径

营业利润是企业利润总额的主体，一般情况下，产品（商品）销售利润占营业利润的绝大部分，因此增加企业利润的主要途径有以下几种。

(1) 扩大产品或商品销售。在单位利润不变的情况下，扩大与增加销售规模和销售数量，是增加销售收入和利润总额的有效方法。

(2) 努力降低经营成本。成本与利润互为反向影响。在收入不变的情况下，降低成本可增加利润；在收入增加的情况下，降低成本可使利润更快地增长；在收入减少的情况下，降低成本，也可对利润的下降产生抑制作用。

(3) 提高产品质量，合理制定价格。企业通过应用现代技术，以合理的价格为市场提供高质量的产品，扩大市场销量，增加企业利润。

(4) 优化产品结构。对现有产品结构进行优化，以期提高市场竞争力、扩大产品销售量、增加企业利润。

第六节 财务报表与财务分析

一、财务报表

为有关各方了解企业的财务信息和加强企业自身的管理提供帮助，企业需要定期地编制和报送财务报表，以反映企业的财务状况、经营成果及财务状况的变动情况。企业的财务报表主要包括资产负债表、利润表和现金流量表。

（一）资产负债表

资产负债表用来反映企业在会计期末的资产、负债和所有者权益的基本情况，一般在月末和年末编制。资产负债表按照会计等式编制，一般有两种形式：账户式和报告式。我国的资产负债表采用账户式。

（二）利润表

利润表也称损益表，是反映企业在一定期间生产经营成果的财务报表。利润表要求每月编报，并且要计算累计数。

（三）现金流量表

企业产生现金流的能力反映了企业的生产经营能否正常进行。企业在一定会计期间内的现金和现金等价物流入和流出的信息一般由现金流量表来反映，报表使用者能据此了解和评价企业获取现金和现金等价物的能力，并对企业的未来现金流量进行预测。

现金流量表中的现金是指企业的库存现金及可以随时用于支付的存款。现金等价物是指企业持有的期限短、流动性强、易于转换为现金、价值变动风险较小的短期投资。现金流量是指一定时期内企业现金流入和流出的数量。

二、财务分析

（一）财务分析概述

为改进企业财务管理工作和优化经济决策提供重要的财务信息，反映企业在运营过程中的利弊得失和发展趋势，财务分析以企业财务报告及其他相关资料为主要依据，对企业的财务状况和经营成果进行评价和剖析。

（二）财务分析的方法

在运用一定方法的基础上，可开展财务分析活动。财务分析的常用方法包括趋势分析法、比率分析法和因素分析法三种。

1. 趋势分析法

趋势分析法又称水平分析法，是通过对比两期或连续数期财务报告中的相同指标，确定其增减变动的方向、数额和幅度，以此说明企业财务状况或经营成果变动趋势的一种方法。

2. 比率分析法

比率分析法是通过对各种比率指标的计算来确定经济活动变动程度的分析方法。

3. 因素分析法

因素分析法是依据分析指标与其影响因素的关系，从数量上确定各因素对分析指标影响方向和影响程度的一种方法。

（三）财务指标分析

总结和评价企业财务状况与经营成果的分析指标通常包括偿债能力指标、营运能力指标、盈利能力指标和发展能力指标四种。

1. 偿债能力分析

偿债能力是指企业偿还到期债务的能力。偿债能力包括短期偿债能力分析、长期偿债能力分析（资本结构分析），以及偿债能力保障程度分析。

（1）短期偿债能力分析。

短期偿债能力指企业以流动资产偿还流动负债的能力。常用指标包括流动比率、速动比率和现金比率三种。

①流动比率。流动比率是企业的流动资产与流动负债的比率，是衡量企业偿付即将到期

债务能力的指标。其计算公式为

$$流动比率 = \frac{流动资产}{流动负债} \times 100\%$$

②速动比率。速动比率是企业的速动资产与流动负债的比率，是衡量企业运用随时可变现资产偿付到期负债能力的指标。其计算公式为

$$速动比率 = \frac{速动资产}{流动负债} \times 100\%$$

其中，速动资产=流动资产-存货-预付账款-待摊费用。

③现金比率。现金比率是企业的货币资金和短期证券之和与流动负债的比率。其计算公式为

$$现金比率 = \frac{货币资金+短期证券}{流动负债} \times 100\%$$

（2）长期偿债能力分析（资本结构分析）。

长期偿债能力指标主要包括：负债比率、所有者权益比率、固定比率、固定长期适合率、长期负债与所有者权益比率等。

①负债比率。负债比率又称资产负债率，是企业的负债总额与资产总额的比率。其计算公式为

$$负债比率 = \frac{负债总额}{资产总额} \times 100\%$$

②所有者权益比率。所有者权益比率是指企业的所有者权益总额与资产总额的比率。其计算公式为

$$所有者权益比率 = \frac{所有者权益总额}{资产总额} \times 100\%$$

对于股份公司来说，所有者权益比率又称作股东权益比率。其计算公式为

$$股东权益比率 = \frac{股东权益总额}{资产总额} \times 100\%$$

所有者权益比率与负债比率之和应该等于1。

③固定比率。固定比率是企业的固定资产净值与所有者权益的比率。其计算公式为

$$固定比率 = \frac{固定资产净值}{所有者权益} \times 100\%$$

④固定长期适合率。固定长期适合率是企业的固定资产净值与所有者权益和长期负债之和的比率。其计算公式为

$$固定长期适合率 = \frac{固定资产净值}{所有者权益+长期负债} \times 100\%$$

⑤长期负债与所有者权益比率。这个比率是对长期债权人提供的资本和企业所有者权益的比例关系进行反映的指标。

（3）偿债能力保障程度分析。

所谓偿债能力保障程度的分析，主要是衡量企业对固定利息费用所提供的保障程度。其计算公式为

$$收益对利息保障倍数 = \frac{净利润+利息费用+所得税}{利息费用}$$

收益对利息本金保障倍数是企业一定时期的净现金流量与还本付息金额的比率。其计算公式为

$$收益对利息本金保障倍数 = \frac{利息总额 + 利息费用 + 折旧费用}{利息费用 + 年度还本额 \times \frac{1}{1-所得税税率}}$$

2. 营运能力分析

企业营运能力的强弱主要取决于资产与权益的周转速度，周转速度越快，资金使用效率越高，营运能力越强。

（1）存货周转率。

存货周转率是指企业一定期间的销货成本与平均存货成本的比率。其计算公式为

$$存货周转率 = \frac{销货成本}{平均存货成本} \times 100\%$$

（2）应收账款周转率。

应收账款周转率是企业的赊销净额与平均应收账款余额的比率。其计算公式为

$$应收账款周转率 = \frac{赊销净额}{平均应收账款余额} \times 100\%$$

反映应收账款变现速度的另一个指标为应收账款周转天数，计算公式为

$$应收账款周转天数 = \frac{计算期天数}{应收账款周转次数}$$

（3）营运资金周转率。

营运资金周转率是企业在一定期间的销售净额与平均营运资金余额的比率。其计算公式为

$$营运资金周转率 = \frac{销售净额}{平均营运资金余额} \times 100\%$$

$$平均营运资金余额 = \frac{营运资金年初数 + 营运资金年末数}{2}$$

（4）固定资产周转率。

固定资产周转率是企业在一定期间的销售净额与平均固定资产净值的比率。其计算公式为

$$固定资产周转率 = \frac{销售净额}{平均固定资产净值} \times 100\%$$

（5）全部资产周转率。

全部资产周转率是企业在一定期间的销售净额与平均资产总额的比率。其计算公式为

$$全部资产周转率 = \frac{销售净额}{平均资产总额} \times 100\%$$

3. 盈利能力分析

盈利能力是指企业获取利润的能力。评价企业盈利能力的财务比率主要有资产报酬率、股东权益报酬率、销售净利率和成本费用净利率。

（1）资产报酬率。

资产报酬率也称资产收益率、资产利润率或投资报酬率，是企业在一定时期的净利润与平均资产总额的比率。其计算公式为

$$资产报酬率 = \frac{净利润}{平均资产总额} \times 100\%$$

$$资产平均总额 = \frac{期初资产总额 + 期末资产总额}{2}$$

（2）股东权益报酬率。

股东权益报酬率也称净资产报酬率、净值报酬率或所有者权益报酬率，它是一定时期企业的净利润与股东权益平均总额的比率。其计算公式为

$$股东权益报酬率 = \frac{净利润}{股东权益平均总额} \times 100\%$$

$$股东权益平均总额 = \frac{期初股东权益 + 期末股东权益}{2}$$

（3）销售净利率。

销售净利率是企业净利润与销售收入净额的比率。其计算公式为

$$销售净利率 = \frac{净利润}{销售收入净额} \times 100\%$$

（4）成本费用净利率。

成本费用净利率是企业净利润与成本费用总额的比率。其计算公式为

$$成本费用净利率 = \frac{净利润}{成本费用总额} \times 100\%$$

4. 发展能力指标

分析发展能力主要考察以下五项指标：销售增长率、资本积累率、总资产增长率、三年销售平均增长率和三年资本平均增长率。其计算公式为

$$销售增长率 = \frac{本年主营业务收入增长额}{上年主营业务收入总额} \times 100\%$$

（四）财务指标综合分析

单独分析任何一项财务指标，都无法全面评价企业的财务状况和经营成果。所以通过相互关联的分析，能够对企业财务状况和经营成果有一个总的评价。一般可将营运能力、偿债能力、盈利能力和发展能力等诸方面的分析纳入一个有机的整体之中进行综合性的评价。应用比较广泛的财务分析方法有杜邦财务分析体系和沃尔比重评分法。

本章思考题

1. 企业财务管理应遵循哪些原则？
2. 一个健全的财务管理系统至少应包括哪些基本环节？
3. 企业财务管理活动的目标是什么？
4. 简述企业筹资的渠道和方式。
5. 简述企业的财务报表所包含的内容。

第七章 质量管理

第一节 质量管理概述

当今世界的经济竞争很大程度上取决于产品和服务质量。质量水平的高低可以说是一个国家经济、科技、教育和管理水平的综合反映。当今市场环境的特点之一是用户对产品质量的要求越来越高。这种情况要求企业将提高产品质量、加强质量管理作为重要的经营战略和生产运作战略之一。

一、质量管理的基本概念

为了求得生存和发展,必须积极、有效地开展质量管理活动,这是成功企业的共识,也是一些发达国家的政府长期探索的结论。质量管理不再是企业的"专利",政府及一些公共组织也开始开展质量管理活动。所谓质量管理,是指在质量方面指挥和控制组织的协调的活动。在质量方面的指挥和控制活动,通常包括制定质量方针和质量目标、质量策划、质量控制、质量保证以及质量改进。

(一)质量方针和质量目标

质量方针是指由组织的最高管理者正式发布的该组织总的质量宗旨和质量方向;质量目标是组织在质量方面所追求的目的,是对质量方针的展开,也是组织质量方针的具体体现。

(二)质量策划

质量策划是质量管理的一部分,致力于制定质量目标并规定必要的运行过程和相关资源以实现质量目标。质量策划包括质量管理体系策划、产品实现策划及过程运行策划。

(三)质量控制

质量控制是质量管理的一部分,致力于满足质量要求。质量控制适用于对组织活动中任何方面质量的控制,不仅仅限于生产领域,还适用于产品的设计、生产原料的采购、服务的提供、市场营销、人力资源的配置,涉及组织内几乎所有的活动。

(四) 质量保证

质量保证是质量管理的一部分，致力于提供质量要求会得到满足的信任。质量保证的关键词是"信任"，对达到预期质量要求的能力提供足够的信任。一般的方法，顾客对供方的质量体系要求进行证实，以使顾客具有足够的信任。证实的方法包括：供方和合格声明；提供形成文件的基本证据（如质量手册、第三方的型式检验报告）；提供由其他顾客认定的证据；顾客亲自审核；由第三方进行审核；提供经国家认可的认证机构出具的认证证据。质量保证分内部和外部两种，内部质量保证是组织向自己的管理者提供信任；外部质量保证是组织向顾客或其他方提供信任。

(五) 质量改进

质量改进是质量管理的一部分，致力于增强满足质量要求的能力。质量改进的对象可能会涉及组织的质量管理体系、过程和产品，以及组织的其他方面。

二、质量管理的基本原则

为了成功地领导和运作一个组织，需要采用一种系统和透明的方式进行管理。在实践中人们逐渐认识到，要使组织获得长期成功，就必须针对所有相关方的需求，实施并保持持续改进组织业绩的质量管理体系。组织为实现质量目标，应遵循以下八项质量管理原则。

(一) 以顾客为中心

组织依存于其顾客。因此，组织应理解顾客当前的和未来的需求，满足顾客要求并争取超越顾客期望。对于企业来说，应该做好以下四个方面的工作：通过全面而广泛的市场调查，了解客户对产品性能的要求；谋求在客户和其他受益者的需求和期望之间达到平衡；将客户的需求和期望传达到整个企业；测定客户的满意度，并为提高客户的满意度而努力。

(二) 领导作用

领导将本组织的宗旨、方向和内部环境统一起来，并创造使员工能够充分参与实现组织目标的环境，使组织的质量管理体系在这种环境下得以有效运行。

(三) 全员参与

企业是由不同层次的人员组成，各级人员是组织之本。组织的质量管理不仅需要最高管理者的正确领导，还有赖于组织全体员工的参与。只有全体员工充分参与，才能使他们的才干为组织带来最大的收益。

(四) 过程方法

将活动与相关的资源作为过程进行管理，可以更高效地得到期望的结果。过程方法的原则不仅适用于某些较简单的过程，也适用于由许多过程构成的过程网络。在应用于质量管理体系时，管理职责、资源管理、产品实现、测量、分析与改进作为体系的四大主要过程，描述其相互关系，并以顾客要求为输入，提供给顾客的产品为输出，通过信息反馈来测定顾客的满意度，评价质量管理体系的业绩。过程方法的优点是对诸过程之间的相互作用和联系进行系统的识别和连续的控制，可以更高效地得到期望的结果。

（五）管理的系统方法

所谓系统管理，是指将相互关联的过程作为系统加以识别、理解和管理，有助于组织目标实现的有效性和效率。在质量管理体系中，所有过程都是相互关联的，要把组织内的各项活动作为关联的过程进行系统管理。

（六）持续改进

持续改进是组织的一个永恒的目标。由于质量最本质的含义是不断满足顾客的需求，而顾客的需求是随着社会的进步和科技的发展不断变化、提高的。所以质量的持续改进也是大势所趋，永无止境的追求。

（七）基于事实的决策方法

有效决策是建立在基于事实的数据和信息分析基础之上的。以事实为依据做决策，可防止决策失误。在对信息和资料做科学分析时，统计技术是最重要的工具之一。统计技术可以用来测量、分析和说明产品与过程的变异性，为持续改进的决策提供依据。

（八）互利的供方关系

通过互利的关系，增强组织及供方创造价值的能力。供方提供的产品将对组织向顾客提供满意的产品产生重要的影响，与供方的关系处理得好坏，影响到组织能否持续稳定地提供让顾客满意的产品。对供方不能只讲控制，不讲合作互利。特别对关键供方，更要建立互利关系。这对组织和供方双方都是有利的。

三、质量管理的发展

随着社会生产力的发展、科学技术的进步，解决质量问题的方法与手段不断演变。每个组织或企业的存在都是为了向顾客提供他们所需要的产品，产品满足客户需求的能力涉及产品的质量，而质量管理是对质量的形成实施管理的一种活动。质量管理经过了100多年的发展逐渐完善，它的发展过程大致可以划分为三个阶段：质量检验阶段、统计质量控制阶段和全面质量管理阶段。

（一）质量检验阶段

20世纪前，产品质量主要依靠操作者本人的技艺水平和经验来保证，属于"操作者的质量管理"。20世纪初，以泰勒为代表提出的科学管理理论，促使产品的质量检验从加工制造中分离出来，质量管理的职能由操作者转移给工长，是"工长的质量管理"。随着企业生产规模的扩大和产品复杂程度的提高，产品有了技术标准（技术条件），公差制度也日趋完善，各种检验工具和检验技术也随之发展，大多数企业开始设置检验部门，有的直属于厂长领导，这时是"检验员的质量管理"。上述几种做法都属于事后检验的质量管理方式。

（二）统计质量控制阶段

1924年，美国数理统计学家休哈特提出控制和预防缺陷的概念。他运用数理统计的原理提出在生产过程中控制产品质量的"6σ"法，绘制出第一张控制图并建立了一套统计卡片。与此同时，美国贝尔实验室提出关于抽样检验的概念及其实施方案，成为运用数理统计理论解决质量问题的先驱，但当时并未被普遍接受。以数理统计理论为基础的统计质量控制的推广应用始于第二次世界大战。由于事后检验无法控制武器弹药的质量，美国国防部决定把数理统计法用于质量管理，并由标准协会制定有关数理统计方法应用于质量管理方面的规划，成立了专门委员会，并于1941—1942年先后公布一批美国战时的质量管理标准。

（三）全面质量管理阶段

20世纪50年代以来，随着生产力的迅速发展和科学技术的日新月异，人们对产品的质量从注重产品的一般性能发展为注重产品的耐用性、可靠性、安全性、维修性和经济性等。在生产技术和企业管理中要求运用系统的观点来研究质量问题。在管理理论上也有新的发展，突出重视人的因素，强调依靠企业全体人员的努力来保证质量。此外，还有"保护消费者利益"运动的兴起，企业之间市场竞争越来越激烈。在这种情况下，美国费根鲍姆于20世纪60年代初提出全面质量管理的概念，指出全面质量管理是"为了能够在最经济的水平上，并考虑到充分满足顾客要求的条件下进行生产和提供服务，并把企业各部门在研制质量、维持质量和提高质量方面的活动构成为一体的一种有效体系"。质量管理发展到全面质量管理阶段，是质量管理工作的又一个大的进步。统计质量管理着重于应用统计方法控制生产过程质量，发挥预防性管理作用，从而保证产品质量。然而，产品质量的形成过程不仅与生产过程有关，还与其他许多过程、许多环节和因素相关联，这不是单纯依靠统计质量管理所能解决的。全面质量管理相对更加适应现代化大生产对质量管理整体性、综合性的客观要求，从过去限于局部性的管理进一步走向全面性、系统性的管理。

第二节　全面质量管理与ISO9000

全面质量管理是以质量为中心的现代管理方式，是企业为保证和提高产品质量运用的一套质量管理思想、体系、手段和方法。而ISO9000则是由国际标准化组织制定的一系列质量管理和质量保证标准，在技术合作、贸易往来上作为国际认可的标准规范。二者既存在一致性，也有差异性。

一、全面质量管理概述

全面质量管理的概念最早见于20世纪60年代美国通用电气公司全球生产运作和质量控制主管费根堡姆的《全面质量控制》一书，他注意到单靠统计质量管理难以满足社会和用户对产品质量的要求，希望能够建立一套有效的质量管理理论和方法，并首次提出质量体系问题，指出质量管理的主要任务是建立质量管理体系。这一全新的见解在日本、美国、欧洲各国和其他许多国家广泛传播，并在实践中得到发展。

（一）全面质量管理的概念

全面质量管理是为了能够在最经济的水平上，考虑到充分满足用户需求的条件下进行市场研究、设计、生产和服务，把企业各部门研制质量、维持质量和提高质量的活动构成一体的有效体系。全面质量管理的基本核心是提高人的素质，调动人的积极性，人人做好本职工作，通过抓好工作质量来保证和提高产品质量或服务质量。

（二）全面质量管理的特点

与以往的质量管理相比，全面质量管理有如下特点：把过去的以事后检验和把关为主转变为以预防和改进为主；把过去的以就事论事、分散管理转变为以系统的观点进行全面的综合治理；从管结果转变为管因素，把影响质量的诸因素查出来，抓住主要方面，发动全员、全企业各部门参加的全过程的质量管理，依靠科学的管理理论、程序和方法，使生产（作业）的全过程都处于受控制状态，以达到保证和提高产品质量或服务质量的目的。

（三）全面质量管理的基本要求

首先，全面质量管理是要求全员参加的质量管理，要求全体职工树立质量第一的思想，各部门各个层次的人员都要有明确的质量责任、任务和期限，做到各司其职、各负其责，形成一个群众性的质量管理活动，尤其是要开展质量管理小组活动，充分发挥广大职工的聪明才智和当家做主的主人翁精神，把质量管理提高到一个新水平。

其次，全面质量管理的范围是产品或服务质量的产生、形成和实现的全过程，包括从产品的研究、设计、生产（作业）、服务等到全部有关过程的质量管理。任何一个产品或服务的质量，都有一个产生、形成和实现的过程，把产品或服务质量有关的全过程各个环节加以管理，形成一个综合性的质量体系，做到以预防为主，防检结合，不断改进，做到一切为用户服务，以达到用户满意为目的。

再次，全面质量管理要求的是全企业的质量管理。可从两个方面来理解：一是从组织管理角度来看，全企业的含义就是要求企业各个管理层次都有明确的质量管理活动内容。上层质量管理侧重于质量决策，制定企业的质量方针、目标、政策和计划，并统一组织和协调各部门各环节的质量管理活动；中层的质量管理则要实施领导层（上层）的质量决策，运用一定的方法，找出本部门的关键或必须解决的事项，再确定本部门的目标和对策，更好地执行各自的质量职能，对基层工作进行具体的业务管理；基层管理则要求每个职工都要严格地按标准及有关规章制度进行生产和工作。这样一个企业就组成了一个完整的质量管理体系。二是从质量、职能上来看，产品或服务质量职能是分散在全企业的有关部门的。要保证和改善产品或服务质量，就必须将分散在企业各部门的质量职能充分发挥出来，都对产品或服务质量负责，都参加质量管理，各部门之间互相协调、齐心协力地把质量工作做好，形成全企业的质量管理。

最后，全面质量管理要采取多种多样的管理方法，广泛运用科学技术的新成果。要尊重客观事实，尽量用数据说话，坚持实事求是，科学分析，树立科学的工作作风，把质量管理建立在科学的基础之上。

上述四个方面的要求可归纳为"三全一多样"，都是围绕着"有效地利用人力、物力、财力、信息等资源，生产出符合规定要求和用户期望的产品或优质的服务"这一企业目标。这是企业推行全面质量管理的出发点和落脚点，也是全面质量管理的基本要求。

二、ISO9000 系列标准

(一) ISO9000 系列标准

ISO9000 是国际标准化组织（International Organization for Standardization，ISO）确定并颁布的国际标准。ISO 的宗旨是在全世界范围内促进标准化工作的开展，以便于产品和服务的国际交往，并扩大在知识、科学、技术和经济方面的合作。其主要活动是制定国际标准，协调世界范围内标准化工作，组织各成员国和各技术委员会进行情报交流，以及和其他国际机构进行合作，共同研究标准化问题。ISO 技术工作成果是正式出版的国际标准，即 ISO 标准。1979 年，ISO 组织成立质量管理和质量保证技术委员会，专门负责制定质量管理和质量保证标准。在各国专家努力的基础上，ISO 在 1987 年正式颁布了 ISO9000 系列标准（ISO9000~ISO9004）的第一版。ISO9000 标准很快在工业界得到广泛的承认，被各国标准化机构所采用并成为 ISO 标准中在国际上销路最好的一个。

ISO9000 的认证不但从企业内部可强化管理，提高人员素质和企业文化，而且从外部可以提升企业形象和市场份额。具体内容如下。

（1）强化品质管理，提高企业效益；增强客户信心，扩大市场份额。对于获得认证的企业可以确信其能够稳定地提供合格产品或服务，从而放心地与企业订立供销合同，扩大了企业的市场占有率。

（2）获得了国际贸易绿卡——"通行证"，消除了国际贸易壁垒。许多国家为了保护自身的利益，设置了种种贸易壁垒，包括关税壁垒和非关税壁垒。其中非关税壁垒主要是技术壁垒，技术壁垒中，又主要是产品品质认证和 ISO9000 品质体系认证的壁垒。特别是在世界贸易组织内，各成员国之间相互排除了关税壁垒，只能设置技术壁垒，所以获得认证是消除贸易壁垒的主要途径。中国"入世"以后，失去了区分国内贸易和国际贸易的严格界限，所有贸易都有可能遭遇上述技术壁垒，应该引起企业界的高度重视，及早防范。

（3）节省了第二方审核的精力和费用。在现代贸易实践中，作为第一方申请了第三方的 ISO9000 认证并获得了认证证书以后，众多第二方就没有必要再对第一方进行审核，因此不管是对第一方还是对第二方都可以节省很多精力或费用。此外，如果企业在获得了 ISO9000 认证之后，再申请其他产品品质认证，还可以免除认证机构对企业的质量管理体系进行重复认证的开支。

（4）在产品品质竞争中永远立于不败之地。国际贸易竞争的手段主要是价格竞争和品质竞争。由于低价销售的方法不仅使利润锐减，如果构成倾销，还会受到贸易制裁，所以价格竞争的手段越来越不可取。20 世纪 70 年代以来，品质竞争已成为国际贸易竞争的主要手段，不少国家把提高进口商品的品质要求作为限制进口的贸易保护主义的重要措施。实行 ISO9000 国际标准化的品质管理，可以稳定地提高产品品质，使企业在产品品质竞争中立于不败之地。

（5）有利于国际经济合作和技术交流。按照国际经济合作和技术交流的惯例，合作双方必须在产品（包括服务）品质方面有共同的语言、统一的认识和共守的规范，方能进行合作与交流；ISO9000 质量管理体系认证正好提供了这样的信任，有利于双方迅速达成协议。

(6) 强化企业内部管理，稳定经营运作，减少因员工辞工造成的技术或质量波动。

(7) 提高企业形象。

（二）全面质量管理与 ISO9000 的对比

1. 全面质量管理与 ISO9000 的相同点

(1) 二者的管理理论和统计理论基础一致，均认为产品质量形成于产品全过程，都要求质量体系贯穿于质量形成的全过程；在实现方法上，二者都使用了 PDCA 质量环运行模式。

(2) 二者都要求对质量实施系统化的管理，都强调"一把手"对质量的管理。

(3) 二者的最终目的一致，都是为了提高产品质量，满足顾客的需要，都强调任何一个过程都是可以不断改进、不断完善的。

2. 全面质量管理与 ISO9000 的不同点

(1) 期间目标不一致。全面质量管理的质量计划管理活动的目标是改变现状，其作业只限于一次，目标实现后，管理活动也就结束了，下一次计划管理活动虽然是在上一次计划管理活动结果的基础上进行的，但绝不是重复与上次相同的作业。而 ISO9000 质量管理活动的目标是维持标准现状，其目标值为定值。其管理活动是重复相同的方法和作业，使实际工作结果与标准值的偏差量尽量减少。

(2) 工作中心不同。全面质量管理是以人为中心，ISO9000 是以标准为中心。

(3) 二者执行标准及检查方式不同。实施全面质量管理的企业所制定的标准是企业结合其自身特点制定的自我约束的管理体制；其检查方主要是企业内部人员，检查方法是考核和评价（方针目标讲评、QC 小组成果发布等）。ISO9000 系列标准是国际公认的质量管理体系标准，它是世界各国共同遵守的准则。贯彻该标准强调的是由公正的第三方对质量体系进行认证，并接受认证机构的监督和检查。

第三节　质量管理体系

一、质量管理体系的基本知识

（一）质量管理体系的概念

管理是一个组织（或企业）必需的活动，没有管理，一个组织就不可能正常运行。管理是多方面的，当管理与质量有关时，则称为质量管理，它通常包括制定质量方针和质量目标，以及为实现质量方针和质量目标开展的质量控制、质量保证和质量改进等活动。对一个组织来讲，要实现质量管理的方针目标，有效地开展各项质量管理活动，就必须建立相应的管理体系，这一管理体系称为质量管理体系。在国际标准 ISO9000：2000 中给质量管理体系下了明确的定义：指导和控制组织的关于质量的管理体系。

（二）建立质量管理体系的方法和步骤

质量管理体系建立的方法是八项质量管理原则在ISO9000族标准中的具体应用，具体包括以下步骤。

（1）确定顾客和其他相关方的需求和期望。要做到这一点，就要通过调研和分析全面把握顾客的需求，包括顾客的显在需求和潜在需求，帮助顾客实现价值，争取能够为顾客提供意外的惊喜。

（2）建立组织的质量方针和质量目标。根据组织的内外部环境和组织的发展规划，实事求是地建立组织的质量方针和质量目标，质量方针应与组织的经营方针相一致，且具有一定的激励作用，质量目标应具有可评价性和可分解性。

（3）确定实现质量目标必需的过程和职责。识别实现质量目标的过程和过程网络，按照质量保证的组织机构框架，确定各级各类人员的岗位职责和权限。

（4）确定和提供实现质量目标必需的资源。根据产品实现的要求，确定并组织所需要的各类资源。

（5）规定测量每个过程的有效性和效率的方法。制定各个过程的测量计划，包括所采用的测量方法。

（6）应用这些测量方法确定每个过程的有效性和效率。在质量体系的运行过程中，按照测量计划连续测量过程的有效性和效率，并对数据进行统计分析。

（7）确定防止不合格并消除产生原因的措施。利用各种统计工具分析不合格现象产生的原因，并提出消除措施。

（8）建立和应用持续改进质量管理体系的过程。按照持续改进原理对过程进行持续改进，对于完成的改进，应制定相应的标准。

上述方法也适用于保持和改进现有的质量管理体系。采用上述方法的组织能对其过程能力和产品质量建立信任，为持续改进提供基础。这样可以增加顾客和其他相关方的满意并使组织成功。

二、质量管理体系的基本原理

（一）质量管理体系的理论说明

建立质量管理体系的主要目的是帮助组织增强顾客的满意度。质量管理体系方法鼓励组织分析顾客要求，规定满足顾客要求的实现过程及相关的支持过程，并使其持续受控，以实现并提供顾客能接受的产品和服务。质量管理体系还能提供持续改进的框架，因而能不断增强顾客及其所提供产品的满意程度，同时也帮助组织提高竞争能力。质量管理体系还能使组织提供持续满足要求的产品，从而向组织及其顾客提供信任。

总之，是否采用质量管理体系，是关系到组织全局的重大决策，它不仅关系到组织的生存和发展，也对组织的总体业绩有着重要的影响。组织的最高管理者应当高度重视质量管理体系的建立，并认真对待，从而使其能真正帮助组织，为组织带来好的业绩和效益。

(二) 质量管理体系要求与产品要求的区别

质量管理体系要求与产品要求是有区别的。产品要求是针对具体产品在性能、安全性、可靠性和环境适应性等方面的要求，包含在如技术规范、产品标准、过程标准、合同协议和法规要求中，它不是通用的，而是具有鲜明的个性。质量管理体系要求则体现了一个组织管理产品实现及其支持过程的要求，是一种通用的要求，适用于所有行业或经济领域，不论其提供何种类别的产品。因此，ISO9001：2000标准本身并不规定产品要求，它只是质量管理体系要求的具体而完整的阐述。

需要说明的是，质量管理体系要求不能替代产品要求，只是对产品要求的补充。但是，一个组织如果仅有产品要求，而对其质量管理体系没有要求的话，则有可能出现由于缺少对产品实现过程的有效控制，而导致产品要求也不能实现的情况。

(三) 过程方法

所谓过程就是通过使用资源和管理，将输入转化为输出的活动。在一个组织内部具有很多相互关联的过程，并且在一般情况下，上一个过程的输出可能就是下一个过程或多个过程的输入。可以说，组织内的所有工作都是通过过程来完成的，组织的质量管理实质上就是对组织内各种过程的管理来实现的。因此，过程方法首先要研究过程，即识别过程。

要识别一个过程，首先要明确一个过程的输入和输出，然后识别将输入转化为输出的资源，最后确定的是将输入转化为输出所必需的活动并明确活动的程序。因此，管理过程即对过程的输入、输出、资源和活动进行管理的过程。

在过程方法中应重点关注的是过程之间的相互作用，也称其为过程网络。因为过程之间是相互影响的，一个过程的实现往往涉及其他一些过程，如产品的检验过程就需要检测设备校准过程的支持。所以说，准确识别并有效管理这些过程的相互作用也是过程方法的重要内容。

在ISO9001：2000标准中给出了过程方法的模式图，如图7-1所示。

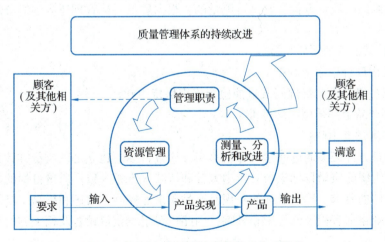

图7-1 以过程为基础的质量管理体系模式

从图7-1可以看出，一个组织的质量管理体系包含了四大过程：管理职责，资源管理，产品实现，测量、分析和改进。这四个过程互为输入和输出，共同构成一个完整的循环。作为组织的管理职责,该过程的首要任务之一就是要识别顾客和相关方的要求,并将识别到的要求作为资源管理过程的输入;资源管理过程据此输入组织所需资源,并将其作为产品实现过程的输入;产品的实现过程借助所提供的资源和顾客要求进行产品实现,并将产品实现的结果(即产品)交付给顾客;在顾客应用产品的过程中,测量分析和改进过程获取内部和外部的(主要是顾客)测量反馈信息,得出组织质量管理体系运行的结果(用顾客的满意度来衡量),并针对问题采取措施,将结果输出到管理职责过程,从而实现组织质量管理体系的持续改进。

图 7-1 中的单向实线箭头代表了从顾客要求到产品实现到顾客满意一连串的活动是个增值的活动。圆圈中的四个箭头体现了管理职责,资源管理,产品实现,测量、分析和改进的内在逻辑顺序;它们通过四个箭头形成闭环循环,表明质量管理体系是不断循环上升的。图中的两个双向虚线箭头表明,在管理职责与顾客要求及在测量、分析和改进与顾客满意之间存在双向信息流动。图中的大箭头则表示了一个组织质量管理体系的所有过程都应得到持续的改进,按照现代质量管理的领军人物朱兰博士的质量螺旋,这一改进过程是一个不断完善的过程。

(四) 质量方针和质量目标

质量方针是由组织的最高管理者正式发布的该组织总的质量宗旨和方向。质量方针的建立为组织确定了未来发展的蓝图,也为质量目标的建立和评审提供了框架。质量方针很重要,可以说它是组织未来在质量方面的追求,它通常不可以量化。在制定质量方针时,应具有长远的观点,它应该是组织经过努力可以达到的中长期的发展方向,也是组织经营方针的一部分。

【例 7-1】某汽车公司的质量方针

以高效能管理、高科技手段、高水平服务,向社会提供高质量的汽车产品。

质量目标是组织在一定时期内,在质量方向应达到的具体要求、标准或结果。质量目标一定要反映出组织的质量方针,它是可测量的,根据质量目标管理还应逐级分解到组织的最底层。

【例 7-2】某机床公司质量目标:

(1) 产品出厂合格率 100%。
(2) 国家各级技术监督部门质量抽检合格率保持 100%。
(3) 主要产品全部采用国际标准。
(4) 顾客满意度 100%。

组织的质量方针必须通过质量目标来落实,质量目标的建立是以质量方针为框架具体展开的。因此,组织的质量目标应与其质量方针和持续改进相一致。质量目标的建立为组织的运作提供了具体的要求。质量目标的实现对产品质量的控制、改进和提高、具体过程动作的有效性及经济效益都有积极的作用和影响,因此也对组织获得顾客及相关方的满意和信任产生积极的影响。

(五) 最高管理者在质量管理体系中的作用

最高管理者通过其领导作用和采取的措施可以创造一个员工充分参与质量管理的环境,

并使质量管理体系能在这种环境中有效运行。最高管理者可将质量管理原则作为发挥其作用的依据,其作用如下。

(1) 制定组织的质量方针和质量目标。
(2) 确保整个组织关注顾客要求。
(3) 确保实施适宜的过程以满足顾客要求并实现质量目标。
(4) 确保建立、实施和保持一个有效的质量管理体系以实现这些目标。
(5) 确保获得必要资源。
(6) 定期评审质量管理体系,将达到的结果与规定的质量目标进行比较。
(7) 决定实现质量方针和质量目标的措施。
(8) 决定改进质量体系有效性的措施。

(六) 质量管理体系文件的类型

质量管理体系是在质量方面指挥和控制组织的管理体系,质量管理体系文件是质量管理体系的文件化形态,是质量管理体系运行的依据。建立清晰的质量管理体系文件结构有助于体系运行的有效性。根据 ISO9001:2000 标准的要求,组织的质量管理体系文件应按质量方针、质量目标、质量手册、程序文件、作业指导书、规范、记录等文件类型形成分层结构,如图 7-2 所示。

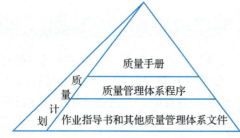

图 7-2　典型的质量管理体系文件结构

在质量管理体系中使用下述几种类型的文件。

(1) 质量手册。质量手册就是规定组织质量方针、质量目标、质量管理体系的文件。它向组织内部和外部提供关于质量管理体系的一致信息。
(2) 质量计划。质量计划是表述质量管理体系如何应用于特定产品、项目或合同的文件。
(3) 程序文件。程序文件就是提供如何完成活动和过程的一致信息的文件。
(4) 作业指导书。作业指导书是为某项活动的具体操作提供帮助指导信息的文件。
(5) 记录。对所完成的活动或达到的结果提供客观证据的文件,这类文件称为记录。

每个组织的质量管理体系文件的详略程度和所使用的媒体取决于组织的类型和规模、过程的复杂性和相互作用、产品的复杂性、顾客要求的重要性、适用的法规要求、经证实的人员能力及满足质量管理体系要求所需证实的程度等因素。

(七) 统计技术的应用

统计技术的重要作用在于帮助发现产品或过程存在的变异,或在有变异的情况下,通过对变异进行测量、描述、分析、解释和建立模型，使之更好地理解变异的性质、程度和原因，进而帮助组织完成以下任务。

(1) 寻找最佳的方法以解决现存问题。
(2) 提高解决问题的有效性和组织的工作效率。
(3) 利用相关数据进行分析做出决策。
(4) 持续改进。

第四节 质量改进

企业的生存和发展依存于好的产品质量和服务质量，而好的产品质量和服务质量是由持续不断的质量改进取得的。世界上许多发达国家的经验已经证明了这一点。日本从第二次世界大战的战败国一跃成为经济强国，主要原因在于日本工业界的高级管理人员对产品质量永不满足，不断寻找质量改进机会，实施质量改进，从而提高了产品质量，降低了质量成本，使企业在市场竞争中得到主动权。欧美企业也同样重视质量改进活动，持续不断进行质量改进。

一、质量改进的概念与意义

质量改进是指为向本组织及其顾客提供更多的收益，在整个组织内所采取的旨在提高活动和过程的效益、效率的各种措施。任何一个组织，其产品质量，无论是有形还是无形产品，都由两个方面决定：一是使用其产品的顾客的满意度；二是产品质量形成过程中的效率和效果。凡是顾客满意，又在其形成过程中效率高、效果好的产品，其质量也好，否则就差。

组织中的每一项活动或每一项工作都包含一个或若干个过程，质量改进就是通过改进过程质量来实现的，它实际上是一种以追求更高的过程效果和效率为目标的持续的质量活动。开展质量改进活动时，应努力不懈地寻找改进的机会，而不是消极地、待出现质量问题后再去改进。质量改进活动的输出应减少或消除已经发生的某项问题，而预防措施和纠正措施却是消除或减少产生某项问题的原因，并在今后避免或减少再次发生问题。因此，质量改进的关键是预防和纠正措施。

开展质量改进对于企业有重要的意义，主要体现在以下几个方面。

(1) 质量改进具有很高的投资收益率。通过对产品设计和生产工艺的改进，更加合理、有效地使用资金和技术力量，充分挖掘企业的潜力。质量损失是一座没有挖掘的金矿，而质量改进正是要通过各种方法把这个金矿挖掘出来。

(2) 推动企业不断开发新产品、改进产品性能的同时，认真进行老产品的改进，改善产品组合的深度，经济合理地延长老产品的经济寿命周期。

(3) 通过对产品设计和生产工艺的改进，推动产品固有质量水平的突破和企业科学实验、科技情报、工艺试验研究等方面工作的开展，更加合理、有效地使用资金和技术力量，充分挖掘企业潜力。

（4）通过产品的符合性质量水平的不断突破，不断提高产品制造质量，减少不合格品的发生，降低内部损失费用，从而增加产量提高工作效率，降低成本，增加利润，提高企业产品的市场竞争力。产品的符合性质量水平是指通过制造过程的一系列质量控制活动达到的质量水平。

（5）有利于发挥企业各部门的质量职能，提高工作质量，为产品质量提供强有力的保证。

二、质量改进的工作方法和步骤

（一）质量改进的工作方法

美国质量管理专家戴明博士首创的 PDCA 循环，不仅是管理工作的一般方法或解决一切问题的基本工作思路，更是质量管理和质量改进工作的基本方法和基本工作思路。PDCA 循环又叫戴明环，它是全面质量管理所应遵循的科学程序。PDCA 是由英语单词 plan（计划）、do（执行）、check（检查）和 action（处理）的首字母组成的，PDCA 循环就是按照这样的顺序进行质量管理，并且循环不止地进行下去的科学程序。

P（plan）：计划，包括质量方针和目标的确定，以及质量活动规划的制定。通过市场调查、用户访问等，摸清用户对产品质量的要求，确定质量政策、质量目标和质量计划等。

D（do）：执行，实施上一阶段所规定的内容。根据已知的信息，设计具体的方法、方案和计划布局；再根据设计和布局，进行具体运作，实现计划中的内容及计划执行前的人员培训。

C（check）：检查，总结执行计划的结果，分清哪些对了，哪些错了，明确效果，找出问题。主要是在计划执行过程之中或执行之后，检查执行情况，看是否符合计划的预期结果效果。

A（action）：处理，对检查的结果进行处理，对成功的经验加以肯定，并予以标准化；对于失败的教训也要总结，引起重视。对于没有解决的问题，应提交给下一个 PDCA 循环中去解决。

以上四个过程不是运行一次就结束，而是周而复始地进行；一个循环完成后，解决了一些问题，未解决的问题进入下一个循环，这样阶梯式上升。

（二）质量改进的步骤

从企业内部来看，需要开展质量改进的地方很多，质量改进可应用于生产经营活动的所有过程。质量改进是一个过程，要按照一定规则进行，否则会影响改进成效，甚至会徒劳无功。质量改进的基本过程是 PDCA 模式（大环套小环、不断上升的循环）。

（1）选择课题。企业需要改进的问题会有很多，经常提到的不外乎质量、成本、交货期、安全、激励、环境六方面，选择课题时通常也围绕这六方面来选。

（2）掌握现状。质量改进课题确定后，就要了解把握当前问题的现状。

（3）分析问题原因。分析问题原因是一个设立假说、验证假说的过程。

（4）拟定对策并实施。原因分析出来后，就要制定对策，加以实施。对策一定要消除引起结果的原因，防止其再发生。

（5）确认效果。对质量改进的效果要正确确认，确认的失误会使人误认为问题已经得到解决，从而导致问题再次发生。反之，也可能导致对质量改进的成果视而不见，从而挫伤了持续改进的积极性。

（6）防止再发生和标准化。对质量改进有效的措施，要进行标准化，纳入质量文件，以防止同样的问题再次发生。

（7）总结。对改进效果不显著的措施及改进实施过程中出现的问题，要予以总结，为开展新一轮的质量改进活动提供依据。

三、质量改进的工具

（一）因果图（石川馨图）

1953年，日本东京大学教授石川馨第一次提出了因果图。过程或产品出现问题可能是由很多因素造成的，因果图通过对这些因素进行全面、系统的观察和分析，可以找出其因果关系。因果图又叫鱼刺图，用来罗列问题的原因，并将众多的原因分类、分层。绘制因果图应注意集思广益，充分发扬民主；确定原因尽可能具体，质量特性有多少，就要绘制多少张因果图；质量特性和因素尽可能量化。

（二）排列图（帕累托图）

质量问题是以质量损失（缺陷项目和成本）的形式表现出来的，大多数损失往往是由几种缺陷引起的，而这几种缺陷往往又是少数原因引起的。因此，一旦明确了这些"关键的少数"就可以消除这些特殊原因，避免由此引起的大量损失。排列图又叫帕累托图，它是将各个缺陷项目从最主要到最次要的顺序进行排列的一种工具。排列图可分为两种：分析现象用排列图和分析原因用排列图。

（三）直方图

直方图是从总体中随机抽取样本，将从样本中获得的数据进行整理，根据这些数据找出质量波动规律，预测工序质量好坏，估算工序不合格率的一种工具。直方图是用来分析数据信息的常用工具，它能够直观地显示出数据的分布情况。

（四）检查表

用来检查有关项目的表格，一是收集数据比较容易，二是数据使用处理起来也比较容易，因此检查表成了非常有用的数据记录工具。检查表又叫调查表、统计分析表等，用来系统地收集资料和积累数据，确认事实并对数据进行粗略整理和分析的统计图表。

（五）分层法

通过分层可以获得对整体进行剖析的有关信息。但有时由于分层不当，也可以得出错误的信息，必须运用有关产品技术知识和经验进行正确分层。

（六）散布图

在质量改进活动中，常常要分析研究两个相应变量是否存在相关关系。散布图的做法就是把由实验或观测得到的统计资料用点在平面图上表示出来，根据散布图就可以把握二者之间的关系。散布图是用来发现和显示两组相关数据之间相关关系的类型和程度，或确认其预期关系的一种示图工具。

（七）控制图（休哈特图）

控制图是休哈特于 1924 年提出来的，其目的是消除产品质量形成过程中的异常波动。产品在制造过程中，质量波动是不可避免的，质量波动包括异常波动和正常波动。在质量改进过程中，控制图主要是用来发现过程中的异常波动。控制图用来对过程状态进行监控，并可度量、诊断和改进过程状态。

本章思考题

1. 学习质量管理的意义是什么？
2. 质量改进的工具主要有哪些？
3. 质量改进的工作方法有哪些？
4. 试论述质量管理的基本原则。
5. 试论述质量改进的概念与意义。

第八章

信息管理与知识管理

当今社会，信息已成为重要的战略资源，它与物质、能量共同成为社会及经济发展的三大基础。无论是人力资源、资金资源还是物质资源、技术资源等，其开发、利用和管理都依赖于信息的支持。因此，信息是现代企业的重要资源，没有信息的流动，现代企业管理就无从谈起。与此相关，知识在企业发展中的作用日趋重要，知识型企业包括各类高新技术企业、文化传播、出版、新闻、广播电视、咨询服务、金融保险、大学和研究机构、服务型企业等，这些企业的生存和发展依赖于核心产品、核心技术、核心服务、核心人才等。因此，有效地测量、管理和利用企业的无形资产已成为现代企业管理的核心，成为企业发展成功的关键。

第一节 信息与知识

一、信息与知识的概念及分类

（一）信息的概念及分类

信息是一个十分广泛的概念，在信息系统领域，比较有影响的定义主要有以下几种："信息是有意义的数据""信息是关于客观事实的可通信的知识""信息是客观事物的特征通过一定物质载体形式的反映"等。

在企业生产经营过程中，可以根据不同的标志把信息划分为如下几类。

（1）按照管理的层次，可以分为战略信息、战术信息和作业信息。战略信息是提供高层管理人员制定企业长远规划的信息，如未来经济状况的预测信息；战术信息是为中层管理人员监督和控制业务活动、有效配置企业资源所提供的信息，如各种企业报表等；作业信息是反映企业具体业务状况的信息，如应付款信息、原材料消耗量、作业进度等。

（2）按照信息产生的过程，可分为原始信息和加工信息（综合信息）。从信息源直接收集的信息称为原始信息；在原始信息基础上，经过信息系统的综合、加工生产出来的新的数据称为加工信息（综合信息），加工信息是管理决策中经常使用的信息。

（3）按照信息的来源不同，可分为企业内部信息和企业外部信息。内部信息是组织内部各部门、各环节所产生的信息。外部信息是指组织所处的自然、社会、经济环境为组织活动所提供的信息，如国家宏观经济政策、税收政策、市场需求等。

（4）按照内容的不同，可分为市场情报信息、科技信息、人才信息、财务信息等。

（5）按照反映形式，可分为数字信息、图像信息和声音信息等。

（二）知识的概念及分类

与信息相关，知识可以简单概括为"知识是可用于生产的信息"。可用于生产的信息是指在生产过程中以恰当的方式获得的相关的有用信息，任何人（不仅仅是知识的生产者）可以在任何时候用它来帮助决策。知识是智能决策、预测、设计、规划、争端、分析、评估和直觉判断的关键资源。它形成于个人和集体的头脑，并为之共享。它无法从数据库中产生，而是随着时间的推移从经验、成功、失败和学习中产生。从表8-1中我们可以对知识与信息的差别有一个比较直观的认识。

表8-1 信息与知识比较

信息	知识
经过处理的数据	可用于行动的信息
只为我们提供事实	帮助预测、建立临时关系
清楚、明细、结构化和简单	混乱、模糊，部分未被结构化
易于以书面方式表达	很难交流或用语言描述和表达
通过数据浓缩、校正、关联和计算获得	存在于联系、人机对话、经验性直觉，以及人用于比较环境、问题和解决方案的能力中
缺乏所有者依存性	存在所有者大脑中
信息系统可以很好地处理	还需要非正式渠道
理解大量数据含义的关键资源	智能决策、预测、设计、规划、诊断、分析、评估和直觉判断的关键资源
从数据演变而来，以数据库、书籍、手册和文件的形式存储	产生于个人和集体的头脑，并为之共享，从经验、成功、失败和学习中产生
被形式化、获取和显性化，能够容易地包装为可再利用的形式	多形成于人的头脑中，从经验中得来

知识也是人类在实践中认识客观世界的成果。它包括事实、信息的描述或在教育和实践中获得的技能。它可以是关于理论的，也可以是关于实践的。知识可以分为隐性知识和显性知识，具体比较参见表8-2。

表 8-2 隐性知识和显性知识比较

特征	隐性知识	显性知识
本质	个人的，特定语境的	可以编码化、显性化
形式化	很难形式化、记录、编码或表述	可编码，并用系统、正式的语言传递
形成过程	产生于实践中不断试错的过程	产生于对隐性知识的说明和对信息的解释
存储地点	存储在人脑中	存储在文件、数据库、网页、电子邮件、图表等介质中
转化过程	常常通过隐喻和类推等外化方法转化为显性知识	无须再转化
IT 支持	很难用 IT 来管理、共享或支持	现有 IT 能很好地支持
需要的媒介	需要丰富的沟通媒介	可以通过常规电子渠道传递

二、信息管理

信息与物质资源、能量资源一样是一种稀缺性资源，而且信息资源具有严格的时效性，失去了新颖性和时效性的资源不再具有或只有极少的经济价值。因此，如何做好信息资源管理，最大限度地支持企业的计划、决策、组织、控制等各项管理职能，提高企业经济效益和竞争能力，是企业管理领域的重要内容。

（一）信息管理的概念

信息管理是为了确保信息资源的有效利用，以现代信息技术为手段，对信息资源实施计划、预算、组织、指挥、控制、协调的一种管理活动。所以信息管理也是一种管理过程，是以信息资源为对象的管理活动。

信息管理的最终目的是确保信息资源的有效利用，从而有效地提高每个人的生产率，最终提高组织的整体效益。信息管理要求组织成员必须把信息视作一种宝贵的资源，视信息共享为一种规则，充分发挥信息的资源作用。

（二）信息资源内容管理

信息管理的核心在于信息资源内容的管理，主要包括信息源、信息收集、信息加工、信息传输、信息储存、信息检索等方面的工作。

1. 信息源

信息源是蕴含信息的一切事物。任何事物都能够产生、传递信息，所以信息源的范围非常广阔，包括所有产生、持有和传递信息的人、事物和机构。根据不同的分类标准，可将信息源分为不同的类型。例如，按组织边界划分，信息源可以分为内部信息源和外部信息源；根据信息的载体形式，信息源可以分为个人信息源、印刷型信息源、缩微型信息源、电子型信息源和实物信息源等。

2. 信息收集

信息收集也称信息采集，是根据特定的目的和要求将分散在不同时空的相关信息积聚起来的过程。信息收集是信息资源管理的第一步,也是重要的基础。信息质量在很大程度上取决于原始信息的真实性和完整性。

企业信息资源极为广泛,必须通过各种形式和方法进行收集。对于不同的载体,其信息收集方法也不同:文献信息的收集方法主要是购买、检索、浏览、交换、索取等;个人信息的收集方法主要是调查、采访、谈话、通信等;实物信息的收集方法主要有观察、考察、试验、监测等;电子信息的收集方法主要有收听、收视、检索、网络浏览、查询等。

3. 信息加工

信息加工也是信息管理的重要环节,它是指将收集到的信息资源按照一定的程序和方法进行分类、计算、分析、判断,使之成为一种真实、准确的信息资料,以便使用、传递和存储。信息加工的基本要求是准确、及时、系统、适用、经济、浓缩。在信息加工中,一定要防止虚构,要以求实和求精的态度,详细分析和研究加工信息,仔细调查核对,使加工后的信息产品达到高质量。

4. 信息传输

信息只有及时传送到使用者那里,才能起到应有的作用。信息能否发出和到达取决于信息传输的功能,信息传输要建立一定的传输渠道系统,形成信息流和信息网。管理组织机构和组织体系决定了企业系统内部基本的信息传输渠道。此外,信息系统还要通过多条渠道,实现直接的和间接的、纵横交错的多方面联系。总之,信息传输网是个极其复杂而灵敏的系统。

5. 信息储存

加工后的信息一般并不立即使用,有的虽然立即使用了,但使用后的信息还要作为今后的参考。因此,就需要将信息储存起来。信息储存是信息在时间上的传输,发挥它的记忆功能。信息的储存和积累有助于对客观经济情况进行动态的和全面的分析研究。

6. 信息检索

信息检索是指根据信息用户的需求,从存储信息中查找有关信息的过程。从信息检索的基本概念可以知道,其核心问题是实现所存储信息的特征与用户提问特征之间的匹配,这也是信息检索的基本原理,概括起来就是信息集合与需求集合的匹配与选择。

以上所述对信息资源内容的管理,也反映了信息管理的一般过程,可以通过图 8-1 把它完整地表现出来。

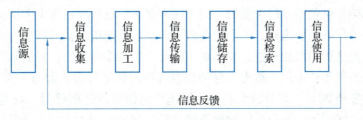

图 8-1　信息处理过程

(三) 信息管理的基础条件

现代企业进行信息管理的基础条件主要包括以下六方面内容。

1. 企业信息系统和信息网络

企业信息系统是企业内各种系统中的一种能够对信息进行收集、加工、存储、传播，向本企业提供信息管理服务的职能系统。企业信息系统由三部分组成：一是企业专门建设的计算机信息系统；二是企业内设立的、为企业自身服务的专门从事信息服务的信息机构所组成的系统；三是企业的组织系统，组织系统又包括企业正式组织系统和非正式组织系统。把企业信息系统理解成企业内设置的专职信息机构系统是不全面的。

企业信息网络就是由企业内分散的各种信息系统和社会上相关的其他信息系统连接而成的更大系统。企业信息网络是以计算机系统、通信设备、信息刊物等技术手段为依托，以信息机构和信息人员为节点所组成的有机综合体。以信息刊物、通信设备为依托的是人工信息网络，以通信设备、计算机系统为依托的是计算机信息网络。企业局域网只是指计算机网络，不包括人工信息网络，不等同于企业信息网络。

2. 信息技术装备

一个完整的信息系统离不开现代信息技术装备。"工欲善其事，必先利其器"，一个企业所拥有的现代信息技术装备，决定了企业信息管理可能达到的最高水平。信息技术装备包括硬件装备和软件装备。硬件装备主要有微型计算机、中小型计算机或大型机、打印机、扫描仪、传真机、电视会议设备等；软件装备主要有系统软件和各类应用软件以及各类数据库、管理数学模型。表8-3列示了企业信息管理中常用的应用软件系统。

表8-3 企业信息管理中常用的应用软件系统

CAD 计算机辅助设计	信息安全软件
CAM 计算机辅助制造	财务管理软件
CAT 计算机辅助测试	MRPⅡ制造资源计划
CAE 计算机辅助工程	ERP 企业资源计划
MIS 管理信息系统	CIMS 集成制造系统
DSS 决策支持系统	SCM 供应链管理
MSS 管理支持系统	CRM 客户关系管理
SIS 战略信息系统	ECS 电子商务系统
OAS 办公自动化系统	

3. 企业信息机构

企业信息机构是企业中专门设置的，用于处理企业信息管理过程中大量重复出现的例行问题和日常事务工作的职能机构。一个完备的企业信息系统所包括的信息机构应该有：专门向管理者提供决策分析和预测、进行文字加工处理的信息综合部门，如战略情报中心、政策研究室、情报服务室等；采集、整理、存储信息资料的档案部门，如图书馆、专业期刊室、技术档案室、财务档案室、文书档案室等；快速传递信息的通信部门，如对外信息交流中心、企业网站、收发室等；企业在线数据管理部门，如CIO办公室、信息部、计算机中心、企业网站管理中心等。

4. 企业信息资源

企业信息资源主要是指企业内各种公用的、专用的、便于存储、检索的数据库，与企技术、管理发展方向一致的图书、期刊、技术档案和资料,为企业开发管理服务的决策专用软件、数学模型和情报资料库等。此外,社会上的信息资源,不论是免费的公共信息资源,还是付费的商业信息资源,都属于企业信息资源的范畴。

5. 企业信息管理制度和标准

企业信息管理制度和标准以及相关的规定、协议等,是企业信息管理的基本保证。企业信息化管理制度既包括企业管理机构在实施信息管理体制方式方法上的规范化和法制化的规则体系,也包括企业各部门在有关信息管理正常运行方面的各种规范化和标准化的规则体系。

6. 企业信息管理工作人员

企业信息管理工作人员不仅是指企业内从事信息管理的管理者和信息部门的工作人员,还包括虽然属于其他部门但是要从事信息管理工作的管理者和人员。信息管理人员是企业信息管理活动的主体,他们的水平决定着企业信息管理活动的实际水平。

(四) 信息管理的原则

企业信息管理的原则是指企业管理者在实施企业信息管理时观察问题和处理问题的准绳,主要包含以下五种。

1. 系统原则

系统原则是指以系统的观念和方法,立足整体,统筹全局地认识管理客体,以求满意结果的管理思想。

2. 整序原则

整序原则是指对所获得的企业信息,按照某种特征进行排序的管理思想。整序原则的内容如下。

(1) 分类整序:进行分类时必须注意划分必须相称;划分出的子项不能越级;划分的子项不能交叉重复;每次划分的依据必须统一。

(2) 主题整序:以能够代表信息单元主题的词语作为信息标识,再按词语的字顺为序的整序方法。

(3) 著者整序:按著者名的字顺为序的整序方法。

(4) 号码整序:按信息单元的固有序号为序的整序方法。

(5) 时间整序:按信息单元发表的时间为序的整序方法。

(6) 地区整序:按行政区划分名称字顺为序的整序方法。

(7) 部门整序:按部门名称字顺为序的整序方法。

(8) 计算机整序:用计算机排序功能给机内信息整序的方法。

3. 激活原则

激活原则是指对信息进行分析和排序,实现信息活化、为我所用的管理思想。激活原则的内容包括个体激活(管理者个人使用的信息激活方法)和群体激活(通过群体智力协作激活信息的方法)。

4. 共享原则

共享原则是指在企业信息管理活动中,为充分发挥企业信息的潜在价值,力求最大限度地利用企业信息的管理思想。实施共享原则应该做到以下几点。

（1）动员全体员工把信息贡献给企业。
（2）把企业内各自独立的信息系统连成局域网。
（3）企业及时地向员工公布应该公布的信息。
（4）利用社会信息系统和信息市场共享企业外的信息。
（5）让员工和管理者都建立起"共享"他人信息的意识。

5. 搜索原则

搜索原则是指在企业信息管理活动中，要尽可能多地搜索到相关信息。要实现这点，首先，要有强烈的搜索意识；其次，要有明确的搜索范围；最后，要有有效的搜索方法。

三、知识管理

（一）知识管理的概念

知识管理是对企业知识生产（创新）、分配、交流（交换）、整合、内化、评价、改进（再创新）全过程进行的管理，以实现知识共享，增加企业的知识含量和产品中的知识含量，提高企业创新能力和核心竞争能力，提高顾客（对企业产品）的满意度和忠诚度，保证企业高速、健康、持续发展，使其在激烈的全球化竞争中立于不败之地。

知识管理的实质是知识创新管理，知识创新的主体是员工。知识管理就是对企业中所有员工的经验、知识、能力等因素的管理，实现知识共享并有效实现知识价值的转化，以促使企业知识化，促进企业不断成熟和壮大。总之，知识管理就是为企业实现隐性知识和显性知识共享提供新的途径，主要体现在以下方面。

（1）建立一个企业生产、交流、共享、整合和内化知识的战略决策，在企业各方面力量的配合下实施知识管理策略，并对这一策略进行经常性评价。
（2）了解和熟悉企业的生存与发展环境以及企业自身的发展特点与要求，尤其是企业内部的知识要求。
（3）建立和营造促进知识学习、知识积累和知识共享的环境，激励员工的知识创新和交流。
（4）监督和保证知识库中知识的内容质量、深度、风格与企业的发展一致，其中包括知识的更新，保证知识库设施的正常运转，增强知识的积累、转换，提高知识编码率。
（5）提高员工整体素质，实施员工满意度战略，体现人力资源的价值，促进员工的数据信息处理能力、创新能力、工作技巧和合作能力。
（6）提高企业的生存竞争能力，适应知识经济的产出智能、个性化、艺术化要求，加强研究开发、扩大绝对规模和创新能力。
（7）检测和评估知识资产的价值并有效实现知识价值的科学转化，利用知识改善企业的日常经营过程和在企业生产过程中充分利用知识。

（二）知识管理的过程

知识管理是一个复杂的活动，如果没有具体的计划，就无法产生业务影响。知识管理的路线图分为四个阶段共十个步骤，见表8-4。

第八章 信息管理与知识管理

表 8-4 知识管理十步走路线

部分	步骤
阶段一：基础设施评价	第一步：分析现有的基础设施 第二步：协调知识管理和业务战略
阶段二：知识管理系统的分析、设计和开发	第三步：设计知识管理基础设施 第四步：现有知识资产与系统的审计 第五步：组建知识管理团队 第六步：规划知识管理蓝图 第七步：开发知识管理系统
阶段三：部署	第八步：利用结果驱动的渐进方法进行项目试验和部署 第九步：管理变革、文化和奖励机制
阶段四：评估测算	第十步：评价业绩，测算投资回报率，逐步修订知识管理系统

1. 阶段一：基础设施评价

第一步，分析现有的基础设施。通过分析和描述企业已有的知识技术，找出与现有基础设施的关键差距。这样就可以在现有基础上发展知识管理系统。

第二步，协调知识管理和业务战略。业务战略一般是在更高的层次上，开发系统一般都是在基层。十步走的第二步就是要在二者之间建立联系：将知识管理平台的设计提升到业务战略的层面，将战略贯穿到系统设计的各个层面。

2. 阶段二：知识管理系统的分析、设计和开发

第三步，设计知识管理基础设施。在这一步必须选择组成知识管理系统结构的基础设施要素，需要从信息基础结构，而不仅仅是基础设施的角度将各个部分整合起来建立知识管理模型。

第四步，现有知识资产与系统的审计。知识管理项目必须从企业已有的知识开始。代表企业不同部门的人组成知识审计团队，对企业的知识资产进行初步评价，以发现哪些是强项，哪些是弱项。

第五步，组建知识管理团队。要设计有效的知识管理系统，就必须清楚企业内外部的主要投资方。为了保证管理与技术的平衡，必须明确能够成功地设计、建设和开发系统的专家来源在哪里。

第六步，规划知识管理蓝图。在第五步所建立的团队基础上规划知识管理的蓝图，目的是为知识管理系统的建设和完善提供一个目标。

第七步，开发知识管理系统。一旦规划了知识管理的蓝图，下一步就是将各个部分放在一起形成一个工作系统，建立一个内在协同稳定的知识管理平台。

3. 阶段三：部署

第八步，利用结果驱动的渐进方法进行项目试验和部署。像知识管理这样的大规模项目必须考虑到用户的实际需求。尽管跨部门的知识管理团队能够从不同角度展示这些需求，但是开发试验项目还要接受现实的检验，必须决定如何选择渐增的版本，以得到最大回报并确定项目的范围，找到识别和孤立失败点的方法和途径。

第九步，管理变革、文化和奖励机制。很多企业最常见的错误假设是：知识管理系统的革新所带来的内涵价值，会使人们非常乐意接受和使用它们。然而强迫别人共享知识实属不易，这就需要新的激励机制鼓励员工接纳和利用知识管理系统。这一过程也需要富有激情的领导者来树立榜样。

4. 阶段四：评估测算

第十步，评价业绩，测算投资回报率，逐步修订知识管理系统。这一步是对投资回报率的测算，因为必须考虑知识管理对企业财务和竞争力的双重影响。测算投资回报率主要有两个目的：一是通过掌握运营数据和现金数据来证明知识管理的有效性；二是通过不断的迭代来改善知识管理设计。

第二节 企业信息化与信息系统管理

一、企业信息化

（一）信息化的概念

信息化这一概念是日本学者在20世纪60年代提出来的。如同工业化一样，它是对经济发展到某一特定阶段的概念描述，是针对工业化高度发展之后社会生产力出现的新情况而提出的。由于信息化涉及各个领域，是一个外延很广的概念，目前还没有一个严谨的、形式化的有关"信息化"的定义。一般认为，信息化是指人们依靠现代电子信息技术等手段，通过提高自身开发和利用信息资源的能力，利用信息资源推动经济发展、社会进步乃至人的自身生活方式变革的过程。

信息化是人类社会从工业经济向信息经济、从工业社会向信息社会逐渐演进的动态过程。从信息化涉及的社会层面来说，信息化包括企业信息化、产业信息化和社会信息化。

（二）企业信息化

企业信息化是指企业在一定的深度和广度上利用计算机、数据库等现代信息技术，控制和集成管理企业生产经营活动中的所有信息，全面实现企业的资金流、物流、作业流和信息流的数字化、网络化管理，实现企业内外部信息的共享和有效利用，以提高企业的经济效益和市场竞争力。

企业信息化的基础是企业的管理和运行模式，而不是计算机网络技术本身，后者仅仅是企业信息化的实现手段。企业的信息化建设是一个人机合一的有层次的系统工程，包括企业领导和员工理念的信息化，企业决策、组织管理的信息化，企业经营手段的信息化，设计、加工应用的信息化。

二、信息系统概述

（一）信息系统的概念

信息系统可以从不同的角度理解。从技术角度看，信息系统由一组相互关联的要素构成,目的是完成企业内信息的收集、传输、加工、存储、使用和维护等,支持企业的计划、组织、调节和控制等各项管理职能。

需要说明的是,信息系统既可以是手工的,也可以是计算机化的。早期的组织同样存在着为计划、决策和控制提供支持的信息系统,只是这些信息的收集、处理、传递功能是由人工来完成的。许多信息系统开始都是手工系统,随着信息技术的发展和竞争的加剧,才逐步发展成为计算机化的信息系统。因此,现代意义上的信息系统是一个基于计算机的人机系统,它是由人、硬件、软件和数据源组成的,能进行信息处理和传输的系统。

(二)信息系统的结构

目前,对信息系统的结构描述尚无统一的模式。由于信息系统贯穿于企业管理的全过程,同时又覆盖了管理业务的各个层面,因而其结构也必然是一个包含各种子系统的广泛结构。从广义概念看,信息系统的结构呈矩阵形式,如图 8-2 所示。纵向概括了基于管理任务的系统层次结构;横向从管理的组织和职能上概括了信息系统的组成。

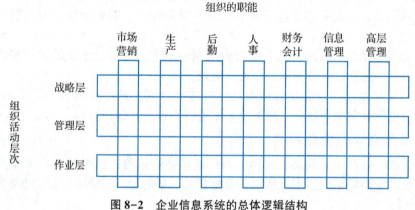

图 8-2 企业信息系统的总体逻辑结构

1. 信息系统的层次结构

人们通常将组织的管理活动分为三个层次:作业层、管理层和战略层,不同层面的管理活动有着不同的目标和信息需求。为管理服务的信息系统也相应地分为三个层面:作业层信息系统、管理层信息系统和战略层信息系统,不同层面的信息系统具有不同的特点。

(1)作业层信息系统是指支持、帮助甚至取代基层业务人员工作的信息系统,如登记库存、记录销售数据、工资处理等。这类信息系统主要支持基层的日常业务活动,提高业务的处理效率和处理质量,部分或完全取代手工作业。作业层信息系统都是高度结构化的,按照事先设计的程序处理固定的业务活动,不具备灵活性。

(2)管理层信息系统主要是为组织中层管理人员的管理和控制提供支持的信息系统。管理层信息系统可以定期为管理人员提供反映组织各方面运营状态的综合性报告,管理人员据此开展计划和控制工作。较之作业层信息系统,管理层信息系统不仅具有信息处理功能,更重要的在于其决策支持功能,解决组织中普遍存在的结构化的决策问题,如销售计划的制订、生产控制等。

(3)战略层信息系统主要是为高层管理者的战略决策提供信息和决策支持的信息系统。战略层信息系统除了需要作业层和管理层信息系统提供各类信息之外,更需要大量的来自外部环境的信息,如用户需求、竞争对手、供应商等方面的信息,以及宏观经济发展状况和行业发展动态等信息；同时，还有与组织发展有关的政治、文化、心理等多方面的信息。战略层信息系统还包含了进行战略决策所必需的各类决策支持工具，如各类决策模型、各种分析软件等。同管理层信息系统相比，战略层信息系统着重支持组织的半结构化和非结构化的战略决策问题，因此，战略层信息系统具有较大的灵活性。

2. 信息系统的职能结构

企业管理活动一般是按职能划分的。按照所承担的职能不同，信息系统可以分为不同的职能系统。一般制造业的信息系统可分为以下几个职能系统。

（1）市场销售系统：进行销售统计、销售计划制订，协助管理者进行销售分析与预测，制订销售规划和策略。

（2）生产系统：协助管理者制定与实施产品开发策略、制订生产计划和生产作业计划，进行生产过程中的产品质量分析、成本控制与分析等。

（3）供应系统：协助管理者制订物料采购计划、物资存储和分配管理。

（4）人事系统：支持管理者进行人员需求预测与规划、绩效分析、工资管理等。

（5）财务系统：支持管理者进行账务管理、财务计划、财务分析、资本需求预测、收益评价等。

（6）信息管理系统：支持信息系统发展规划的制定，对信息系统的运行和维护进行统计、记录、审查、监督，对各部分工作进行协调。

（7）高层管理系统：为高层管理人员制订战略计划、进行资源分配等工作提供支持，协助管理人员进行日常事务处理，对下级工作进行检查、监督和协调。

（三）信息系统的生命周期

任何系统都有其产生、发展、成熟、消亡或更替的过程，这个过程称为系统的生命周期。信息系统的生命周期包括系统规划、系统开发、系统运行与维护、系统更新四个阶段。

1. 系统规划

系统规划是信息系统的起始阶段，其主要任务是：根据组织的整体目标和发展战略，确定信息系统的发展战略，明确组织的信息需求，制订信息系统建设计划，其中包括确定拟建的信息系统的总体目标、功能、规模和所需资源，并根据信息需求的迫切程度和应用环境的约束，确定出信息系统开发的优先顺序，以便分期、分批进行系统建设。

2. 系统开发

系统开发是系统建设中工作最为繁重的阶段，不论采取何种开发方式，系统分析都是必要的。其主要任务是根据系统规划阶段确定的系统总体方案和开发项目的安排，进行系统开发。系统开发阶段又分为系统分析、系统设计和系统实施等阶段。系统分析阶段主要是通过初步调查，确定系统开发的可行性，对现行系统进行详细调查，明确用户的信息需求，提出新系统的逻辑方案。系统设计阶段主要是根据新系统的逻辑方案进行软硬件系统的设计，具体包括总体结构设计、输入设计、输出设计、处理过程设计、数据存储设计和计算机系统方案的选择等。系统实施阶段是将设计的系统付诸实施，主要工作有软件程序的编制、软件包的购买、计算机与通信设备的购置、系统的安装与调试、新旧系统的转换等。

3. 系统运行与维护

系统运行与维护是系统生命周期中历时最长的阶段，也是信息系统实现其功能、发挥其效益的阶段。系统开发项目投入使用后，就进入了正常运行和维护阶段。信息系统规模庞大、结构复杂，管理环境和技术环境不断变化，系统维护的工作量大，涉及面广，投入资源多。

4. 系统更新

系统更新是老系统的终结、新系统建设的开始。当现有系统或系统的某些主要部分已经不能通过维护来适应环境和用户信息需求的变化时，系统就需要进行更新。这一阶段是新老系统并存的时期，对现行系统可以全部更新，也可以部分更新或有步骤地分期分批进行更新。

三、信息系统的开发方式

信息系统开发主要有全部专门开发、全面购置商品软件及二者的集成三类方式。

（一）全部专门开发

应用系统的全部专门开发是早期就一直采用的方式，由于当时信息系统开发方法与技术不成熟，缺乏开发经验，几乎没有现成的商品软件供选购，根据企业的具体情况逐个地开发信息系统是必然的。专门开发的工作量非常庞大，应用系统软件的重复设计与编制耗去了大量的人力与时间。

（二）全面购置商品软件

随着信息系统开发与应用的深入和普及，一些通用的解决企业管理中部分问题的商品软件陆续产生，其中典型的有 MRP Ⅱ、财务管理软件、人事管理软件等。

商品软件的购置首先由企业提出需求，选择可靠的软件公司，与其洽谈，明确所要达到的目标与总要求，确定具体的需购置的模块；在此基础上软件公司对与模块有关的管理过程进行调查分析与运行方案的设计；方案提出后双方对其做详细的讨论，在需求与可能两方面的某点上取得一致，确定方案；然后，企业与软件公司正式开展实施工作，其中主要是软件公司为企业有关人员做培训，对模块做功能调整及参数设置，企业则同时按方案要求对原有管理过程做必要的调整，搭建硬件平台，待系统构成后录入基本数据；完成以上工作后，即可在某个恰当的时间试运行系统，若试运行成功即可做新老系统的切换，正式运行所购置的模块。商品软件的购置与实施过程大体如图 8-3 所示。

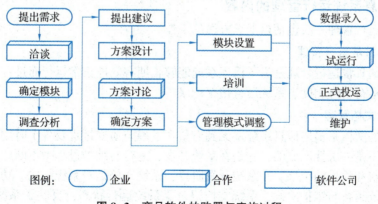

图 8-3　商品软件的购置与实施过程

（三）购买与专门开发集成

购置商品软件可加快信息系统的开发进度，也可提高开发的成功率。但每个企业的管理模式不尽相同，也不可能买到能解决企业所有管理问题的商品软件，因此不得不采用应用系统软件购置与专门开发并举的集成方式，即购置一些管理过程较稳定、模式较统一的功能模块，而对结合企业具体特点的、稳定性较差的或决策难度较大的功能模块则采用专门开发的方式。当然，二者应有机地结合，构成一个完整的信息系统。

购置与专门开发并举的集成方式除兼有两种开发过程外，还有购置与专门开发两类模块的划分选择、二者的接口设计与集成等工作，如图8-4所示。

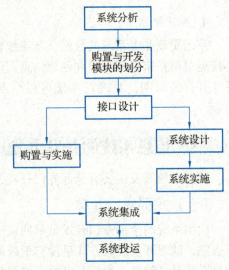

图8-4 购置与专门开发集成的开发过程

尽管不同的信息系统开发策略与开发方法有不同的开发过程，但其目标是相同的，其工作性质也是相同的，都包括系统分析、系统设计、系统实施和系统维护这四个基本阶段。不管采用什么方法开发信息系统，都可将其作为一个项目来看待，用工程项目管理的方法来管理好信息系统的开发。

四、信息系统的运行

信息系统运行管理的目的是使信息系统在一个预定的时期内能够正常地发挥作用，产生其应有的效益。为此，必须对信息系统的运行进行管理和控制，记录其运行状态，进行必要的扩充，以便使信息系统真正符合管理决策的需要，为组织的战略目标服务。

（一）信息系统运行管理制度

为保证信息系统在运行期间正常工作，必须建立健全信息系统的运行管理制度，对运行的信息系统进行监督和控制。信息系统运行管理制度主要包括机房管理制度、技术档案管理制度、信息系统维护制度、系统运行操作规程、信息系统修改规程、系统运行日志等。

（二）信息系统运行管理的内容

信息系统运行管理一般包括以下三方面的工作。

1. 系统的日常运行管理

信息系统的日常运行管理是为了保证系统能够长期有效地正常运行而进行的活动，具体包括建立系统运行管理制度、系统运行情况记录。

2. 系统的文档管理

信息系统的文档是描述信息系统从无到有整个发展与演变过程及各个时期状态的文字资料。系统文档不是一次性形成的，它是在系统开发、运行与维护过程中不断地按阶段依次编写、修改、完善和积累的结果。在系统开发阶段，系统文档是对系统结构、功能和开发过程的记录。在系统运行与维护阶段，系统文档记录了系统运行状态，反映了系统存在的问题，为系统维护提供依据。文档管理是规范开发与运行信息系统必须做好的重要工作，必须由专人负责，并形成制度化管理。

3. 系统的安全与保密

随着信息系统的普及，社会各个方面对信息系统的依赖越来越强。信息系统在运行过程中会产生和积累大量的信息，这些信息是组织的重要资源，反映了组织各个方面的状况。系统软硬件的损坏、有意或无意的信息泄漏都会给组织带来不可估量的损失，甚至危及组织的生存与发展。因此，信息系统的安全与保密是一项极其重要的信息系统管理工作。

五、信息系统的维护

信息系统维护是为了保证系统正常工作，针对信息系统内外环境及其他因素变化而采取的有关活动。其目的是要保证信息系统正常、可靠地运行，并能使系统不断得到改善和提高，以充分发挥作用。

（一）信息系统维护的原因

信息系统需要维护的原因很多，归纳起来主要有以下几点：

（1）组织的变化。组织的发展始终处在不断变化的环境之中，为了适应环境的变化，组织必须不断调整其战略目标和经营策略。信息系统作为支持组织实现战略目标的重要手段和工具，也必然需要不断改进与提高。

（2）用户需求的变更。随着组织业务的发展，用户的信息需求也会不断增多，对信息系统的功能和结构会提出新的要求。原有信息系统不能满足用户新的业务需求，就需要对原有的软硬件系统进行调整。

（3）系统原有设计中存在的问题。信息系统在开发过程中，由于系统的复杂性，导致系统分析、系统设计以及系统实施中存在错误。在系统运行过程中，经常会出现原有设计中的错误，特别是信息需求分析方面的错误。

（4）系统运行的环境发生变化。有关政策和法规的改变、组织管理模式和方法的变化、技术的发展等因素，会造成系统运行环境发生变化。若原有的信息系统不能够适应这种变化，就必须进行相应的调整和变更。

（二）系统维护的对象

系统维护是面向信息系统中各种构成要素的，其维护的对象可以分为以下几类。

（1）应用程序维护。系统的业务处理过程是通过应用程序的运行来实现的，一旦应用程序出现问题或业务发生变化，就需要对程序进行修改和调整。应用程序的维护是系统维护的主要内容。

（2）数据维护。业务处理对数据的需求是不断变化的，必须对系统中的业务数据进行更新以及备份等，这些都是数据维护的工作内容。

（3）代码维护。随着系统应用范围的扩大和应用环境的变化，系统中的各种代码需要进行一定的增加、修改、删除，以及设置新的代码。

（4）硬件设备维护。主要是指对主机及外部设备的日常维护和管理，如机器部件的清洗、润滑、设备故障的检修、易损部件的更换等。

（三）系统维护的类型

系统维护主要包括硬件系统维护和软件系统维护两类。

1. 硬件系统维护

硬件系统维护主要有定期的预防性维护和突发性的故障维护。前者维护的内容主要是在一定的间隔期内进行硬件设备的例行检查和保养，做到隐患事先排除；后者是针对突发性的故障，集中人力进行检修和更换。

2. 软件系统维护

软件系统维护是系统维护的重点。按照软件维护的不同性质可以将其分为：

（1）正确性维护。即主要针对系统开发阶段遗留的错误进行修改。由于系统测试不可能发现系统存在的所有问题，在系统投入使用后，频繁的实际应用会暴露出系统内存在的错误。诊断和修正系统中遗留的错误，就是正确性维护。

（2）适应性维护。即为了适应组织内外部环境变化而进行的维护工作。一方面，随着信息技术的发展，新的操作系统不断推出，外部设备和其他系统部件不断增加，信息系统必须调整以适应新的技术环境；另一方面，由于组织的发展，原有的组织结构、管理模式、业务流程等都会随着时间发生变化，导致原代码改变，数据结构、数据输入和输出方式、数据的存储介质发生变更，这些都需要对信息系统进行调整，以适应应用对象的变化。

（3）完善性维护。在系统使用过程中，用户经常需要增加新的系统功能，改善软件系统的性能。例如，改善用户界面，使之更加友好；增加新的处理功能，满足发展的需要。

（4）预防性维护。即为了减少或避免以后可能出现的各类维护问题，而预先对软件系统进行的维护工作。目的是通过预防性维护为未来的调整和完善奠定坚实的基础。

六、信息系统的评价

信息系统交付使用后，如何科学、客观地评价信息系统的性能、质量以及给组织带来的影响，是信息系统管理的另一重要内容。信息系统特别是大型、复杂的信息系统开发，投入了大量的人力、物力、资金和时间，其投入是否取得预期的效果，能否满足用户的需求，这些都需要通过系统评价才能得出结论。

（一）系统评价的目的

信息系统评价是对信息系统的功能、性能和使用效果进行全面估计、检查、测试、分析和评审，将实际指标和计划指标进行比较，确定系统目标的实现程度等。信息系统评价可以促进系统设计目标的实现，减少不必要的修改费用，提高信息系统投资的效益。

系统评价本身不是目的，只是手段。从总体上看，系统评价的目的是决策的需要。具体来说，信息系统评价的目的主要有以下几个方面。

（1）衡量信息系统的价值。通过信息系统评价，可以将系统的功能、性能、效用和效益用量化的方法体现出来，有助于人们认识信息系统的价值。

（2）支持信息系统的开发决策。当决策者对不同的系统开发方案无法取舍时，客观的系统评价可以为决策者提供信息，为决策提供参考和依据。

（3）对系统开发的决策行为进行说明。当决策者决定开发信息系统时，为了使组织其他成员也能够理解信息系统开发的意义，可以通过对信息系统的评价，揭示系统的功能和作用，以及系统建设能够给组织带来的效益，使组织成员理解开发决策的意义，使系统开发获得更为广泛的理解和支持。

（4）分析信息系统存在的问题。系统评价的过程往往也是发现问题的过程。通过系统评价，可以把复杂的系统问题分解为简单易懂的具体问题，有利于发现系统存在的问题，也有助于问题的解决。

（二）系统评价的时期

对信息系统实施评价应贯穿于系统开发的全过程。从一定意义上说，不同的评价目的决定了系统评价的不同时期。通常，系统评价可以分为初期评价、终期评价和跟踪评价。

1. 初期评价

这是在制定系统开发计划时所进行的评价，目的是沟通开发商和用户的意见，分析和评价系统开发的可行性，包括技术上是否先进、经济上是否合理、管理上是否有基础等，并探讨系统开发的关键性问题及难点问题。

2. 终期评价

这是指信息系统开发完成、投入使用前进行的评价。其重点是全面审查信息系统的各项功能是否达到原先的计划要求；同时，通过评价，为信息系统的切换做好技术上和管理上的准备，并预防可能出现的其他问题。

3. 跟踪评价

为了考察信息系统的实际使用效果，在其生命周期内，每隔一定时间对其进行一次评价。这样一方面对系统当前的状态有明确的认识，另一方面也为系统的改进和完善做准备。

（三）系统评价的指标体系

信息系统本身的复杂性，决定了系统评价的复杂性。信息系统评价不仅涉及信息系统的功能、结构等技术性因素，还包含信息系统投资的效益、用户的满意度等经济和社会性因素。信息系统评价的科学与否，与评价指标的选择密切相关。

信息系统评价指标的选择与评价目的密切相关。比如，评价的目的是确定信息系统的价值，那么信息系统的成本与收益方面的指标应该是主要的；其次，评价指标应构成一个完整的体系，即全面反映所需评价对象的各个方面；最后，评价指标的数目应有所控制，以降低评价的复杂性和评价费用，提高评价的经济性和准确性。按照评价指标设置的原则，以全面评价信息系统的状况为目的，可以将信息系统评价指标分为经济效益、技术性能和用户满意三个方面，每个方面又可细分为若干具体指标，构成一个带有层次的评价指标体系（表8-5）。

表8-5 信息系统评价指标体系

经济效益	投资回收期
	平均报酬率
技术性能	系统响应时间
	系统可维护性
	系统可扩充性
	系统适应性
	系统安全可靠性
用户满意	功能满意度
	信息满意度
	形式满意度

上述评价指标体系属于层次模型，分为三大类，每一类有若干一级子指标，一级子指标下还可有下一级指标。由于评价指标多为非量化指标，尚无确切的度量方法，主要依靠人们的主观判断。为了能够全面、合理、准确地评价信息系统，可以综合运用层次分析法和模糊评价法，对信息系统评价指标中存在的模糊概念进行定量化描述和分析。

七、常见的企业信息系统

企业信息系统是软件信息系统和硬件信息系统的结合体，也是在线信息系统和非在线信息系统的结合体。所谓在线信息系统，是指企业内使用计算机进行管理的信息系统；非在线信息系统是指不使用计算机进行管理的信息系统。下面简要介绍四种集成的管理信息系统。

（一）企业资源规划（ERP）

ERP（Enterprise Resource Planning）系统是一种对企业内物料、资金、信息等三大资源进行全面集成管理的管理信息系统，它将企业的运作整合为一个紧密、高效的整体。ERP的发展历程可以从20世纪40年代的"订货点法"说起，逐步发展到60年代IBM公司的约瑟夫·奥利佛博士提出的新管理理论——物料需求计划（Materiel Requirements Planning，MRP），以及80年代进一步发展而来的制造资源计划（Manufacture Requirement Planning），即MRPⅡ系统。直到90年代初，美国Gartner Group提出ERP概念，实现在MRPⅡ基础上的超越。

典型的ERP系统主要由以下部分组成：销售管理系统、主生产计划系统、物料需求计划系统、能力需求计划系统、采购管理系统、库存管理系统、车间管理系统、财务管理系统、固定资产管理系统、成本管理系统、设备管理系统、质量管理系统、分销资源管理系统、人力资源管理系统、客户关系管理系统和决策支持管理系统等。

ERP体现了以下三种核心管理思想：首先是企业资源整合优化、内外供应链协调运作的思想；其次是实现精益生产、同步工程和敏捷制造的思想；最后是实现事前计划、事中控制、事后分析的闭环调控思想。但ERP的实际部署和应用也不是一帆风顺的，因为ERP也有其自身的局限性，比如重心只在企业内部，不能满足企业个性化管理需求，与互联网、EC系统集成度不高等。正因为有上述缺陷，为满足外部商业环境的需要，企业需要给ERP增加商业智能（Business Intellect）以实现向智能资源计划（Intelligent Resource Planning，IRP）系统发展；为满足企业个性化管理需要，促进ERP向模块化发展，以保证可以对系统实现自由裁剪和重新配置；为适应企业电子商务化需要，实现ERP与电子商务系统、互联网的有机集成。

（二）客户关系管理（CRM）

CRM（Customer Relationship Management）最初是由Gartner Group提出的，就如同它提出ERP一样，其对CRM的权威定义是："客户关系管理（CRM）是针对增进盈利、收入和提高客户满意度而设计的企业范围的商业战略。"简言之，CRM是一个获取、保持和增加可获利客户的过程。

CRM是一种旨在改善企业与客户之间关系的信息管理理念，主要应用于企业的市场营销、销售、服务与技术支持等与客户相关的领域。CRM 的目标一方面是通过提供更快速和更周到的优质服务,吸引和保持更多的客户,另一方面是通过对企业业务流程的全面管理来降低企业的成本。狭义的客户关系管理是对企业与企业外的客户之间关系的管理,而广义的客户关系管理还包括企业内部的"客户关系"。

CRM 既是一种管理理念,也是一套管理软件和技术。它的功能组件主要包括:销售管理系统、市场营销管理系统、客户服务和支持管理系统、客户管理和联系人管理系统、时间管理系统、呼叫中心管理系统、电子邮件管理系统、合作伙伴关系管理系统。

CRM 的主要内容包括:相关过程管理、客户信息管理、客户状态管理、客户成本管理。

(三) 供应链管理 (SCM)

SCM (Supply Chain Management) 是一种从供应商开始,经由制造商、分销商、零售商直到最终客户的全要素、全过程的集成化管理模式。每一条供应链都有一个核心企业,供应链则是由核心企业向供应链前、后扩充形成的综合网络。其目标是从整体的观点出发,寻求建立供、产、销企业以及客户之间的战略合作伙伴关系,最大限度地减少内耗与浪费,实现供应链整体效率的最优化,形成客户、零售商、分销商、制造商、供应商的全部供应过程的功能整体。

供应链管理与精益生产和敏捷制造的概念密不可分。精益生产 (Lean Production, LP) 指的是采用通用性强、自动化程度高的设备来生产可变化的各种大宗产品,它综合了单件生产和批量生产的优点,收到了高质量、低成本、多品种的实效。敏捷制造 (Agile Manufacturing, AM) 是对顾客的需求,包括新产品或增值服务的需求,能够做出快速反应并及时满足的生产方式。供应链管理就是在精益生产和敏捷制造模式的基础上诞生的。新的供应链管理模式把供应链概念扩展到关联企业,认为供应链开始于供应的原点,结束于消费的终点。它由一系列企业所组成,跨越了企业的边界,形成了一种合作制造和战略合作的新思维。

SCM 作为一种管理模式,其核心思想是:将精益生产、横向一体化和敏捷制造模式融合在一起,体现了系统集成和协同商务的现代管理思想精髓。SCM 把供应链上的各个企业看成一个不可分割的整体,使供应链上的各企业分担的采购、生产、分销和销售等职能彼此衔接,成为一个协调发展的有机体。同时,SCM 还体现了战略性供应商和用户合作伙伴关系管理、供应链商品需求预测和计划、企业内部即企业之间物料供应与需求管理、企业间资金流管理、基于供应链的产品设计与制造管理、生产集成化计划、跟踪与控制、用户服务与物流等一系列协同商务思想。

(四) 电子商务 (EC) 系统

EC (Electronic Commerce) 是利用计算机网络提供的通信手段,在网上进行交易的商务活动。它通过计算机网络,沟通买卖双方的商务信息,通过电子支付,按照相互认同的交易标准实现其商务活动。EC 起源于 20 世纪 60 年代的电子数据交换 (Electronic Data Interchange),在互联网迅速发展的 20 世纪 90 年代成为一种新型商业模式。

按照交易对象的不同,可将 EC 分为:供求企业、协作企业间的电子商务 (B2B),网上企业与顾客间的电子商务 (B2C),通过中介机构进行的顾客与顾客之间的电子商务

(C2C)，政府采购企业与政府间的电子商务（B2G），以及福利费发放、税款征收类的工作中消费者与政府间的电子商务（C2G）等。

EC从功能上来看，具备业务组织和运作功能、网上宣传功能、网上咨询洽谈功能、网上销售与服务功能、网上货币支付功能和网上交易活动的管理功能等。

第三节 知识型企业组织的构建及应用

一、知识型企业及特点

（一）知识型企业

随着知识经济的发展，出现了一种新型的企业，这种企业以知识为主要生产要素，以创造和运用知识为主要生产目的，以经营知识作为取得财富的主要手段，这就是知识型企业。从另一个角度来说，如果某个企业的产出中知识的贡献率超过50%，那么这家企业就可以称为知识型企业。

从世界上典型的知识型企业的比较中我们可以发现一些共同的特点，即"投入的是知识，生产的是知识，销售的是知识，管理的还是知识，知识型企业就是这样一个由各种知识堆积而成的金字塔"。这是因为：①知识是立业创造财富的最主要资本；②创新及运用创新的能力是企业的灵魂；③知识型人才是企业生命力的源泉；④学习者与教育者相统一是企业的新型角色定位；⑤经营者与管理者相分离是企业的突出特征。

表8-6 传统型企业组织与知识型企业组织的不同

	传统型企业组织	知识型企业组织
战略	战略规划中没有将知识列入考虑	知识优势是战略规划中的考虑重点
结构	中央集权，垂直功能分工	网络型组织，自主团队，激励团队协调合作
作业风格	命令式、指挥式、注重控制、消极反应	协调式、互助式、开明、积极主动、互相信任，充分授权
信息系统	功能式、孤岛式、本位主义，主要用来控制和监督绩效	整合式，充分利用内外部信息，流通顺畅的正式与非正式网络系统支持员工互动
员工	专注于个别、独立的知识领域	专业且有弹性，充分授权，公开互动的团队精神
技能	专注于某一技术、产品、任务的专业技能	富有灵活性，专业技能，重视创意及创新组合各种产品，产生强大的杠杆作用
价值观	个人英雄主义	分享、合作、团队精神

（二）知识型企业的特点

知识型企业组织是一种为适应经济时代信息化、全球化的需要，以知识为基础的开放、互动、有利于学习与创新的组织。其主要特点可以概括为扁平化、弹性化、网络化、虚拟化和柔性化。

1. 扁平化

组织结构从等级制转向扁平化已经成为现代企业发展的必然趋势，组织的扁平结构能够减少中间层次，增大管理幅度，促进信息和知识的传递与沟通。管理学中将少组织层次、宽管理跨度的组织称为扁平化组织。相比传统的金字塔形组织而言，扁平化组织结构具有更敏捷、灵活、高效的优点。具体表现在以下几方面。

（1）扁平化组织可以使企业更适于学习和建立开创性思考方式，有利于员工发挥主动性，有利于缩短知识传递的时间和空间，因而通过组织成员的相互作用可以有效地实现知识的传播、整合、共享与创新。

（2）扁平化组织由于管理层次减少，使得管理人员减少，从而大大降低了管理成本。

（3）扁平化组织结构削弱了组织内部的界限，使原有的垂直和水平界限日益模糊，缩短了上下层之间的距离，既可以提高信息传递的速度，又可以提高决策的效率，还可以促进上下级之间的沟通。

（4）扁平化组织结构的层次减少，决策权力下放，加大了员工的工作责任感，增大了工作职位的挑战性，有利于基层管理员工的快速成长。扁平化组织结构充分下放权力，有利于提高组织决策的民主化和科学化程度。

2. 弹性化

组织为了实现特定目标，把在不同领域工作的、具有不同知识和技能的人组成特定的动态团队，共同完成某个项目，待项目完成后团队成员各回各处。这种动态团队组织结构灵活便捷，能伸能缩，通常表现为临时团队、工作团队、项目小组、工作小组等形式。此外，动态团队的成员也可以是来自企业外部的专家、顾问等。

弹性化组织灵活机动、整合优势，在降低成本的同时能够促进企业人力资源的开发，推动组织结构的扁平化。弹性化的动态团队促进了企业知识的获取、共享和应用，使得不同背景的员工能够在工作中充分交流，创造出更有价值的知识。

3. 网络化

网络化是一种不断与他人保持接触，从而使工作能够顺利完成的过程。当个人、团队或组织成为网络中的节点（知识资源）时，它将获得所需要的知识并提高工作效率。组织的网络化主要体现在以下几个方面。

（1）组织内部网络化。组织的架构日趋扁平，管理层次跨度加大，执行层机构增多，决策层下移，执行机构与决策层建立了直接的关系，横向的联络也在不断增多，形成了组织内部的网络化，使组织内部成为一个不断更新的知识网络。

（2）信息传递网络化。随着信息化的飞速发展，组织的信息传递和人际沟通正在日益数字化、网络化。因此，信息技术架构是知识管理的基石，信息传递的网络化环境是知识管理实施的必要条件。

（3）外部联系网络化。具有共同利益基础的企业集团大量出现，使得众多企业之间的联系日益紧密起来，构成了企业组织形式的网络化。随着知识经济的到来，企业的边界日益模糊，把客户、合伙人、联盟、其他利益相关者甚至竞争者看作企业网络的成员，形成了企业的外部网络。企业的外部网络主要包括专家网络、主管部门信息网络、供应商网络、经销商网络、合作机构网络、技术源网络等相关网络。知识管理的重点在于明确对企业有利的外部知识的范围,并对其进行系统管理。组织的网络化促使知识在企业内、外部顺畅流动,方便了知识的共享和使用,又可以节约组织的运营成本。

(4) 经营方式网络化。许多企业通过发展连锁经营的方式,形成了一个庞大的销售网络,使得企业的营销组织网络化。

4. 虚拟化

分布在不同地区的知识型组织,利用信息技术手段,把组织的人员、资产、创意等资源动态地联系在一起。虚拟组织打破了传统企业各成员之间的隶属关系,通过契约关系共享资源。虚拟化组织促进了知识的共享和增值,以最大限度地积累各个方面的知识,方便了知识的获取、共享和利用。

5. 柔性化

柔性组织有助于企业实现知识整合、建立知识联盟以及创建知识网络,促进知识管理的有效实施。柔性组织具有如下特点。

(1) 集权与分权的统一。柔性组织一方面为一线员工留出空间,保证其主动和快速反应的创造能力;另一方面有严格的集中管理,以保持战略的内聚力,管理相互依存的单元减少决策和行动上的时滞。集权与分权的结合依靠的是正式和非正式的联系机制,在管理者和一线员工之间建立直接交流的渠道。

(2) 稳定性和动态性的统一。柔性组织在使自己提高适应性和灵活性的同时,保持了组织管理的有序性。

(3) 单一性和多样性的统一。知识管理组织的柔性化体现了组织管理的多维概念,需要灵活性和多面性。

二、知识型组织的构建

要构建知识型组织,需要集中精力做好以下几项关键工作。

(一) 组织文化创新

企业文化是企业核心竞争能力的主要表征。企业文化和企业知识创新息息相关。美国通用电气公司(GE)的宣传口号是"让我们为生活带来美好的东西",在这个朴实无华的口号背后是 GE 人对企业的自豪和对技术创新的热爱。这种观念的具体化,就是内部激励机制创造的 GE 人的高效率、组织结构的无边界化、低成本和全球化的协作。要加快企业的知识创新进程,不断提高自身的竞争力,一定要进行文化创新。我国企业在进行文化创新时,应体现以人为本、以德为先和人人为人三个方向。

(二) 基于知识形成战略

知识型组织根据所知道的和所做的来确定企业战略。在某个领域比竞争者知道得更多,在战略上就可以形成竞争优势,同时也意识到知识对企业成功的影响力(制定战略的过程也是知识创新的过程)。举例来说,美国第一资本金融公司的核心专业知识是微观市场营销和目标风险分析,而不是销售信用卡。公司凭借其在统计建模和实验设计上超人一等的能力,将企业战略定位于个人财务风险管理。如果不是敏锐地注意到私人财产数据库的发展,该公司在市场中的竞争优势不会这么明显。

（三）拟定知识发展战略规划

知识战略规划规定了组织应该在什么领域创造何种知识，它为知识创新过程以及创新的知识指明了方向。简言之，正是这种战略规划决定了组织及其知识基础如何长期发展。知识是没有疆域的，不管组织的业务结构如何，任何形式的新知识都能被创造出来。所以拟定的知识战略规划超越现存产品、分工、组织和市场的限制，就显得尤为重要。一个优秀的、清晰的知识战略规划会使组织具有可靠的竞争优势。许多有知识战略规划的公司拥有与思想和行动原则紧密相关的价值，而思想与行动原则又与知识创新紧密相关。例如，摩托罗拉公司一直强调"激发员工潜在的创造力"；本田公司的管理基础是"尊重理论"，并坚定地认为没有"正确理论"为基础，任何努力都毫无价值；夏普公司的价值观是"决不模仿"，要创造让人模仿的产品。

（四）将企业转变为战略学习型组织

一个企业的知识创新能力取决于学习的能力。成功的企业寻找机会时会在具有战略意义的知识领域开展学习和试验。此外，将客户、贸易伙伴、供应商和利益团体纳入学习的范围也很重要，简而言之，要向一切能带来企业所需知识的人学习。

最终要把企业战略作为一个假设，在验证的过程中鼓励企业进行学习。比如，美国第一资本金融公司把每一个市场、每一个产品和每一项工作都作为一个实验进行测评、验证和改善，不仅按产品和服务来给客户分类，而且根据企业从客户身上学到知识的多少来分类。虽然客户提供了很多的学习机会，但是公司还要积极寻找机会，向其他的细分市场学习。新客户是最重要的学习来源，也是未来重要的战略机遇。

将学习的成本作为投资，而不是开支。管理者应将学习投资视作一种期权，而不是按照传统的投资回报分析理论将其作为沉没成本。哪怕公司以亏本的方式去获得一个客户，如果这样做公司可以了解未来的市场机会，或者使公司有足够长的时间去研究市场机遇，那么这种做法就是一项有利的投资。比如，林肯再保险公司通常采用期权定价模型来评价在知识和学习上的投资。知识型组织既重视学习的经济价值，也了解学习的战略价值。

（五）认真对待人力资源管理

知识型组织一般按照竞争的需要和战略的需要来招募员工和制定员工的职业发展规划，并将社会资本作为知识创造、交流和运用的关键促进因素，奖励创新、冒险、大胆实验和大胆想象的行为，甚至也奖励失败，如果能够从中得到重大启发的话。

三、企业技术管理

技术管理作为在企业层面上对知识管理的基础，侧重于在生产过程中对知识成果的应用，也是企业知识管理的重要组成部分。

（一）技术管理的概念

技术通常指根据生产实践经验和自然科学原理总结发展起来的各种工艺操作方法与技能。现代企业技术管理就是依据科学技术工作的规律性，对企业的科学研究和全部技术活动进行的计划、协调、控制和激励等方面的管理工作。

企业技术管理是整个企业管理系统的一个子系统，是对企业的技术开发、产品开发、技术改造、技术合作以及技术转让等进行计划、组织、指挥、协调和控制等一系列管理活动的总称。企业技术管理的目的是按照科学技术工作的规律性,建立科学的工作程序,有计划地、合理地利用企业技术力量和资源,把最新的科技成果尽快地转化为现实的生产力,以推动企业技术进步和经济效益的实现。

(二) 企业技术管理的任务

(1) 进行科学技术预测,制定规划并组织实施。
(2) 改进产品设计,试制新产品。
(3) 制定和执行技术标准,进行产品质量的监督检验。
(4) 组织信息交流。
(5) 建立健全技术操作规程。
(6) 技术改造、技术引进和设备更新。
(7) 做好生产技术准备和日常技术管理。
(8) 做好技术经济的论证工作。

(三) 企业技术管理的意义

1. 正确贯彻执行国家的技术政策

企业许多技术问题和经济问题的解决都离不开国家的有关技术政策。我国现代企业的技术政策很多,主要包括产品质量标准、工艺规程、技术操作规程、检验制度等。其中,产品的质量标准是最重要的。

2. 建立良好的生产技术秩序

企业要通过技术管理,使各种机器设备和工具经常保持良好的技术状况,为生产提供先进、合理的工艺规程,并严格执行生产技术责任制和质量检验制度,及时解决生产中的技术问题,从而保证企业生产的顺利进行。

3. 提高企业的技术水平

现代企业要通过各种方式和手段,提高工人和技术人员的技术素质,对生产设备、工艺流程、操作方法等不断进行挖潜、革新和改造,推广行之有效的生产技术经验;努力学习和采用新工艺、新技术,充分发挥技术人员和工人的作用,全面提高所有生产人员的科学文化水平和技术水平,以加速企业的现代化进程。

4. 保证安全生产

操作工人和机器设备的安全是现代企业生产顺利进行的基本保证。企业生产的安全应靠企业上下各方面的共同努力,从技术上采取有力措施,制定和贯彻安全技术操作规程,从而保证生产安全。

5. 广泛开展科研活动,努力开发新产品

在市场经济中,现代企业必须及时生产出符合社会需求的产品,才能取得相应的经济效益。这就要求企业必须发动广大技术人员和工人,广泛开展科学研究活动,努力钻研技术,积极开发新产品,不断满足需求,开拓新市场。

四、企业知识产权管理

（一）知识产权的概念及特征

1. 知识产权的概念

知识产权可以表述为民事主体对其智力活动创造的成果和经营活动中的标记、信誉等依法享有的运用、保护和管理的专有权利。主要包括版权与邻接权、商标权、地理标志权、工业品外观设计权、专利权、集成电路布图设计权以及未披露过的信息专有权。

知识产权的保护对象包括主体在科技或文化等活动中创造或创作的以发明创造或文艺作品方式等存在的产品，简称知识产品。知识产品大致分为三类：一是创造性成果，包括作品（著作权客体）及其传播媒介（邻接权客体）、工业技术；二是经营标记，即在产业领域中标示产品来源和厂家特定人格的商标、商号、产品名称等区别性标记；三是经营性资信，即工商业主体在经营活动中具有的经营资格和优势及其所获得的特许专营资格、特许交易资格、信用及商誉等。

2. 知识产权的特征

（1）专有性。知识产权的专有性主要表现在两个方面：一是知识财产为权利人所独占并受相关法律严格保护，没有法律依据或未经权利人许可，任何人不得使用权利；二是对同一项知识产品，不允许有两个或两个以上同一属性知识产权并存。

（2）时间性。知识产权的时间性是指知识产权只能在法律规定的期限内受到保护，法定期限届满之后，该知识产品就会进入公有领域，成为整个社会的共用财富，供人类共同使用。

（3）地域性。按照一个国家或地区的相关法律规定，对知识产品授予的专有权利只能在该国或该地区范围内发生效力。

（二）常见的知识产权载体

1. 专利

专利是政府主管部门发布的对设计者的发明成果颁发专利证书，进行专利权的保护。主体是发明人或者设计人，专利权人和专利受让人等。客体包括发明、实用新型、外观设计。

2. 著作权

著作权是指文学、艺术和科学作品的创作者对其创作的作品享有的权利，其中作品是指具有独创性的各种形式的创作成果，如小说、诗歌、散文、戏剧、绘画等。主体是依法就作品享有著作权的作者或者著作权继承人。

3. 商标权

商标是指能够将不同的经营者所提供的商品或者服务区别开来，并可为视觉感知的标记。一般由文字、图形或其组合图案构成。按照不同的标准，可以将商标分为注册商标与未注册商标、商品商标与服务商标、平面商标与立体商标、集体商标与证明商标。

（三）知识产权管理

1. 知识产权管理的定义

知识产权管理是指政府机构、高校、科研院所、企业或者其他组织等主体计划、组织、协调和控制知识产权相关工作,并使其发展符合组织目标的过程。知识产权管理具有合法性、市场性、动态性和国际性。

2. 知识产权管理的目的

知识产权管理的目的是强化创新主体的知识产权意识,提高创新主体的知识产权产出效率和质量,提升创新主体的知识产权运用能力,提高创新主体的知识产权管理水平,完善知识产权管理组织或机构的规章制度,培养知识产权管理人才,奠定知识产权文化基础。

3. 知识产权管理的手段

知识产权管理的手段主要包括行政手段、法律手段和市场手段。

(1) 知识产权管理的行政手段主要是指知识产权行政管理机关开展知识产权申请的审查、授权、登记等活动时所采取的手段,以保证其有效运作。

(2) 知识产权管理的法律手段主要是指政府知识产权行政机构等运用知识产权的相关制度、政策来处理用于其职权范围内的知识产权事务的方式。

(3) 知识产权管理的市场手段主要是指企业、高等院校、科研院所等知识产权经营或研究主体以市场为导向,以市场竞争为内容,以市场效益为目标,运用市场手段对知识产权工作进行管理的方式。知识产权管理的三种手段并非相互孤立,而是相辅相成的。

本章思考题

1. 简述信息的定义和分类。
2. 简述信息的作用。
3. 信息资源内容管理包括哪些工作?
4. 什么是企业信息化?我国企业信息化发展经历了哪些阶段?
5. 什么是信息系统?
6. 简述信息系统的生命周期。
7. 信息系统的开发方式有哪几类?
8. 简述如何构建企业知识型组织。
9. 知识型组织的特点有哪些?
10. 企业技术管理的意义有哪些?
11. 常见的企业知识产权包括哪几种?

第九章

生产运作管理

第一节 生产运作管理概述

自从人类开始生产活动以来，生产管理的实践活动就已经出现。18世纪60年代西方工业革命之后，手工作坊被工厂代替，人力被机器代替，生产规模越来越大，相应的管理实践也越来越复杂，生产管理理论的研究与实践也越来越受到重视。

随着现代企业的发展，企业内部分工越来越精细化，任何一个生产环节出现失误都可能导致整个生产过程无法进行。随着市场竞争的加剧，企业为了适应变化多端的市场需求，提升产品的综合竞争力，就需要采用先进的制造技术和生产制造模式，提高劳动生产率，因此提高生产运作管理水平已势在必行。

一、生产运作管理的含义

在开始阶段，人们主要对有形产品生产制造过程的组织、计划与控制问题进行研究，并将与其相关的学科称为"生产管理学"。随着社会经济和科学技术的发展，社会生产模式越来越复杂，原本附属于生产过程的一些业务、服务过程被相继分离，有些业务或服务开始独立出现，形成了专门的商业、金融、房地产等服务行业。为了能够更好地组织企业的生产，必须要对这些提供无形产品的运作过程进行管理和研究。人们开始把有形产品的生产过程和无形产品的提供过程都看作"投入—转换—产出"的过程，将其作为具有共性的课题来研究。西方管理学界将这种扩大了的生产的概念，即"投入—产出"的概念，称为operation，即运作。有形产品的生产过程和无形产品的提供过程，统称为运作管理。

生产运作活动是一个"投入—转换—产出"的过程，即投入一定的资源，经过企业内部转换，使其价值增值，最后形成产出，提供给社会的一系列过程。其中的投入包括人力、财力、物力、信息、技术、能源及土地等多种资源要素。产出主要包括有形产品和无形产品两大类。企业内部转换的过程就是使投入增值的过程，既包括物质转化的过程，即将投入的原材料经过加工以后，形成特定的产品，也包括组织管理实施的过程，通过行使计划、组织、领导、控制等管理职能，使得企业内部转换过程高效、有序进行，最后实现价值增值。一般情况下，将有形产品的转换过程称为生产过程；将无形产品的转换过程称为运作过程，有时也称为服务过程。

生产运作管理是指为了实现企业经营目标，提高企业经济效益，对产品（包括有形产品和无形产品）的变换过程实施计划、组织和控制而构成的一系列管理工作的总称。

二、生产运作管理的目标和内容

（一）生产运作管理的目标

生产运作管理的目标可概括为"四适"和"三提高"，即"在适当的时候，以适合的品种、适宜的价格向顾客提供合适的产品和服务，从而达到提高顾客和社会满意度、提高竞争力、提高经济效益与社会效益的目的"。

生产运作管理是一个"投入—转换—产出"的过程，也是企业向社会提供有用产品的过程，在这一过程中实现价值增值。而所谓"有用"的产品，无论是有形产品还是无形产品，都必须具有一定的使用价值，能够满足社会的某种需求。企业向社会提供的产品要能够满足市场需求或潜在需求，也能够满足客户的一般性需求及特殊需求，并且产品质量从使用功能、操作功能、社会功能、维护性能等方面体现其"适用性"本质，在合适的时间，以合适的价格将产品提供给有需求的客户，从而实现产品的使用价值；在这一过程中，企业才能实现价值增值，提升综合竞争力。因此，生产运作管理的目标必然是"四适"和"三提高"。

（二）生产运作管理的内容

具体来说，生产运作管理的内容可概括为以下两个方面。

1. 生产运作系统的设计

生产运作系统的设计包括对企业所提供产品领域或服务的选择与设计，生产运作具体实施地点的选择、内部设施的布置及具体工作的设计等内容。一般情况下，生产运作系统的设计要在设施建设阶段来完成。但是，随着新技术、新工艺的引入，以及对现有生产运作系统进行升级，需要对现有设施进行调整或重新设置，有时也需要扩建新设施，满足企业生产运作的需要。

生产运作系统的设计对其后期运作有着巨大的影响。如果产品和服务选择不当，将导致方向性错误。厂址和服务设施的位置选择不当，也将对企业后期的运作造成很大影响。同时，位置和设施的布置会影响到产品和服务的质量，成本决定企业的利润空间，进而会对企业的生存与发展产生重大影响。例如，一个超市，虽然影响其营收的因素很多，但是超市位置的选择至关重要。超市周围的人群密度、可支配收入水平、交通条件等因素是影响客户购买能力的主要因素，而这将在很大程度上决定企业的经营收入。而对于仓储或配送中心来说，在进行设施选址过程中，运输费用是企业考虑的一个重要因素，越接近市场，运输成本越低，对市场的供应速度越快。而对于制造业的工厂选址，既要考虑原材料的运输成本与方便性，也要考虑产品距离市场的位置。此外，对于服务业来说，在选址过程中，与竞争对手的相对位置是一个非常重要的因素。在进行设施选址时，既要考虑竞争者的现有位置，还要考虑他们对于引进新设施后的反应。一般情况下，企业在选址时尽量避开竞争对手，但是随着现代企业的发展，企业间的合作越来越紧密，通过同类企业的集聚，可以形成产业集群，进而可以给企业带来集群效应，有时也称之为"聚焦效应"，而对于商店、快餐店等服务业来说，通过产业的集聚，同样可以带来集群效应。在这种情况下，可能因几个公司集聚在某地而吸引来的消费者，多于他们分散在不同地方的消费者。

2. 生产运作系统的运行

它主要包括生产计划、生产组织与生产控制这三个方面。生产计划主要解决企业生产的产品品种、数量、质量及何时生产的问题。生产组织主要解决如何合理配置各种人力、设备、材料、信息等生产资源，使有限的资源能够得到充分而合理利用的问题。通过对这些生产资源进行不同的组织和配置，就构成了不同的生产组织方式。生产控制主要解决如何完全按照既定计划完成任务的问题，通过对订货控制、投料控制、生产进度控制、库存控制和成本费用控制等过程按计划完成任务。

三、生产运作的类型

生产运作类型依据不同的标准有不同的划分方式，可以依据产品或服务的专业化程度来划分。通过产品或服务的品种数量、同一品种的产量，以及生产的重复程度对产品或服务的专业化程度进行衡量。产品或服务的品种数量越多、单一品种的产量越少、生产的重复性越低，那么，产品或服务的专业化程度就越低；反之，产品或服务的专业化程度就越高。按产品或服务的专业化程度的高低，可以将生产类型划分为大量生产、单件生产、成批生产三种。

（一）大量生产

大量生产的产品品种单一，产量较大，生产的重复程度和专业化程度高。一般来说，市场需求量大、通用性强、用途广泛的产品较为适合大量生产方式，如福特汽车在最开始引入生产线进行生产时，只生产单一品种的汽车，并且汽车的各种部件都采用标准化方式进行生产，那么这些标准件的生产就是典型的大量生产的例子。再比如电视机、洗衣机、电冰箱等产品的生产，也是大量生产的典型例子。

由于大量生产的产品品种少，产量大，产品结构和生产条件相对稳定，因而可以采用标准设计图纸和标准制造工艺，采用自动化和半自动化机床、专用设备及各种专用工艺装备提升生产效率，采用流水线、自动线等生产组织形式进行高效生产；并且，可以进一步进行更加精细化的专业分工，简化操作并推行标准化操作方法，工人在长期的重复作业过程中可以提高操作的熟练程度及操作技巧，从而可以极大地提高生产效率。应用大量生产方式，可以有效地提高生产效率和劳动生产率，加快资金的周转速度，缩短产品的生产周期，同时产生"规模经济效益"，降低单位产品的生产成本，为社会提供高质量的产品，从而提升整个社会的劳动生产效率，促进社会经济的发展。

大量生产也存在着一些问题，比如产品品种单一，多采用对象专业化的生产组织方式，大量使用专用设备和专用工艺来提升生产效率，从而造成应对市场变化的能力及企业转产的能力较差，当选定的产品无法满足市场需要时，不能够及时地调整生产线进行转产。当市场需求发生改变时，需要重新投资采购新的设备，重新组建生产线，调整生产组织，因而需要经过较长时间才能恢复到正常生产、达到预定的生产能力和生产规模，不利于企业抓住市场机会。因此，企业一般多采用组合机床、组合式自动线和柔性较强的生产组织形式。

（二）单件生产

与大量生产相比，单件生产的品种较多，但是每一种只生产一件或少数几件，生产量较小，重复性较低，生产对象不断变化，一般采用通用性的生产设备和生产工艺，专业化程度低。单件生产的产品基本上是一次性需求或为满足个性化需求及一些特殊用途而定制的专用产品，一般不重复生产，有时虽然会重复生产，但是没有固定的生产重复期，如特种机床、专用模具、大型船舶、发电设备和某些重型机械等产品的生产，都是单件生产的典型案例。

在单件生产条件下，产品品种多变，数量极少，在客观上不具备采用单一对象流水线、自动线的生产组织形式，不具备大量采用专用设备和专用工艺装备的条件，只有在某些特殊的工艺、技术要求下，才采用必要的少量专用设备和专用工艺装备。一般情况下，多采用通用设备，设备布置通常是按同种类型设备集中在一起布置（机群式布置），成组排列，这就使得零件的运输路线长，生产周期较长，而且一个工作地上要执行各种不同的工序作业，工人要承担的工作内容较广、操作较复杂，生产效率和劳动生产率低，对工人的技术水平要求比较高，以适应多品种生产的要求。

(三) 成批生产

成批生产的特点是产品相对稳定，品种较多，每一种产品的产量较大，介于大量生产与单件生产之间，生产具有一定的重复性，工作地进行成批的、定期或不定期的轮番生产，因此生产的专业化程度较低，当轮番生产时，工作地设备和工具要进行适当调整。

成批生产具有一定的生产稳定性和重复性，可以定期或不定期地轮番生产。在生产过程中，每种产品需要按批量进行分期、分批次的组织生产，不同产品进行轮番交替生产，与此同时，设备和工作地的作业安排也需要分期、分批次进行组织。在成批生产中，每台设备需要加工的零件种类和工序较多；在进行产品轮番生产时，需要根据生产品种的不同对设备进行调整，每台设备生产加工的零件种类和工序数目越多，需要对生产设备调整的次数就越多，因而调整设备占用的时间就会越多。成批生产的品种较多，产量变化范围又较大，则在生产中需要根据产量的大小及工艺的难易程度，在采用通用的设备和工艺装备的同时，可以有选择地采用自动化、半自动化的专用设备及工艺装备。与大量生产相比，成批生产的生产周期较长，生产效率和劳动生产率较低，资金周转较慢，生产成本较高，但适应市场需求能力较强，可以快速地适应产品品种的变化。

根据产量的大小及工作地专业化程度的高低，成批生产又可细分为大批生产、中批生产和小批生产。由于大批生产与大量生产的特点极其相近，习惯上合称大量大批生产。同样，小批生产与单件生产的特点相近，习惯上合称单件小批生产。但是有部分企业，生产的产品品种较多，批量大小的差异较大，习惯上称为多品种中小批量生产。

第二节 生产运作系统布局

一、设施选址

(一) 影响设施选址的因素

影响设施选址的因素很多，其中主要有以下四个方面。

1. 经济方面的因素

经济方面的因素一般包括以下七个方面：

（1）原料及其供应条件，包括原、辅材料供应的质量、数量、价格、及时性、可靠性及其储存条件、运输距离、运费率等。

（2）能源条件，包括电力、燃料供应的质量、可靠性、安全性和价格。

（3）市场，包括市场对企业的主要产品和副产品的需求量、市场的购买力，以及市场是否接近顾客或供应商等。

（4）交通运输条件，包括航空、铁路、公路和水路运输枢纽的质量与便捷性，或第三方物流服务质量，或企业总部与分厂之间是否有快速便捷的交通工具。

（5）人力资源，包括人力资源的种类、数量、素质、价格、流动情况、每周工作时数限制等。

（6）资金融通情况，包括创办初期和建成后的资金筹措情况及调度的方便程度。

（7）区域经济及城市规划，包括区域经济现状、发展趋势及城市长期发展规划、优势与潜力。

2. 政治方面的因素

政治方面的因素主要包括以下三个方面：

（1）政局和治安，包括拟选地政局是否稳定、治安是否良好。

（2）政策和法律，包括企业所在地政府的政策和法律现状、连续性和稳定性，以及优惠策略等。

（3）税费负担，包括拟选地的税种、税率及各种费用是否合理，汇率变化等。

3. 社会方面的因素

社会方面的因素主要包括以下四个方面：

（1）社区条件，包括拟选地的学校、幼儿园、商店、影剧院、图书馆、医院等公共设施配备情况。

（2）环境和生态保护，包括拟选地对风景及名胜古迹的避开限制，废液、废气、废渣等废弃物的排放与治理要求等。

（3）科学技术环境，包括拟选地的大专院校、科研院所的数量和水平等。

（4）风俗文化，包括拟选地的民族、文化、宗教、风俗习惯等各类因素。

4. 自然环境方面的因素

自然环境方面的因素需要考虑以下三个重要条件：

（1）土地资源，包括土地的水文、地理位置、面积、地质、地形地貌、土地价格、建设费用、发展余地等。

（2）气候条件，包括拟选地区的气温、湿度、风向、灾害性天气的种类、灾害程度及灾害发生的概率等。

（3）水资源及供应条件，包括水资源的数量和质量、水资源供应现状和趋势。

（二）设施选址原则

在设施选址问题上，应将定性分析与定量分析方法相结合，定量分析以定性分析为前提。在进行定性分析时，应遵循如下设施选址原则。

1. 费用原则

企业作为经济实体，必须要考虑经济利益。企业建设初期投入的固定费用，企业投产后的变动费用及产品出售以后的年收入，都与企业选址密切相关。

2. 集聚人才原则

人才是企业最宝贵的资源，因此在设施选址过程中，要考虑企业地址是否有利于吸引人才。设施选址得当则有利于吸引人才的加入；设施选址不当，会给企业员工的生活带来一定的不便，由此可能导致员工的流失。

3. 接近用户原则

对于服务业来说，方便客户是主要的，所以几乎无一例外都遵循这条原则，如银行、储蓄所、电影院、学校和零售业的所有商店等。许多制造企业也会选择把工厂建到距离消费市场较近的地方，以降低运费和损耗。

4. 长远发展原则

设施选址关乎企业的未来发展，要有长远发展意识，具有一定的战略性。设施选址要考虑到企业生产力的合理布局和市场的开拓，同时要有利于企业获得新技术。在世界经济一体化趋势下，设施选址还需要考虑如何有利于参与国际竞争的问题。

（三）设施选址的方法

1. 负荷距离法

在单一设施选址中，需要用到多种方法，一般包括定性分析法、定量分析法及定性与定量相结合的方法。而负荷距离法就是单一设施选址常用的定量方法。

负荷距离法就是在若干个候选方案中，选择一个可以使总负荷（货物、人或其他）移动的距离最小的方案作为目标方案的方法。当与市场的接近程度等因素对方案的选择至关重要时，应用负荷距离法选择的方案将最有吸引力。同时，负荷距离法也可以应用在设施布置中。

2. 因素评分法

因素评分法也是使用较广泛的一种设施选址方法，它通过应用简单易懂的模式将各影响因素综合起来进行分析，选出最佳方案。因素评分法的具体步骤如下。

（1）选定一组相关的设施选址决策因素。

（2）根据各因素在选址决策中的重要程度，对其赋予一定的权重。每一因素的分值根据权重来确定。

（3）按照统一规定的评价尺度，确定各因素的评价标准，一般打分的取值范围为 1~10，或 1~100。

（4）邀请有关领导与专家对各备选地址的所有因素进行打分。

（5）计算各因素的加权值，即用各因素的得分乘以相应的权重，通过将所有因素的加权值相加得到各备选地址的最终得分。

（6）选择最终得分最高的候选地址即为最优方案。

运用因素评分法选址时应注意：在运用因素评分法的过程中，对于权数及每个因素的评分都具有一定的主观性，如果主观判断出现失误或者具有一定的偏好性，那么所得出的评分可能就会有偏差，从而可能会影响决策的正确性。所以，要正确应用因素评分法首先就要解决权数确定的方法问题。层次分析法是相对比较客观、准确的方法,并且该方法操作简单,有较为严密的科学依据,在进行多方案因素评价时应用较为广泛,也是目前最主要的一种评价方法。

3. 盈亏平衡分析法

盈亏平衡分析法是设施选址常用的一种方法,也称生产成本比较分析法。盈亏平衡分析法的应用要基于以下假设:可供选择的各个方案均能满足厂址选择的基本要求,但是各个方案的投资额不同,并且投产以后原材料、燃料和动力等变动成本也不同。生产经营过程中总成本由固定成本和变动成本构成。固定成本是不随产量的变化而变化的成本,如企业管理费、办公费、机器和厂房投资。变动成本是随着产量的变化而变化的成本,如原材料费。因此,在进行选择决策时可利用盈亏平衡分析法的基本原理,将投产后的生产成本作为选择比较的标准进行设施选址。

4. 线性规划法

线性规划法是在各种相互关联的多变量约束条件下,解决或规划一个对象的线性目标函数最优的问题,是解决多变量最优决策的方法。通常一些大型企业拥有多个生产厂、多个仓储地点和销售地点,其选址决策问题就属于多点布局问题,可以采用线性规划法解决这一问题。线性规划法以总生产成本和运输成本最低为目标。数学模型如下所示。

目标函数:

$$\min z = \sum_{i=1}^{n} c_i X_i + \sum_{i=1}^{n} \sum_{j=1}^{m} D_{ij} x_{ij}$$

约束条件:

$$\begin{cases} \sum_{i=1}^{n} x_{ij} = R_i \\ \sum_{j=1}^{m} x_{ij} = X_j \\ \sum_{j=1}^{m} R_i = \sum_{i=1}^{n} X_i \end{cases}$$

$i = 1, 2, 3, \cdots, n \qquad j = 1, 2, 3, \cdots, m$

式中,X_i 为第 i 工厂的单位成本;x_{ij} 为第 i 工厂运往目标市场 i 的产品数量;R_j 为目标市场 j 的需求量;D_{ij} 为第 i 工厂向目标市场 j 运输单位产品的运费及其他流通费用。

假设各候选工厂的生产成本相同,则可得下式。

目标函数:

$$\min z = \sum_{i=1}^{n} \sum_{j=1}^{m} D_{ij} x_{ij}$$

约束条件:

$$\begin{cases} \sum_{i=1}^{n} x_{ij} = R_j \\ \sum_{j=1}^{m} x_{ij} = x_{ij} \end{cases}$$

5. 重心法

重心法是一种布置单个设施时常用的方法,重心法通常既要考虑现有设施之间的距离,还要考虑要运输的货物量。这种方法多用于中间仓库或分销仓库的选择。它假设在运输过程中，运入和运出成本相等，也不考虑在非满载情况下增加的特殊运输费用。应用这种方法，首先在坐标系中标出各个地点的对应位置，以便于确定各点之间的相对距离。坐标系的建立没有具体的规定，具有一定的随意性。一般在设施选址中，采用经度和纬度来建立坐标。其次，根据各点在坐标系中的横、纵坐标值，求出运输成本最低的位置坐标 x 和 y，重心法的公式为

$$C_x = \frac{\sum D_{ix} V_i}{\sum V_i} \qquad C_y = \frac{\sum D_{iy} V_i}{\sum V_i}$$

式中，C_x 为重心的 x 坐标；C_y 为重心的 y 坐标；D_{ix} 为第 i 个地点的 x 坐标；D_{iy} 为第 i 个地点的 y 坐标；V_i 为运到第 j 个地点或从第 i 个地点运出的货物量。最后，选择求出的重心点坐标值对应的地点作为设施布置的地点。

二、设施布置

设施选址要解决的是生产运作系统的空间设计问题，如一座工厂、一所医院、一个大型超市的设施选址问题。而设施布置则是要解决在已经选定的场地内对组成生产运作系统的各种物质设施进行空间设计的问题，一般要求在设施选址前就要对设施布置进行大致的构想，使得设施选址和设施布置能够互动。所谓设施布置，就是将企业内各种物质设施在空间上进行合理安排，使它们有效地组合成一定的空间形式，从而使企业的生产运作服务更加有效，进而给企业带来最大经济效益。设施布置的优劣直接影响整个生产运作系统的生产效率、生产能力、生产进度、生产成本、安全运行等。布局合理则有利于企业以最小的成本、最短的时间和最好的质量将原材料转化成成品，并且最大限度地降低库存，同时也能给操作者及管理者带来操作上、安全上、生理上、心理上的极大满足感。为了达到这一目标，必须遵循以下几个原则：整体综合原则，移动距离最小原则，流动性原则，空间利用原则，安全原则，柔性原则等。而在实际工作中，对设施布置应依据企业的实际情况及未来发展的需要，有所侧重地对上述原则进行考虑。

（一）设施布置的基本要素

不同的生产运作系统其子系统构成一般具有较大的差别，但通常包括以下几个子系统。

（1）生产技术准备子系统。该子系统的功能包括对产品进行研究、设计、试制等，物质要素包括各种建筑物、设备、仪器等。

（2）基本生产子系统。该子系统的功能包括直接对劳动对象施以物理的、化学的或生物的作用，使之成为产品，物质要素包括各种建筑物、构筑物、生产设备等。

（3）辅助生产子系统。该子系统的功能包括为基本生产子系统提供辅助产品和劳动，物质要素包括各种建筑物和（辅助）生产设备等。

（4）物料运输子系统。该子系统的功能包括将原、辅材料及在制品运送到需要它的地方或暂时存放的地方，物质要素包括各种运输设施和运输线路。

（5）物料储存子系统。该子系统的功能包括临时存放原、辅材料及半成品、产品和工具等，物质要素包括各级各类仓库、货场等。

（6）其他。除上述子系统以外，主要有能源动力子系统、照明子系统、安全消防子系

统、信息子系统等。

(二) 设施布置类型

1. 工艺导向布局

工艺导向布局也称功能布置,是指按照工艺特征建立生产单位,将完成相同工艺的设备和工人放到一个厂房或一个区域内的生产布局方式,这样构成如铸造厂、锻造厂、热处理厂、铸造车间、锻造车间、机械加工车间、热处理车间、车工工段、铣刨工段等生产单位。依据预先设定好的流程路线,加工的零部件从一个地方转移到另一个地方,使得每项操作都能够由适宜的机器来完成。

在进行工艺导向布局时,通过合理安排部门或工作中心的位置,从而减少材料的处理成本。也就是说,零件和人员流动较多的部门应该相邻,缩短流通距离。应用工艺导向布局方法时,材料处理成本取决于两个主要因素:一是两个部门在某一时间范围内人员或物品的流动量;二是与各部门间距离相关的成本。一般情况下,成本可以通过构建部门之间距离的函数来表达。这个目标函数为

$$最小成本 = \sum_{i=1}^{n}\sum_{j=1}^{n} X_{ij} C_{ij}$$

式中,n 为工作中心或部门的总数量;i,j 表示各个部门;X_{ij} 表示从部门 i 到部门 j 的物品流动数量;C_{ij} 表示单位物品在 i、j 两个部门之间流动的成本。

工艺导向布局要求尽量减少与距离相关的成本。C_{ij} 则综合考虑了距离及其他成本。由此可以假定:移动难度相等,装卸成本恒定。通常来说,它们并非总是恒定不变,但为了便于讨论,有时可以将这些数据(成本、难度和装卸费用等)表示为一个变量。

工艺导向布局更加适合于在小批量、顾客化程度高的生产与服务中应用,设备和人员安排具有灵活性是其优点;同时,其缺点也很明显:对劳动力的技术熟练程度及创新能力要求较高,并且在制品较多。

2. 产品导向布局

产品导向布局也称装配线布局,是指按照产品建立生产单位,将加工某种产品所需的设备、工艺装备和工人放到一个厂房或一个区域内的布局方式,鞋、化工设备和汽车清洗剂的生产都是按产品导向原则设计的。

产品导向布局适用于对生产大批量、相似程度高和少变化的产品进行组织规划。生产线和装配线是产品导向布局的两种基本类型。

产品导向布局的中心问题是如何平衡生产线上每一个节点的产出,使它趋于相等,得到所需的产出。管理者的基本目标就是要在生产线上保持平滑且连续的生产状态,并减少每个节点的空闲时间,提升人员和设备的利用率,并保持雇员之间的工作量基本相等。

工作流程路线的不同是工艺导向布局和产品导向布局之间的主要区别。在工艺导向布局中,由于既定任务在生产周期内要多次送到同一车间进行加工,使得物流活动更频繁,物流路线高度变化。而在产品导向布局中,所有的设备或车间都服务于专门的产品线,能够实现物料的直线运动,避免物料迂回,减少运输次数,缩短物流路线。

产品导向布局较为适合大批量的、高标准化的产品的生产。其具有以下优点:协作关系简单,简化了生产管理;可使用专用高效设备和工艺设备;在制品少,生产周期短,物料处理成本低,对劳动力标准要求低。缺点是:投资巨大,对品种变化适应性差,不具有产品弹

性，生产系统的可靠性较差，工艺及设备管理较复杂。

3. 混合布局

混合布局是指将上述两种布局方式相结合，在同一生产单位内既应用产品导向布局，也应用工艺导向布局。而在现实中，混合布局也是比较常见的布局方式。比如有的企业，其产品具有一定的批量，但还无法形成单一的生产线；而对于系统产品来说，它们具有一定的加工类似性，这就使得单件生产条件下完全"无序"的设施布局在某种程度上变得"有序"，因此可以采取工艺导向和产品导向两种布局相结合的方式。混合布局形式多样，比如柔性生产系统、成组生产单元都可以看作混合布局。

4. 固定位置布局

固定位置布局是指产品由于体积或重量过于庞大而不便于移动，固定在某一位置，将生产设备移到要加工的产品处进行加工的一种布局方式。比如造船厂、建筑工地等通常采用固定位置布局的方式。

在固定位置布局中，生产项目固定在一个地方，而将工作人员和设备移动到这个地点工作。但由于在建设过程中的不同阶段所需的材料也会有所不同，所以随着项目的进行，如何安排不同的材料变得非常关键；另外，材料所需的空间也是处于不断变化之中的。这两个原因使得固定位置布局技术发展较为缓慢。

（三）设施布置类型选择的影响因素

在设施布置中，对布置类型的选择，除了受生产组织方式及产品加工特性影响以外，还应该考虑以下一些因素。

1. 所需投资

设施布置将对设施所要占用的空间、所需设备及库存水平产生决定性的影响，进而影响企业投资规模。对于产品产量不大的企业来说，更加适合采用工艺专业化布置，既可以节省空间，又能够提高设备的利用率，但是库存水平也可能会较高，因此，如何平衡是必须要面对的问题。如果只是对现有设施布置进行改造的话，则更需要考虑投资收益比，先看看是否能够获益，再决定是否进行改造。

2. 物料搬运

在对各个经济活动单元之间的相对位置进行考察时，主要考虑物流的合理性，即要使物流的搬运量尽可能小，也就要使搬运距离尽可能短，则搬运量较大的单元应尽量靠近，从而节省搬运时间及搬运费用。一般情况下，物料在企业内的运作过程中，从原材料投入到产品产出，只有大概15%的时间处于加工工位上，而其余时间都处于搬运过程中或库存中，总生产成本的25%~50%为搬运成本。由此可见，物料搬运在生产运作管理中占有重要地位，一个好的设施布置可以减少物流总量，进而减少搬运成本。

3. 柔性

设施布置的柔性一方面是指对生产的变化具有较强的适应性；另一方面是指能够较容易地对设施布置进行改变，从而适应变化了的情况。因此，在对设施布置方案进行设计时，要对未来的需求进行充分预测，以适应后期发展的扩展需要，并且还要便于对现有方案进行改造升级。

4. 其他因素

其他比较重要的因素包括：①劳动生产率，要使得不同单元操作的难易程度基本一致；

②设备维修，要保留足够的空间，保持设备之间的相对位置处于最佳；③工作环境，如温度、噪声水平和安全性等；④人的情绪，要考虑工作人员之间是否能有所交流，不同单元的人员是否具有相同的责任与机会，是否使他们感到公平等。

第三节　生产计划与生产作业计划

一、生产计划

生产计划是组织和控制企业生产活动的基本依据，企业的一切生产活动都应事先计划。企业的生产计划一般分为长期生产计划、中期生产计划和短期作业计划。长期生产计划主要是对企业产品、生产能力及确立哪种竞争优势进行决策，一般时间期较长，要由高层领导者负责。中期生产计划是将已知的或预测的市场需求细化为企业的生产指标和产品任务计划，要求企业能充分利用现有资源及生产能力，合理地控制库存水平，最大限度地满足市场需求并取得最佳的经济效益。一般应由企业主管生产的部门负责。短期作业计划是在掌握顾客订单的情况下，合理地安排生产活动的每一个细节，使它们能够紧密衔接，从而保证按期保质保量交货。

（一）生产计划的主要指标

企业生产计划工作的主要内容之一就是确定生产计划指标。企业生产计划指标主要有产品品种指标、产品产量指标、产品质量指标和产品产值指标。这些指标从不同的层面反映了企业生产产品的要求。

1. 产品品种指标

产品品种指标是指企业在计划期内应该生产的产品品种、规格的名称及数目。这一指标既反映了企业在产品品种方面能够满足社会需要的程度，同时也是对企业的专业化协作水平、生产技术水平和企业管理水平的反映。

2. 产品产量指标

产品产量指标是指企业在计划期内生产的、可供销售的、符合质量标准的产品实物数量及工业性劳动数量，包括产成品数量、准备出售的半成品数量、工业性劳动数量等。在产品产量指标中，不应该包括企业生产的不合格品、外售废品及未经本厂加工而转售的产品，但应将计划期内生产的、供本企业内部各部门使用的成品和半成品包括在内。

3. 产品质量指标

产品质量指标是指企业在计划期内生产的产品应该达到的质量标准，包括内在质量与外在质量两个方面。内在质量是指产品的性能、使用寿命、工作精度、安全性、可靠性和可维修性等因素；外在质量是指产品的颜色、式样、包装等因素。在我国，产品的质量标准被分为四个层次，分别是国家标准、部颁标准、行业标准和企业标准。产品的质量标准是衡量产生使用价值的重要标志，也是衡量一个企业技术水平和管理水平的重要标志，更是企业在市场竞争中获得竞争优势、赢得市场的关键因素。

4. 产品产值指标

产品产值指标是用价值量表示的产量指标,能够综合地反映企业生产经营活动的成果。产品产值指标依据其作用和所包含的内容不同,可以分为商品产值、总产值和净产值三个指标。

(1) 商品产值。它是企业在计划期内生产的符合质量标准的可供销售的产品价值,也是企业能够获得的货币收入。对商品产值和企业的实际销售收入进行比较,能够反映出企业生产与市场需求的吻合程度。显而易见,二者之间的差距越小,说明生产的产品越符合市场需求。商品产值包括:企业利用自备材料生产的成品和半成品的价值;用订货者的来料生产的产品的加工价值;完成承接的外单位的工业性劳动的价值等。

(2) 总产值。它是以价值量表现的企业在计划期内的生产总量,是对计划期内生产总规模和总水平的反映,是生产单位、生产部门、地区或整个国民经济在一定时期内所生产的全部产品的价值,是一些经济指标计算的主要依据。企业已不再对其进行考核,而将其作为计算指标。总产值包括:商品产值、期末期初在产品结存差额价值、订货者来料加工的材料价值。

(3) 净产值。它是企业在计划期内通过生产经营活动新创造的价值。在净产值中需扣除部门间重复计算的产值,它反映了计划期内企业真正为社会提供的国民收入。净产值与总产值相比,对最终成果的确定范围不同。净产值以社会最终成果作为计算的依据,而总产值是以企业的最终成果作为计算的依据。净产值的价值构成是新创造的价值加固定资产折旧。净产值指标的计算方法有三种:生产法、收入法和分配法。

①用生产法计算净产值的公式为

净产值=总产值−所有转移入产品的物化劳动价值

②用收入法计算净产值的公式为

净产值=固定资产折旧+劳动者报酬+生产税净额+营业盈余

③用分配法计算净产值的公式为

净产值=工资总额+福利基金+税金+利润+属于国民收入初次分配的其他支出

(二) 生产计划的主要内容

1. 做好编制生产计划的准备工作

这项准备工作是对计划期市场需求的预测,以及对企业自身生产能力的核算,为生产计划的确定提供外部需要和内部可能的依据。

(1) 生产预测。生产预测属于市场预测的范畴,是一种侧重以一个企业作为基本出发点的微观预测。

(2) 核定生产能力。生产能力是生产系统内部各种资源能力的综合反映,直接关系到能否满足市场需要。

2. 确定生产计划指标

根据市场需求情况和企业生产能力,在综合平衡的基础上,确定和优化企业生产计划指标。

3. 安排产品生产进度

在编制完成生产计划,并确定了全年总的产量任务后,企业还需要进一步将全年的生产任务细分到各个季度和各个月份,完成对产品生产进度的安排。安排产品生产进度的总原则是：保证交货期，实现均衡生产，注意和企业技术准备工作及各项技术组织措施的衔接。企业类型不同，其生产特点也不同，则对产品生产进度的安排方法也会不同。

（1）大量大批生产企业产品生产进度的安排。由于大量大批生产企业产品品种单一、产量大、生产稳定，对这类企业进行产品生产进度安排时，主要是将全年生产任务均衡地按季、按月进行分配。所谓均衡地分配，并不是要求各季或各月的平均日产量绝对相等，而是可以采用平均分配、分期递增、小幅度连续递增、抛物线形递增等几种分配形式。

（2）成批生产企业产品生产进度的安排。对于成批生产企业来说，由于产品品种多，并且各种产品交替生产，所以在进行生产进度安排时，既要合理分配产品产量，也要合理组织在不同时期各种产品进行搭配生产。这是对产品生产进度进行安排的关键。在做具体安排时，对于产量较大的产品可采用"细水长流"法，而对于产量分淡、旺季或同系列产品可采取集中生产或集中轮番生产的产品，需要合理搭配新产品和老产品的生产，尽可能地使各季、各月的产品产值同该产品生产的批量相等或成整倍数，从而可以简化计划组织工作。

（3）单件小批生产企业产品生产进度的安排。单件小批生产企业由于产品品种繁多，并且每种产品产量很少甚至是一次性生产，而技术准备工作量较大且较为复杂，大多数的订货来得迟、要得急、变动多。那么，对这类企业进行产品生产进度安排时，要先安排已经明确的订货任务，对于新产品和需要关键设备加工的产品应尽可能地交错安排，并集中轮番生产小批生产的产品。企业在安排产品生产进度的同时，还要对各车间的生产任务进行安排。

4. 组织和检查生产计划的实施

生产计划还必须包括如何保证生产目标及生产进度的实现这部分内容。在进行生产计划的编制过程中，必须要有保证生产计划实现的方法、途径、措施等内容，如劳动组织措施、跟踪检查计划执行等。

（三）生产计划的编制

编制生产计划要以企业的经营目标为中心，遵循以销定产的基本原则，对企业在计划年度内生产的品种、质量、产量、产值和产品的出产期限等指标进行合理安排。编制生产计划会受到企业的销售能力及市场占有率、新产品开发速度和各项生产技术准备工作的进度、本企业的生产能力和外部的生产协作条件、劳动力资源、物资供应、动力生产与供应等因素的影响。而生产计划又是编制物资供应计划、辅助生产计划、成本计划、财务计划等的重要依据。生产计划的实施还需要企业技术改造计划、设备更新改造计划和技术组织措施计划的支持与保证。所以，在编制生产计划时，需要协调、平衡企业经营计划的其他各项计划。一般通过试编，再反复修改、协调，最后能够达到综合平衡。

二、生产作业计划

（一）生产作业计划概述

生产作业计划是对企业生产计划的具体执行计划。生产作业计划从空间、时间和生产对象上对生产任务进行逐步分解细化。在空间上，把生产任务细分到车间、工段、小组、工作地以致个人；在时间上，把生产任务由年度细分到季、月、周、日、轮班、小时甚至每一分钟；在生产对象上，由整件产品分解到部件、零件甚至具体到工艺、操作。它具体包括以下内容。

（1）编制企业各个层次的生产作业计划，包括对产品进度计划、零部件进度计划和车间日程计划的编制。将企业全年分季的产品生产计划，进一步分解为厂级和车间的产品与零部件月度计划，并将零部件生产作业计划作为执行性计划，并对车间日程计划做出安排，将生产任务具体落实到车间、工段和班组甚至到每台机床和每个操作者。

（2）编制生产准备计划。它包括原材料和外协件供应、设备维修、工具准备、技术文件准备、劳动力调配等项内容。

（3）计算负荷率，进行生产任务和生产能力之间的细致平衡。

（4）日常生产的派工、生产调度、执行情况的统计分析与考核。对每个工作地与工人的生产任务和进度进行合理安排，并对关键工作和拖期工作进行跟踪检查与督促，抓好配套率，能够根据情况的变化及时对作业进度进行调整。

（5）制订或修改期量标准。这是编制生产作业计划所依据的一些定额和标准资料。

（二）生产作业计划的期量标准

期量标准是生产作业计划工作的主要依据，是对制造对象（产品、部件、零件等）在生产期限和生产数量方面，经过科学分析计算而规定的一套标准数据。实质上是对各生产环节在数量上和时间上内在联系的反映，据此编制生产作业计划，能够最大限度地保证产品整个生产过程的高度连续、统一、协调和衔接。

由于企业的生产类型、产量大小和生产组织形式不同，常用的期量标准也不同。大量大批生产一般用节拍、节奏、流水线工作指示图表、在制品定额等；成批生产一般用批量、生产间隔期、生产周期、生产提前期、在制品定额等；单件小批生产一般采用生产周期、生产提前期、产品装配指示图表等。

1. 批量和生产间隔期

批量是指一次投入或出产的同种产品的数量。生产间隔期也称作生产重复期，是指相邻两批同种产品投入或出产的时间间隔。批量和生产间隔期之间的关系为

$$批量 = 生产间隔期 \times 计划期平均日产量$$

2. 生产周期

生产周期是指从原材料投入开始到最后完工为止的整个生产过程所经历的全部日历时间。它既可以指产品的生产周期，又可以指某一工艺阶段的生产周期。在对一批产品进行加工时，制品在生产过程中的移动方式会直接影响产品的生产周期，即采用顺序移动、平行移动、平行顺序移动三种不同的移动方式，生产周期也会不同。

3. 在制品定额

在制品指从原材料投入开始，到产成品入库之前处于生产过程中尚未完工的所有零件、部件、产品的总称。在制品定额指在一定的生产技术组织条件下，为保证生产过程的正常进行所必需的、最低限度的在制品储备量。它是在正确划分在制品种类的基础上，分别分析、制定出来的。

4. 生产提前期

生产提前期有投入提前期和出产提前期之分，是指一批制品（毛坯、零件、产品）在各工艺阶段投入或出产的日期比成品出产日期应提前的时间长度。制品在各工艺阶段的生产提前期，都是以产品装配出产时间作为基准，按照反工艺顺序进行确定。即先确定装配阶段，其次是加工阶段，最后是毛坯准备阶段的生产提前期。在每一工艺阶段，要先确定出产

提前期，然后再确定投入提前期。

某工艺阶段的出产提前期＝后一工艺阶段的投入提前期＋前后两工艺阶段之间的保险期

某工艺阶段的投入提前期＝同一工艺阶段的出产提前期＋该工艺阶段的生产周期

（三）生产作业计划的编制

生产作业计划包括厂级、车间级、班组级三种计划。在编制过程中，首先要做全厂分解到各车间的生产作业计划，然后在此基础上编制车间内部的生产作业计划。无论哪一级的生产作业计划，其编制方法基本相同。生产类型、企业规模和生产组织形式是生产作业计划编制的决定性因素。以制造装配型企业为例，生产作业计划编制方法主要有以下几种。

1. 在制品定额法

在制品定额法是指运用在制品定额，结合在制品实际结存量的变化，从成品出产的最后一个车间开始，按照反工艺顺序连续计算，逐个往前推算各车间的投入、出产任务。在制品定额法较为适用于大批量生产的企业，其计算公式为

某车间计划出产量＝后车间计划投入量＋该车间外销量＋

（库存在制品定额－期初库存在制品预计结存量）

某车间计划投入量＝该车间计划出产量＋该车间计划废品量及损耗量＋

（车间内部在制品定额－车间内部期初在制品预计结存量）

最后车间的出产量与车间半成品外销量不用计算，它们是根据生产计划任务规定的。车间计划废品量按计划规定的废品率计算。

2. 提前期法（又称累计编号法）

提前期法是指根据预先制定的提前期标准，规定各车间出产和投入应达到的累计号数的方法。这种方法将预先制定的提前期转化为提前量，确定各车间计划期应达到的投入和出产的累计数，减去计划期前已投入和出产的累计数，以求得各车间应完成的投入和出产数。采用这种方法，生产的产品必须实行累计编号。累计编号法只适用于需求稳定而均匀，周期性轮番生产的产品。其计算公式为

某车间出产累计号＝成品车间出产累计号＋该车间出产提前期×成品车间平均日产量

某车间投入累计号＝成品车间出产累计号＋该车间投入提前期×成品车间平均日产量

3. 生产周期法

生产周期法是指根据每项订货编制的生产周期图表和交货期要求，用反工艺顺序依次确定产品或部件在各生产阶段投入和出产时间的一种计划方法。

生产周期法根据产品生产周期进度表及合同规定的交货期，在生产能力综合平衡的基础上，编制出各项订货的综合产品生产周期进度表，并从中摘取各车间的投入时间和出产时间。它适宜用于根据订货组织生产的单件小批生产企业。

第四节 生产过程组织

生产过程组织是指为提高生产效率，缩短生产周期，对生产过程的劳动者、劳动工具、劳动对象，以及生产过程的各个环节、阶段和工序从时间和空间上进行合理安排，使它们能

够相互衔接、紧密配合，形成一个协调的产品生产系统。生产过程组织包括空间组织和时间组织两项基本内容。生产过程组织的基本任务是保证产品内在生产过程中的流程最短，时间最少，占用和耗费最小，效率最高，并能够取得最大的生产成果和经济效益。在企业中，生产过程组织的实质是对生产过程中的空间组织与时间组织的一种结合。企业必须依据其生产目的和企业具有的条件，对生产过程的空间组织与时间组织进行有机的结合，按照适合企业自身特点的生产组织形式进行生产过程组织。

一、生产过程组织的基本要求

（一）连续性

企业产品生产过程的各个工艺阶段、各个环节、各个工序之间应相互衔接，连续进行，不发生或很少发生中断现象。

（二）比例性（又称协调性）

它要求生产过程各基本生产与辅助生产之间，各工艺阶段、各生产阶段和各工作地之间，在设备生产能力、劳动力配备、物料、动力、工具等供应方面保持一定的比例关系，使之能够平衡协调地按比例生产。

（三）均衡性（又称节奏性）

它要求生产过程的各个环节，从原材料的投入开始到最后成品完成为止，每个工作地的负荷保持均匀，避免时紧时松、前松后紧等现象，保证企业能够有节奏地均衡生产。

（四）平行性

要求企业生产过程的各个组成部分、各工艺阶段和各个工序在时间上实行平行作业，使产品的各个零部件的生产能在不同的空间同时进行，可以大大缩短产品的生产周期。平行性是生产过程连续性的前提。

（五）适应性

要求企业生产过程的组织设计能较好地适应市场的变化，能根据市场需求多变的特点灵活地改变生产组织形式，增强企业的适应能力，并能及时满足复杂多变的市场需求，即促使企业朝着多品种、小批量、具有一定柔性、应急应变能力强的方向发展。

二、生产过程的空间组织

生产过程的空间组织是指在一定的空间内，对企业的各基本生产单位进行合理的设置，使企业的生产活动能高效地顺利进行。这里主要从生产单位的设备布置角度加以说明。

（一）工艺专业化形式

工艺专业化形式又称工艺原则，是指按照生产过程中各生产工艺的特点来设置生产单位。在工艺专业化的各个生产单位内，同种类型的生产设备和同工种的工人被集中在一起，每个生产单位完成同一工艺阶段的生产，即加工对象是多样的，而采用的工艺方法是相同的。每一个生产单位只完成产品生产过程中的部分工艺阶段和部分工序的加工任务，因此需要众多生产单位的协同努力才能完成对产品的制造。如机械制造业中的铸造车间、热处理车间及车间中的车工段、铣工段等，都属于工艺专业化生产单位。

工艺专业化形式具有以下优点：①适应性强，可以充分利用设备；②能够适应不同产品的加工要求，适应分工的要求；③有利于工艺管理和提高技术水平；④便于加强专业管理和进行专业技术指导；⑤可替代性强，个别设备出现故障或进行维修，基本不影响对整个产品的生产制造。它的缺点是：①产品加工过程中的加工路线长，运输量大；②需经过多个车间才能完成生产，增加了交接等待时间，延长了生产周期；③生产车间之间的协作较复杂，加大了管理的工作量，也增加了计划管理和在制品管理的工作难度。

工艺专业化形式适用于企业产品品种众多、变化较大、产品制造工艺不确定的单件小批生产企业，一般按订货要求进行组织生产，特别适用于对新产品的开发试制。

（二）对象专业化形式

对象专业化形式又称对象原则，是指按照产品的不同来设置生产单位，每一个生产车间能独立完成产品、零件、部件的全部或大部分工艺过程，整个工艺过程是封闭的。在对象专业化生产单位里，集中了各种类型的机器设备、不同工种的工人，通过对同类产品进行不同的工艺加工，能在本生产单位内完成产品的全部或部分的工艺过程，不需要跨越其他的生产单位。

对象专业化有两类主要的形式：以成品或部件为对象的专业化形式和以同类零件为对象的专业化形式。对象专业化具有以下优点：①生产较为集中，加工路线短，运输量小；②有利于强化质量责任和成本责任，为采用先进的生产组织形式（流水线、自动化）创造条件，提高生产效率；③在制品较少，资金周转速度较快，同时车间之间协作关系较少，便于生产的组织。它的缺点是：①对产品变动的应变能力差，对市场需求变化的适应性差；②设备投资大，但利用率低；③不利于开展专业化技术管理，工人之间的技术交流较少，不利于对工人技术水平的提高。

对象专业化适用于企业的产品品种及工艺稳定的大量大批生产，如家电、汽车、石油化工产品的生产。

在实际生产过程中，工艺专业化与对象专业化往往会结合起来应用。根据它们所占比重的不同，专业化形式又可细分为：在对象专业化基础上，局部采用工艺专业化形式；在工艺专业化基础上，局部采用对象专业化形式。

三、生产过程的时间组织

合理组织生产管理过程，既要求生产单位在空间上紧密配合，又要求劳动对象和机器设备在时间上能够紧密衔接，使得企业生产能够有节奏地连续进行，进而达到提高劳动生产效率和设备利用率、减少资金占用量、缩短生产周期的目的。生产过程的时间组织是指劳动对象在生产过程的各生产单位之间和各工序之间在时间上的衔接和相互配合。企业生产过程的时间组织同生产进度的安排、生产作业计划、生产调度等密切关联。劳动对象在生产过程中的移动方式体现了生产过程在时间上的衔接程度。劳动对象的移动方式与企业生产中一次投入生产的劳动对象的数量有关。以加工零件为例，当一次生产只生产一个零件时，零件在各道工序之间只能顺序移动；如果一次生产两个或两个以上零件时，零件在各工序间的移动方式就会有三种：顺序移动、平行移动、平行顺序移动；使用不同的移动方式，零件的加工周期也会不同。

第五节 现代企业生产运作管理方式

一、精益生产方式

(一) 精益生产的概念

精益生产（Lean Production，LP），又称精良生产，其中"精"表示精良、精确、精美，"益"表示利益、效益等。精益生产是指以顾客需求为拉动，快速反应，即时制造，消灭故障，消除一切浪费，向零缺陷、零库存进军，企业以最少的投入获取最佳的运作效益和提高对市场的反应速度。研究人员在做了大量的调查和对比分析后，认为日本丰田汽车公司采用的生产方式是最适用于现代制造企业的一种生产组织管理方式，称之为精益生产。精益生产结合了大量生产与单件生产方式的优点，通过减少和消除产品开发设计、生产、管理和服务中一切不能产生增值的活动，提高对客户的反应速度，同时实现客户价值增值与企业价值增值，力求在大量生产中实现多品种、高质量、低成本的生产，增加企业利润率。

(二) 精益生产的特征

（1）精益生产以简化作为手段，消除在生产过程中的一切不增值活动。

（2）精益生产杜绝一切浪费，对生产过程中不能直接增加产品价值的环节和工作岗位要毫不留情地全部撤掉。在物料的生产和供应中严格实行准时生产（Just in Time，JIT）方式。

（3）精益生产强调人的作用，充分发挥人的潜力。工作任务和责任最大限度地分配到人，以小组为单位，协作完成工作任务。为此，要求工人掌握多种技术，精通多项工作业务，精减人员，给予工人较大的生产自主权。当生产线发生故障时，工人有权自主决策，进行停机检查。采用小组协同工作方式，可以扩大工人的工作范围，激发工人的工作兴趣和创新精神，进一步促进了精益生产的推行。

（4）精益生产并不追求制造设备的高度自动化和现代化，而强调对现有设备的改造和根据实际需要采用先进技术，按此原则来提高设备的效率和柔性。在提高生产柔性的同时，并不拘泥于柔性，以避免不必要的资金和技术浪费。

（5）精益生产把"完美"作为不懈追求的目标，即持续不断地改进生产、消除废品、降低库存、降低成本和使产品品种多样化。富有凝聚力、善于发挥主观能动性的团队，高度灵活的生产柔性，六西格玛质量管理原则等一系列措施，都是追求完美的有力保证。完美就是精益求精，这就要求企业永远致力于改进和不断进步。

从上述特点可以看出，精益生产是一种适应现代竞争环境的生产组织管理方法。它有着极强的生命力，受到各国企业的极大重视。

二、供应链管理

供应链管理是一种新型的企业成本管理技术。它是在满足服务需要的同时，为了使系统成本最小化而采用的将供应商、制造商、仓库和商店有效地结为一体来生产商品，并把正确数量的商品在正确的时间配送到正确的地点的一套方法。

供应链可以按功能分为三部分：采购获取、制造支持和实体分销。供应链从整体上来说是一个由设计、生产、销售、物流、财务、核心企业构成的虚拟组织。实际上，供应链管理是通过前馈的信息流和反馈的物料及信息流，将供应商、制造商、分销商、零售商直到最终用户连成一个整体的管理模式。供应链管理的范围包括从最初的原材料直到产品最终达到顾客手中的全过程，其目标是总成本最低、总周期最短、总库存成本最小。

三、大规模定制

在新的市场环境中，企业迫切需要一种新的生产模式，大规模定制由此产生。1970年，美国未来学家阿尔文·托夫勒在《未来的冲击》一书中提出了一种全新的生产方式的设想：以类似于标准化和大规模生产的成本和时间，提供客户特定需求的产品和服务。1987年，未来学家斯坦·戴维斯在《完美未来》一书中首次将这种生产方式称为 mass customization，即大规模定制（MC）。

我国学者祁国宁教授认为，大规模定制是一种集企业、客户、供应商、员工和环境于一体，在系统思想指导下，用整体优化的观点，充分利用企业已有的各种资源，在标准技术、现代设计方法、信息技术和先进制造技术的支持下，根据客户的个性化需求，以大批量生产的低成本、高质量和效率提供定制产品和服务的生产方式。大规模定制的基本思路是基于产品零部件和产品结构的相似性、通用性，利用标准化、模块化等方法降低产品的内部多样性，增加顾客可感知的外部多样性，通过产品和过程重组将产品定制生产转化或部分转化为零部件的批量生产，从而迅速向顾客提供低成本、高质量的定制产品。

大规模定制生产方式包括了诸如时间的竞争、精益生产和微观销售等管理思想的精华。其方法模式得到了现代生产、管理、组织、信息、营销等技术平台的支持，因此具备了超越以往生产模式的优势，更能适应网络经济和经济一体化的竞争局面。

本章思考题

1. 生产运作管理的目标与内容是什么？
2. 影响设施选址的因素有哪些？
3. 设施选址的方法有哪些？
4. 生产计划的主要内容是什么？如何编制生产计划？
5. 试论述生产作业计划的期量标准及编制方法。

参 考 文 献

［1］王关义，刘益，刘彤，等．现代企业管理［M］.5版．北京：清华大学出版社，2019.
［2］苗雨君，李亚民．现代企业管理学［M］.北京：中国财政经济出版社，2021.
［3］彭新武．西方管理思想史［M］.北京：机械工业出版社，2018.
［4］唐飞，巩维才．现代企业管理［M］.2版．徐州：中国矿业大学出版社，2017.
［5］教育部高等教育司．现代企业管理［M］.5版．北京：高等教育出版社，2017.
［6］荆全忠，安景文，张志强．现代企业管理［M］.2版．北京：北京大学出版社，2016.
［7］姚顺波．现代企业管理［M］.3版．北京：科学出版社，2015.
［8］秦勇，李东进．管理学：理论、方法与实践［M］.北京：清华大学出版社，北京交通大学出版社，2013.
［9］黄渝祥．企业管理概论［M］.2版．北京：高等教育出版社，2000.
［10］韩伯棠．管理运筹学［M］.5版．北京：高等教育出版社，2020.
［11］张平淡．品牌管理［M］.北京：中国人民大学出版社，2012.
［12］崔学刚．国际财务管理［M］.北京：机械工业出版社，2009.
［13］马士华，林勇．供应链管理［M］.6版．北京：机械工业出版社，2020.
［14］王朝晖，朱云霞．国际企业管理：理论与实践［M］.北京：北京大学出版社，2013.
［15］马述忠．国际企业管理［M］.4版．北京：北京大学出版社，2019.